D1690512

Erich Preuß

EISENBAHNUNFÄLLE
BEI DER DEUTSCHEN BAHN

Erich Preuß

EISENBAHNUNFÄLLE
BEI DER DEUTSCHEN BAHN

Ursachen • Hintergründe
Konsequenzen

transpress

Einbandgestaltung: Luis dos Santos

Titelbild und Rückseite:
Die Unfallstelle in Eschede bot am 3. Juni 1998 ein Bild der Verwüstung. Fotos: dpa

Eine Haftung des Autors oder des Verlages und seiner Beauftragten für Personen-, Sach- und Vermögensschäden ist ausgeschlossen.

ISBN 978-3-613-71347-5

1. Auflage 2008

Dieses Buch ist eine vollständig überarbeitete und aktualisierte Neuausgabe der 2004 unter gleichem Titel erschienenen ersten Auflage.

Copyright © by transpress Verlag, Postfach 10 37 43, 70032 Stuttgart.
Ein Unternehmen der Paul Pietsch-Verlage GmbH + Co.

Sie finden uns im Internet unter www.transpress.de

Der Nachdruck, auch einzelner Teile, ist verboten. Das Urheberrecht und sämtliche weiteren Rechte sind dem Verlag vorbehalten. Übersetzung, Speicherung, Vervielfältigung und Verbreitung einschließlich Übernahme auf elektronische Datenträger wie CD-ROM, Bildplatte usw. sowie Einspeicherung in elektronische Medien wie Bildschirmtext, Internet usw. sind ohne vorherige schriftliche Genehmigung des Verlages unzulässig und strafbar.

Lektor: Hartmut Lange
Innengestaltung: IPa, 71665 Vaihingen/Enz
Druck und Bindung: Fortuna Print Export, 85104 Bratislava
Printed in Slowak Republic

Vorwort

Vor zehn Jahren erschütterte die Katastrophe von Eschede – die Entgleisung und der Zusammenprall des Intercity-Expresses »Wilhelm Conrad Röntgen« mit einer Brücke – nicht allein den Glauben an die Allmacht der Technik, sie kratzte auch am Nimbus des Hochgeschwindigkeitsverkehrs der Deutschen Bahn. Mögen andere Katastrophen und Eisenbahnunfälle vergessen sein, an Eschede erinnert sich wohl jeder.

In dem Buch »Eisenbahnunfälle der Deutschen Bahn«, das in diesem Verlag 2004 erschien, habe ich vom Eschede-Prozess und seinem unbefriedigenden Ausgang berichtet. Vom damals Geschilderten gibt es keine Abstriche, auch von der Darstellung der Katastrophe auf dem Bahnhof Elsterwerda im Jahr 1997 nicht und auf dem Bahnhof Brühl im Jahr 2002 nicht. Diese Kapitel sind in diesem Buch wieder aufgenommen.

Neu sind die Unfallschilderungen und -analysen zu anderen Eisenbahnkatastrophen in der DDR, weil bisher verschlossene Unterlagen zur Verfügung standen. Und wenn es um Katastrophen geht, muss auch an andere erinnert werden, die einmal den Superlativ »größte nach dem Ersten Weltkrieg«, wie die von Kreiensen, »größter deutscher Eisenbahnunfall«, wie der von Genthin (zu dem auch eine redaktionelle Geschichte gehört), oder »größter in der Nachkriegszeit«, wie die von Fährbrücke, Lauffen oder Dahlerau, trugen.

Weitere Unfälle im Schienenverkehr werden beschrieben, die hinsichtlich ihrer Ursache bemerkenswert sind. Dazu gehört auch die Katastrophe mit dem Transrapid, wenn das Fahrzeug auch, streng genommen, nicht zum Schienenverkehr gehört.

Die Beschäftigung mit den Eisenbahnunfällen wäre unmöglich, gäbe es nicht ungenannt sein wollende Eisenbahner sowie den Weihnachten 2003 gestorbenen Prof. em. Hermann Demmler, das Bundesarchiv in Berlin und das Landeshauptarchiv Niedersachsen in Hannover. Äußerst schwierig gestaltet sich mitunter die Suche nach Fotos. Von manchen Unfällen finden sich keine oder es gibt nur eines, das bereits oft veröffentlicht wurde. Der Leser möge mir nachsehen, dass das Buch nicht zum Bildband wurde. Das beabsichtigten weder der Verlag noch ich.

Berlin, im April 2008   Erich Preuß

Inhalt

Vorwort 5

1. Der Eschede-Prozess: Hat der Rechtsstaat versagt?............................ 7
2. Entgleisung in Brühl: zu hohes Tempo.. 31
3. Kreiensen: Einzelheiten und Zufälle 52
4. Mythos Genthin: Smog oder Versagen?... 63
5. Mülheim und Müllheim: Tragisches aus der Kaiserzeit 70
6. Lauffen und Dahlerau: Die schwächste Stelle..................................... 89
7. Katastrophen bei der Deutschen Reichsbahn in der DDR 99
8. Voreilige Behauptung: die Bremsen versagten................................... 122
9. Die Fehler der Fahrdienstleiter 141
10. Die Transrapid-Katastrophe – Fahrsperre genügte 155

Anhang
Abkürzungsverzeichnis 160
Quellen- und Literaturverzeichnis.. 161
Register 162

1. Der Eschede-Prozess: Hat der Rechtsstaat versagt?

Wir schreiben das Jahr 2008, es sind zehn Jahre seit der Katastrophe von Eschede, eine lange Zeit, die die Erinnerung verblassen lässt. Viele werden sich nicht mehr an die Einzelheiten erinnern können, aber in ihr Gedächtnis eingegraben hat sich die Erinnerung an den – an der Zahl der 101 Todesopfer gemessen – schwersten Eisenbahnunfall in Deutschland nach dem Krieg. Die Erinnerung bleibt, weil es das Flaggschiff der Deutschen Bahn traf, das mit seiner weißen Eleganz und dem Versprechen von Komfort und Schnelligkeit auch suggerierte: Das ist und das bleibt so. Da kann nichts passieren.

Wie tief der Schock von Eschede im kollektiven Gedächtnis sitzt, zeigte sich beispielsweise am 26. April 2008, als kurz nach 21 Uhr der ICE 885 (Hamburg – München) im Landrückentunnel bei Fulda fast vollständig entgleiste, nachdem er mit einer Geschwindigkeit von mehr als 200 km/h in eine Schafherde auf den Gleisen gerast war. Sogleich dachten viele Menschen (darunter zahlreiche Medienvertreter) an die Katastrophe von Eschede zehn Jahre zuvor. Damals, so erinnerten sie sich, entgleise ebenfalls ein ICE. Schnell griffen die Spekulationen um sich, was alles vor oder in dem Tunnel bei Fulda hätte passieren können. Schnell zeigten sich aber auch die Unterschiede: Während in Eschede der ICE kurz nach der Entgleisung auf ein Hindernis traf, kam der ICE im Landrückentunnel neben den Gleisen zum Halten, nachdem er auf die Schafe geprallt war. Mehrere Menschen wurden schwer verletzt und 20 Schafe verendeten; die meisten Fahrgäste kamen mit dem Schrecken davon. Einzige Gemeinsamkeiten zwischen den beiden Unfällen: Beide Züge entgleisten, und beide Male traf es den Stolz der Deutschen Bahn, den ICE.

■ Einer Harmonika gleich wurde der Triebzug vor den Brückentrümmern zusammengefaltet. Foto: dpa/Wagner

Die 1. Strafkammer des Landgerichts Lüneburg im Kreishaus von Celle. Michael Dölp, der Vorsitzende Richter, ist noch ohne Robe. Dahinter hängen die Zeichnungen, die die Bewegung des Radreifens im Drehgestell demonstrieren. Foto: Preuß

Die Nachrichten zehn Jahre zuvor waren unfassbar. Am 28. August 2002, mehr als vier Jahre nach dem schrecklichen Geschehen, begann in Celle der Prozess. Dem Ereignis entsprechend war der Aufwand ziemlich groß. Anfangs verhandelte die 1. Strafkammer des Landgerichts Lüneburg nicht im Gerichtsgebäude, sondern im Kreissaal. Hier stand auch ein Modell des Unfallorts, ein 1:1-Modell des Radsatzes mit der Gummieinlage und das Original des Radreifens, der die Katastrophe auslöste. Außerdem hingen verschiedene Zeichnungen an der Wand, die den Verlauf der Katastrophe veranschaulichen sollten.

Am langen Tisch links von den Richtern saßen die drei Angeklagten und ihre sechs Verteidiger, rechts standen kleine Tische für die beiden Staatsanwälte und die Vertreter der Nebenkläger. Hinter ihnen nahmen die Ersatz-Schöffen und eine Ersatz-Richterin Platz. Sie waren vorsorglich hinzugezogen worden, damit der Prozess nicht infolge Ausfalls eines Richters oder Schöffen platzte.

Links außen verfolgten drei Sachverständigen, Prof. Klaus Pierick (Institut für Eisenbahnwesen und Verkehrssicherung, Technische Universität Braunschweig), Prof. Fritz Frederich (Rheinisch-Westfälisch Technische Hochschule Aachen) und Dipl.-Ing. Gunnar Bosse (Institut für Eisenbahnwesen und Verkehrssicherung, Technische Universität Braunschweig) den Prozessverlauf. Ihre Anwesenheit hielt das Gericht an jedem Prozesstag für notwendig.

Ungewöhnlich war auch das Aufgebot an Technik: Der Vorsitzende Richter hatte sich ein Mikrofon umgehängt, damit er im Saal überhaupt zu verstehen war; Verteidiger und Staatsanwälte arbeiteten mit Laptops, weil die Menge der Akten anders als auf CD-ROM nicht überschaubar gewesen wäre. Für die Anschaulichkeit der Gutachten und der Beweismittel standen Videogeräte und Beamer bereit.

Als nach Monaten 13 andere Sachverständige aus Japan, Südafrika, Schweden, Deutschland und der Schweiz die drei bisherigen ablösten und für sie Dolmetscher-Kabinen notwendig waren, musste das Gericht in den Saal des Landgerichts Hannover umziehen. Hier wurde simultan nicht nur von Englisch in Deutsch und umgekehrt übersetzt, sondern auch von Englisch in Japanisch.

Warum ein solcher Aufwand mit Sachverständigen aus aller Welt getrieben wurde, erläuterte Hanns Feigen, einer der von der Deutschen Bahn bestellten ständigen Beobachter: »In Südafrika kennt man sich besonders gut mit extremen Temperaturunterschieden aus, in Japan mit Hochgeschwindigkeitszügen, und die Schweden sind bei dem Thema führend in Europa.«

Die Pressestelle des Landgerichts Lüneburg stellte durch die vor dem Prozessbeginn bekannt gegebene Vita die sorgfältige Auswahl bzw. Eignung des Vorsitzenden Richters der 1. Strafkammer heraus: Er sei ein »besonders qualifizierter Vorsitzender«. Michael Dölp war drei Jahre wissenschaftlicher Mitarbeiter am 5. Strafsenat des Bundesgerichtshofes und von 1990 bis 2000 in Strafsenaten beim Oberlandesgericht Celle tätig.

Ihm bescheinigten Prozessbeobachter zum Beginn des Verfahrens Souveränität im Umgang mit den Beteiligten, bemerkten auch bald seinen Ehrgeiz, möglichst keinen Anlass zu einem Revisionsverfahren zu geben. Dölp hatte gerade darin seine Erfahrungen: Er war Revisionsrichter in den Großverfahren gegen PKK- und IRA-Angehörige sowie in Landesverratsverfahren.

Er meinte, es dürfe keine Aussage unter den Tisch fallen, sonst hätte er nicht so viele der Zeugen mit sachdienlichen, aber auch wenig sachdienlichen Hinweisen bestellt. Was sie zu sagen wussten, konnte er den Akten der polizeilichen Vernehmungen entnehmen, sortieren und auswählen, wer nach Celle bestellt werden musste oder auf wessen Aussage er verzichten konnte. An straffer Führung fehlte es, und so trödelte das Eschede-Verfahren dahin. Auf öffentlich gewordene Vorwürfe, das Gericht verschleppe das Verfahren, reagierte Dölp harsch: »Die Kammer habe nicht die Absicht, das Verfahren nach den drei F – fix, fertig, falsch – zu führen.« Ein Jahr nach dem Prozessbeginn werden einige Verfahrensbeteiligte keineswegs Dölps Akribie loben, sondern ihm vorwerfen, er habe versagt.

Die Staatsanwaltschaft wurde durch Oberstaatsanwalt Probst und Staatsanwalt Heiner Dresselhaus vertreten. Beide gaben sich weder eloquent noch war ihnen eine Ambition anzumerken, sich mit dem Prozess einen Namen zu machen. Ihre permanente Gelassenheit hinterließ den Eindruck, das Verfahren sei für sie ein Routinefall, den man irgendwie hinter sich bringen müsse.

■ Die eingestürzte Brücke war vom siebenten Wagen an das Hindernis, das abrupt die Geschwindigkeit auf Null brachte. Foto: dpa/Hollemann

Wenig beneidenswerte Angeklagte

Die drei von jeweils zwei Verteidigern vertretenen Angeklagten verweigerten die Aussage. M. war promovierter Ingenieur der Fachrichtung Maschinenbau und bis zum 30. April 1999 im Bundesbahnzentralamt in Minden tätig[1], wie Diplom-Ingenieur F. Diplom-Ingenieur M. war seit 1989 Angestellter bei den Vereinigten Schmiedewerken Krupp-Klöckner in Bochum, später Vereinigte Schmiedewerke VSG genannt, einem Hersteller von Eisenbahnrädern.

Diese Angeklagten waren in der wenig beneidenswerten Lage, während der gesamten Prozessdauer anwesend sein zu müssen. Sie mussten das Verlesen der Akten über die Todesursachen und Verletzungen anhören und die Reaktionen der Hinterbliebenen ertragen, obwohl sie sich unschuldig fühlten.

Wie kamen die Drei auf die Anklagebank? Eine Frage, die – verbunden mit wiederholten Hinweisen in den Medien, da säßen die Falschen – immer wieder gestellt wurde. Die Staatsanwaltschaft hatte über drei Jahre ermittelt, wer der oder die Schuldigen an der Eisenbahnkatastrophe sein könnten und sich auf mehrere Personengruppen konzentriert, die möglicherweise Pflichten verletzt hatten. Sie ermittelte zunächst unter den Beschäftigten der Instandhaltungswerke, die die Laufwerke des Zuges untersucht hatten. Die andere Zielrichtung waren die Eisenbahner im ehemaligen Bundesbahn-Zentralamt Minden, welche die Konstruktion und Zulassung der Radtype, die die Katastrophe verursachte, zu verantworten hatten. Und schließlich wurde gegen Mitarbeiter der Herstellerfirma ermittelt.

Die Staatsanwaltschaft schloss anfangs auch ein Verschulden von Mitgliedern des Vorstandes der Deutschen Bundesbahn (Dürr, Heinisch) nicht aus. Anders als ein Anwalt, der Nebenkläger vertrat, sah die Staatsanwaltschaft für weitere Ermittlungen, gar einen Bahnvorstand anzuklagen, keinen Anlass. Sie hatte diese Ermittlungsverfahren eingestellt. Das konnte

■ Der Radreifen, der den ICE entgleisen ließ.

---

1 Die mehrmals wechselnden Bezeichnungen bei der Deutschen Bahn werden, weil für den Prozessbericht unerheblich, weggelassen.

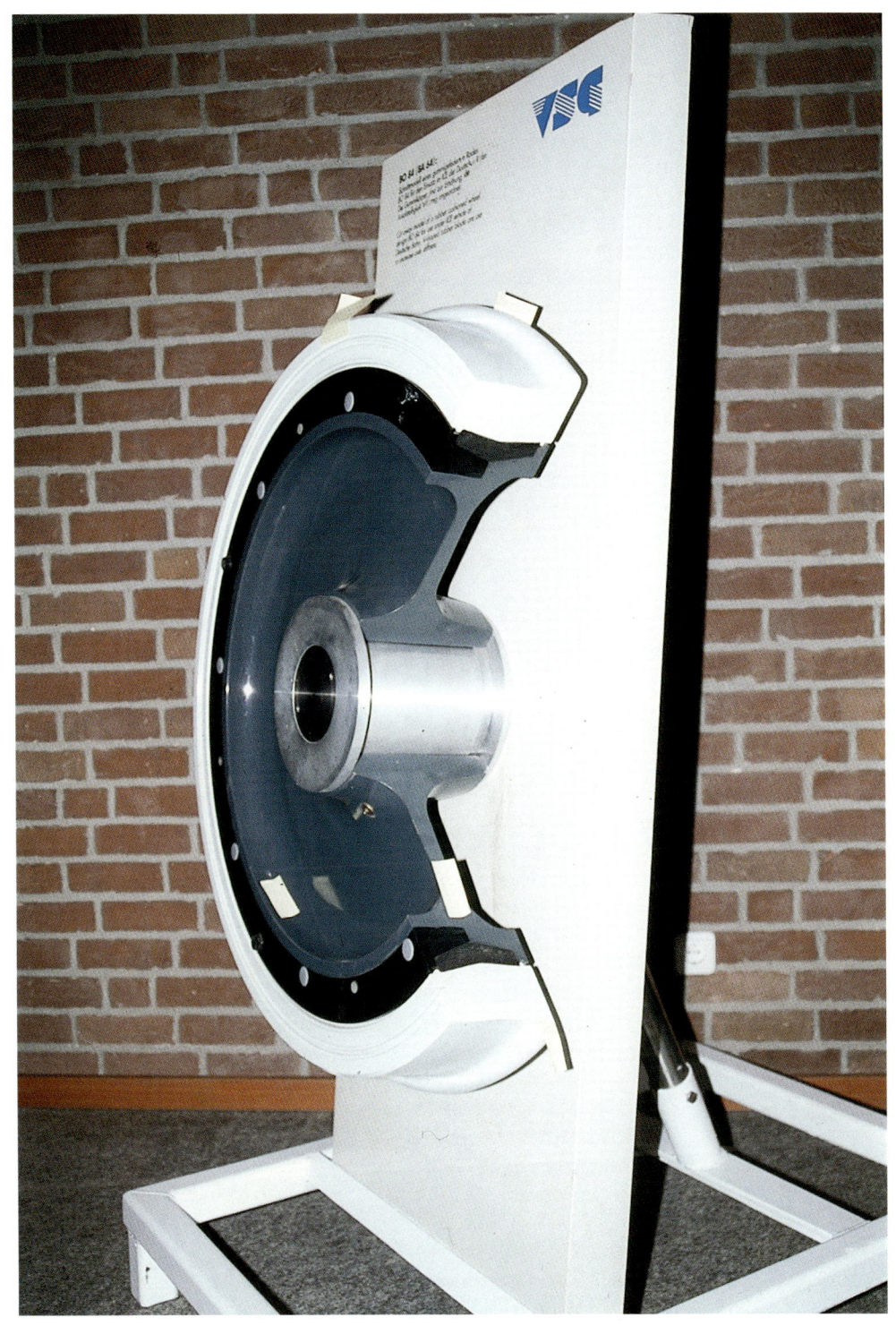

■ Im Saal war zur Anschauung das Modell des fraglichen Radsatzes mit der Gummieinlage ausgestellt.

nur bedeuten, dass im Vorstand nichts entschieden worden war, was im kausalen Zusammenhang mit dem Einsatz der Räder des Typs 64 (auf den noch zurückzukommen ist) stand, oder dass solche Entscheidungen bedeutungslos waren.

Im Prozess zeigte sich bald, wie nachlässig man mit den ICE-Fahrzeugen in den Werkstätten umging. Hatten die zuständigen Behörden das Ermittlungsverfahren gegen Vorstände bzw. Mitarbeiter der Werkstätten zu schnell eingestellt? Gab es hier keinen Pfad, der zum Schuldigen führte? Die Verteidiger meinten, die Anklagebehörde sei einer »Schubladenthese« gefolgt, die ihren Blick sehr eingeengt habe. Ihre These besagte: Der Vorstand hatte mit der Zulassungstätigkeit des Bundesbahnzentralamtes nichts zu tun und ihm gegenüber offensichtlich keine Überwachungspflicht. Das Werkstättenwesen war vollkommen getrennt vom Zentralamt organisiert. Niemand kümmerte sich um die Funktion des zugelassenen Gegenstandes. Eine zentrale Aufsicht fand nicht statt. Und der Hersteller schien die Auffassung zu vertreten, seine Pflicht endete in dem Augenblick, in dem das Produkt das Werkgelände verließ.

Wenn niemand vom ICE-Instandhaltungswerk München angeklagt wurde, lag das auch daran, dass Mängel am Drehgestell oder ein Riss im Radreifen optisch nicht erkennbar waren. Ultraschalluntersuchungen, die dies hätten zeigen können, waren nicht vorgesehen. Der Hersteller und das Bundesbahnzentralamt Minden hatten den Radtyp als »dauerfest« eingestuft, und so waren entsprechenden Prüfgeräte nicht für nötig erachtet worden. Auch der wiederholt vorgebrachte Vorwurf, das Rad sei zu stark abgefahren worden und habe daher den dynamischen Belastungen der Hochgeschwindigkeit nicht standhalten können, war nicht zu halten.

Radsätze ungeeignet? Vorhersehbar?

So blieben für die Anklage die für den Radtyp zuständigen Ingenieure des Herstellers und des Bundesbahnzentralamtes übrig. Der Vorwurf in der Anklageschrift lässt sich folgendermaßen zusammenfassen: Die Angeklagten hätten vorhersehen müssen, dass die beim Intercity-Express (ICE-1) verwendeten Radsätze für hohe Geschwindigkeiten nicht geeignet gewesen waren. Der Unfall sei letztlich auf den Bruch des gummigefederten Radsatzes zurückzuführen, der bei einem Ausgangsmaß von 920 mm auf 862 mm Raddurchmesser abgefahren war. Die Untersuchungen zur Haltbarkeit des Rades unter Einsatzbedingungen seien unzureichend gewesen. Bei der Einführung des Radsatzes hätten aussagekräftige Untersuchungen und Berechnungen zur Haltbarkeit eines unter Einsatzbedingungen von 60 mm auf 30 mm Dicke abgefahrenen Reifens durchgeführt werden müssen. Die seinerzeit ausgeführten Schwingfestigkeitsuntersuchungen hätten keine hinreichenden Erkenntnisse ergeben. Die Verschleißgrenze des Radsatzes habe nur unter Berücksichtigung der tatsächlich zu erwartenden Beanspruchung im ICE-Einsatz bei Beachtung der konstruktiven Besonderheiten des Rades festgelegt werden dürfen. Die nach dem damaligen Stand der Technik erforderlichen und möglichen Untersuchungen seien unterblieben. Entgegen anfänglicher Planungen sei versäumt worden, regelmäßige Kontrollen der bei jeder Radumdrehung im Wechsel durch Zug- und Druckspannungen belasteten Radinnenseiten zu veranlassen (mit Radinnenseite ist die Innenseite des gerissenen Radringes gemeint, der die Lauffläche enthält und den Gummiring umfasst; E.P.). Die Kontrollen waren unterblieben, obwohl die Angeklagten, als der Radsatz eingeführt wurde, Ultraschalluntersuchungen alle 250.000 km vereinbart hatten. Tatsächlich seien geeignete Prüfmethoden während der regelmäßigen Instandhaltung nicht entwickelt worden.

Ein Ermüdungsbruch wegen zu hoher Beanspruchung habe die Katastrophe ausgelöst. Der Radreifen sei bis zu 862 mm abgefahren worden. Damit sei eine Betriebsfestigkeit nicht mehr gegeben gewesen; nach 1,9 Millionen Laufkilometern und einem Lastwechsel bei jeder Um-

Der Fahrdienstleiter im Bahnhofsgebäude sah den Triebkopf vorüber sausen und dachte an eine Zugtrennung. Foto: Slg. Archiv Eschede

drehung habe die Manschette bei jeder Umdrehung »geschmiedet«. Nach dem damaligen Stand der Technik seien erkenntnisfähige Festigkeitsanalysen möglich und die Untersuchungen vor dem Einsatz der Radtype nicht ausreichend gewesen.

Selbst kurz darauf auftretende Probleme an den sogenannten Strombrücken seien für die Angeklagten kein Anlass gewesen, ihre Entscheidungen zu überprüfen oder zu modifizieren. Vielmehr habe man das zulässige Grenzmaß auf 848 Millimeter festgesetzt.

Ein Rückblick auf das tragische Geschehen: An einem sonnigen und heißen Mittwoch, dem 3. Juni 1998, näherte sich um 10.58 der ICE »Wilhelm Conrad Röntgen« von München nach Hamburg dem Bahnhof Eschede (zwischen Celle und Uelzen an der Strecke Hannover–Hamburg gelegen). Der Zug fuhr mit einer Geschwindigkeit von 195 bis 200 km/h und bestand (in Fahrtrichtung gesehen) aus dem führenden Triebkopf, acht Mittelwagen 2. Klasse, dem Bistro- bzw. Speisewagen, drei Mittelwagen 1. Klasse und dem hinteren Triebkopf.

Plötzlich bemerkte ein Reisender im ersten Abteil des ersten Wagens, wie das Bodenblech aufriss und ein Metallteil, von unten kommend, durch das Abteil flog. Er brachte seine Lebensgefährtin und seinen Sohn in den zweiten Wagen und verständigte den Zugbegleiter. Doch da war es bereits zu spät. Im Bahnhof stieß der Zug gegen eine Betonbrücke, die zusammenbrach, worauf sich hinter und vor den Brückentrümmern der Zug einer Harmonika gleich zusammenfaltete.

Der Lokomotivführer Johann F. hatte im Führerraum bemerkt, dass die Fahrdrahtspannung auf Null abfiel und mit einem Ruck die Zwangsbremsung folgte. Er kam zum Halten, versuchte einmal und ein zweites Mal, den Zug mit Strom zu versorgen. In diesem Moment erhielt er über den Zugfunk den Ruf vom Fahrdienstleiter: »Du bist allein vorbeigefahren. Du bist entgleist!« Beim Blick aus dem Fenster sah er hinter sich eine große Staubwolke.

Dort, in den Unfalltrümmern, starben 101 Menschen, 105 wurden, zum Teil schwer, verletzt. Sämtliche Getöteten wiesen schwerste Verletzungen auf, die, so die ärztlichen Feststellungen, augenblicklich zum Tode geführt hatten.

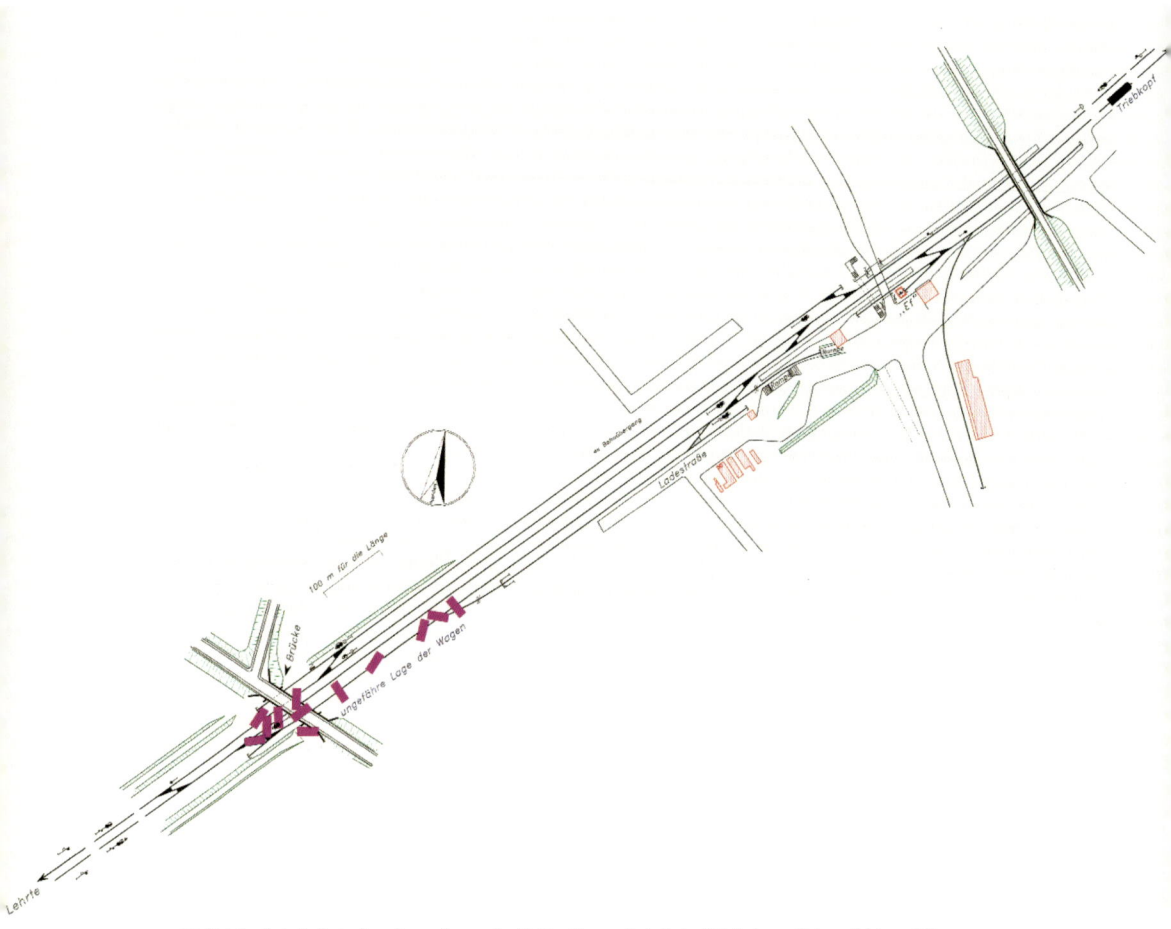

■ Die Unfallstelle in Eschede: Der schwarz dargestellte Triebkopf kam außerhalb des Bahnhofs zum Halten. Zeichnung: Pöhler

Der Nimbus des Hochgeschwindigkeitsverkehrs in Deutschland war zerstört. Seit dieser Katastrophe kam die Deutsche Bahn, wenn auch aus vielerlei anderen Gründen, nicht mehr aus den negativen Schlagzeilen heraus. Die Medien reagierten in den Wochen und Monaten nach dem Unglück geradezu hysterisch. War ihnen zuvor die Eisenbahn nur selten interessant erschienen, sorgte plötzlich jeder unbedeutende Rangierunfall für eine Schlagzeile.

Über die ersten Reaktionen und Vermutungen zur Unfallursache ist an anderer Stelle nachzulesen.[2] Das Eisenbahn-Bundesamt ermittelte an der Unfallstelle den Hergang, den die Sachverständigen im Prozess präzisieren bzw. korrigieren werden. Danach war etwa sechs Kilometer vor Eschede ein Radreifen an der vorderen Achse rechts des hinteren Drehgestells am ersten Wagen gerissen.

Bei den Rädern dieses Zuges handelte es sich zum Teil um so genannte gummigefederte Räder. Im Gegensatz zu Vollrädern aus einem Stahlguss (Monobloc) bestehen solche Räder aus drei mit sehr hoher Hitze zusammengepressten Teilen. Zwischen dem Stahlreif und dem Stahlrad ist eine 20 mm dicke, feste Gummi-Einlage eingearbeitet.

---

2 Preuß: Eschede, 10.59. Geschichte einer Eisenbahn-Katastrophe. München 1998.

Diese Konstruktion war aus Gründen des Laufkomforts gewählt worden, um das lästige Dröhnen zu vermeiden, das immer dann entstand, wenn der Zug an die fahrplanmäßige Höchstgeschwindigkeit von 250 km/h gelangte. Dieses Dröhnen kam vom Vibrieren der Wagenkästen auf den »Monobloc«-Radsätzen, die durchgehend aus Stahlguss bestanden.[3] Besonders sollen sich die Fahrgäste am Klirren des Geschirrs im Speisewagen gestört haben. Überliefert ist aber auch, dass es dem für Forschung und Entwicklung zuständigen Vorstand Roland Heinisch, der während der Reise viel arbeitete, äußerst unangenehm war, wie der kleine Tisch im ICE-Abteil vibrierte. Daraufhin soll er die Versuchsstelle und hauptsächlich den späteren Angeklagten M. aufgefordert haben, sich etwas einfallen zu lassen, wie man diese Laufunruhen ändern könne.

Daraufhin wurden Ende 1991 – die Deutsche Bundesbahn hatte den Hochgeschwindigkeitsverkehr am 29. Mai 1991 aufgenommen – die Räder mit den Gummieinlagen des Typs 64 oder 064 unter sieben ICE-Speisewagen erprobt. Am 21. Januar 1992 beschloss die Projektleitung, als bis Mai 1992 dauernden »Großversuch« insgesamt 45 Speisewagen mit diesen Radsätzen auszurüsten. Bereits um den 20. Februar 1992 entschied sie, weitere 15 Speisewagen umzurüsten.

Das soll Roland Heinisch zu lange gedauert haben. Am 18. August 1992 soll er auf die weitere Erprobungsphase verzichtet haben, damit der DB-Vorstand bereits am 1. September über die generelle Einführung der Radsätze beschließen konnte. Fachleute im Gerichtssaal, die das aus der Anklage vernahmen, meinten, dieser Beschluss habe den Terminus bzw. die Qualität einer öffentlich-rechtlichen Zulassung. Denn bis zum 31. Dezember 1993 war die Deutsche Bundesbahn als Behörde für Fahrzeugzulassungen selbst zuständig.

Zwei Tage nach Heinischs Verzichtserklärung wollen Ingenieure im DB-Ausbesserungswerk Nürnberg diese Entscheidung angezweifelt und nicht zugestimmt haben, die Fahrzeuge umzurüsten mit der Begründung: Dem Radsatz fehle die Dauererprobung!

Stimmungswandel und Kompromiss

Doch im September 1992 kam es zu einem Stimmungswandel, zu einer Art Kompromiss im hierarchisch organisierten System der Staatsbahn. Heinisch erklärte dem Vorstand am 5. Oktober 1992, der Werkstättendienst sei einverstanden, wenn laufende Kontrollen im Betrieb – zum Beispiel regelmäßige Ultraschalluntersuchungen – durchgeführt werden. Nun wurden für mehrere Millionen Mark sämtliche Fahrzeuge des ICE-1 mit den Gummi-Radsätzen ausgestattet. Nie wurde endgültig geklärt, ob die Absicht, die Radsätze regelmäßig mit Ultraschall zu untersuchen, Bedingung für den Einsatz der Radsätze war oder eine unverbindliche Verabredung der Beteiligten nach dem Motto: Man könnte doch... Dass niemand mit dem Bruch des Radreifens, gar bei einem besetzten Zug und bei hoher Geschwindigkeit rechnete, ist wohl selbstverständlich. Da er aber zur Katastrophe führte, blieben der Radtyp und die Umstände seiner Verwendung immer im Mittelpunkt des Prozesses.

Nach dem Bruch des Radreifens am Drehgestell des ersten Wagens rollte die beschädigte Achse, so die Feststellung des Eisenbahn-Bundesamtes, einseitig auf der Radscheibe und geführt durch das andere, unbeschädigte Rad bis zu einer Weiche, die etwa 300 m vor einer Stra-

---

[3] M., einer der Angeklagten, hatte unter der Überschrift »Innovative Komponenten für Schienenfahrzeuge« in: »Internationales Verkehrswesen« 5/1997, S. 221, darüber berichtet. Auch das Magazin »Stern« vom 16. August 2001 hatte sich des Problems angenommen.

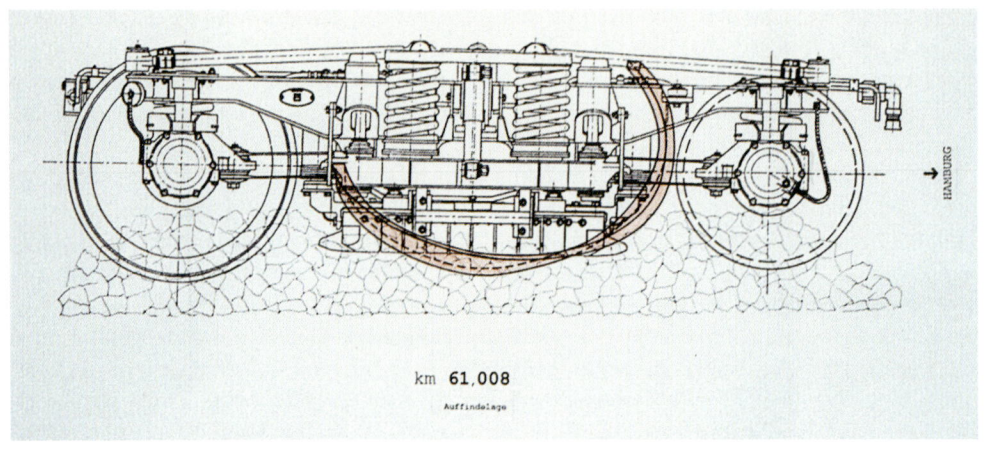

■ Rot ist der Radreifen dargestellt, der sich im Drehgestell verhakte, bis der Wagen in die Weiche 3 fuhr. Foto: Preuß

ßenüberführung lag. Dort wurde, vermutlich durch das beschädigte Rad, der Radlenker weggerissen.

Der gesamte Wagenzug – mit Ausnahme des führenden Triebkopfes – entgleiste. Der Triebkopf riss vom Zug ab, unterquerte die Brücke und kam etwa 2 km hinter dem Bahnhof zum Halten. Die ersten beiden Wagen hinter dem Triebkopf waren zwar auch entgleist, fuhren aber noch unter der Brücke hindurch und blieben etwa 350 m hinter dieser, aufrecht stehend und nur geringfügig beschädigt, stehen.

Der dritte Wagen schleuderte mit seiner rechten hinteren Seite gegen den Pfeiler der Straßenbrücke und riss ihn weg. Der vierte Wagen fuhr noch unter der Brücke durch, schlug quer und stürzte hinter ihr eine Böschung hinab. Der fünfte Wagen wurde im hinteren Teil von der herabstürzenden Fahrbahn der Brücke getroffen. Er kam rund 100 m dahinter zum Stehen. Vom hinteren Wagenteil wurden Dach und Seitenteile bis auf den Fußboden abgerissen.

Auf die nun auf den Gleisen querliegende Fahrbahn der Brücke prallten die anderen Wagen mit fast ungeminderter Geschwindigkeit, wobei sie von dem hinteren Triebkopf aufgeschoben wurden, sich dadurch – quasi wie ein Zollstock – vor der Brückenfahrbahn querlegten und zum Teil über diese geschoben wurden.

So weit die Version des Eisenbahn-Bundesamtes, wie die Katastrophe wahrscheinlich abgelaufen ist. Der Sachverständige Bosse hatte dem Gericht die Anlagen und abermals den Ablauf des Unfalls zu erläutern, Frederich die dabei eingetretenen Schäden an den Fahrzeugen darzustellen und Pierick das Verhalten des Zugpersonals sowie die Gutachten »insgesamt zu bewerten«. Sie zeichneten ein geschlossenes Bild, was man sich unter der »Katastrophe von Eschede« vorzustellen hatte.

Unstrittig war, dass der Bruch des Radreifens am Beginn einer Ereigniskette stand und den Übergang von der bis dahin unauffälligen Zugfahrt zum Unfallhergang markierte. Was sich danach vor und in dem Bahnhof abspielte, dauerte nur Sekunden. Bosse rekonstruierte den Ablauf viel gründlicher nach den Spuren und Asservaten als es der Unfalluntersuchungskommission unmittelbar nach dem Ereignis möglich war. Er hatte dafür mehr Zeit als die Untersuchungsgruppe am Unfallort. Dem Gericht veranschaulichte er die Vorgänge mit Hilfe eines Weg-Zeit-Diagramms.

In km 55,066 (nicht in km 51,1, wie von der Unfalluntersuchungskommission des Eisenbahn-Bundesamtes festgestellt) war um 10.57 Uhr und 28 Sekunden der Radreifen aufgebrochen. Er hatte sich gedreht, war im Gleis aufgeschlagen, hatte sich im Drehgestell nach oben gedreht und sich darin verklemmt. 83 Sekunden später fuhr der Zug mit einer Geschwindigkeit von 195 km/h in die Weiche 2, wo der Radreifen den Radlenker abriss und der beschädigte Radsatz entgleiste. Der Radreifen hing verdreht im oberen Rahmen fest und schwebte über den Schwellen. Unmittelbar danach hob der Radreifen in der Weiche 3 den 7,20 m langen Radlenker hoch und drückte ihn in das Drehgestell. Ein meterlanges Stück von ihm brach ab und schoss in das Drehgestell, wo es sich zwischen Radreifen und Magnetschienenbremse verkeilte. Der andere Teil des Radlenkers stieß durch den Fußboden des ersten Wagens und schlug durch die dazwischen liegende Tür des Großraumwagens.[4]

In der Weiche 3 stieß der Radsatz auf die Weichenzunge und brach ihre Spitze ab. Der Wagen berührte dabei einen Signalmast, weil das vordere Drehgestell auf den Schienen des durchgehenden Gleises fuhr, das hintere aber in Richtung Überholungsgleis. Der zweite Wagen berührte den Signalmast nicht, aber der dritte, der ihn schließlich zerstörte. Der Wagen brach mit dem hinteren Teil nach rechts aus, worauf das hintere Drehgestell entgleiste und die Kupplung zum vierten Wagen riss. Dieses Ausbrechen führte zum Zusammenprall mit dem Brückenpfeiler, ein Vorgang, der den Bahnbetriebsunfall zur Katastrophe machte. Wagen 3 riss noch einen Fahrleitungsmast weg, während sich der zweite Wagen in den Schotter eingrub und sich dabei um 180 Grad drehte.

■ Die Betonbrücke vor der Katastrophe - ein Bauwerk einfachster Art mit auf zwei Trägern aufgelegter Betonplatte - nach DIN 1072. Der Anprall von Fahrzeugen wurde nicht angenommen. Foto: Slg. Archiv Eschede

---

4 Das System DAVID (= Diagnose, Aufrüst- und Vorbereitungsdienst mit integrierter Displaysteuerung) meldete, die Tür sei nicht mehr funktionsfähig.

Der Brückeneinsturz

Die herunter brechende Brücke traf bereits den fünften Wagen am Dach. Der sechste Wagen, dessen vorderes Drehgestell sich in die Böschung grub und dessen hinteres Drehgestell parallel zum Gleis 1 lief, wurde an der Brücke zerstört. Der siebente Wagen stieß mit einem Fahrleitungsmast zusammen und prallte auf die Brückenteile. Der achte Wagen fuhr mit dem vorderen Teil in die Böschung und kam mit dem hinteren Teil unter die Brücke. Der neunte Wagen traf auf die von Fahrzeugtrümmern verstopften Brückenteile, drückte in Richtung Gleis 2, weil nirgendwo anders mehr eine Lücke zu finden war. Sein Dach und die Seitenwände wurden durch abfallende Brückenplatten abgerissen.

Den zehnten Wagen drückte es gegen das Ende des neunten Wagens. Er stand dann parallel zum achten Wagen. Das vordere Teil des elften Wagens fand eine Lücke zwischen den am Boden liegenden Brückenplatten, wobei von ihm die Seitenwände abgerissen wurden. Der zwölfte Wagen kam mit dem vorderen Ende auf die Straße und mit dem hinteren Ende auf die unten liegende Brücke. Als 13. Fahrzeug folgte der Triebkopf. Was Bosse und Frederich scheinbar leidenschaftslos vortrugen, war der Bericht von einem physikalischen Vorgang, bei dem die gewaltige Energie des bewegten Zuges in nun ruhende Masse freigesetzt wurde.

Pierick setzte sich auch mit der Frage auseinander, ob denn das Zugpersonal das Unglück hätte verhindern können. »Der Triebfahrzeugführer und das Zugbegleitpersonal hatten keine Möglichkeit, den nach dem Radreifenbruch gefährlichen Zustand zu erkennen.« War vielleicht das unzeitige Umstellen der Weiche, sofern das technisch in einer gesicherten Fahrstraße überhaupt möglich ist, die Ursache der Entgleisung des ICE? »Nein«, sagte Pierick, »das erste Fahrzeug bewegte sich bereits in der Weiche 3 aus dem Gleis.« Er ging auch auf die Weichenkonstruktion ein, die den Regeln der Technik entsprach (die Weiche war ordnungsgemäß gewartet und geprüft). »Der Stand der Technik ist, dass Weichen nicht für außergewöhnliche, regelwidrige Beanspruchungen dimensioniert zu werden brauchen. Es war und ist auch nicht notwendig, bewegliche Herzstücke einzubauen, bei denen auf die Radlenker verzichtet wird. Es kann ausgeschlossen werden, dass Mängel am Radlenker und an der Weiche den Unfall beeinflusst haben.«

Er sprach auch über die Faltung des Zuges, die zu den für die Eschede-Katastrophe charakteristischen Bildern führte. Sie sei noch nie so beobachtet worden. Sie entstand durch die Mittelpufferkupplung. Bei ihr führt die geringste Auslenkung aus der idealen Drucklinie zum Ausbrechen nach der Seite. Pierick konnte nicht sagen, ob eine Schraubenkupplung mit Seitenpuffern die Faltung vermieden hätte. Das wäre spekulativ gewesen. Er verwies mehrmals darauf, dass der Ausbruch des dritten Wagens unterstrichen habe, wie wichtig die ausfallfreie Spurführung sei. Der Wagen muss im Gleis bleiben!

Auch am Abstand der Brücke vom Gleis war nichts zu deuten, denn die Richtlinie 804 wurde erst nach dem Unfall eingeführt. Schutzmaßnahmen der passiven Sicherheit (also Schutzschienen, die hier fehlten) hätten nichts bewirkt. Der Zug war ja nicht im Gleis 1 entgleist, sondern im ablenkenden Strang der Weiche 3.

Frederich erklärte am 25. September 2002 den Dauerbruch des Radreifens (»sieht auch ein Laie, dass hier etwas Besonderes war«). »Der Werkstoff reißt um 10 mm ein, der Bruch bleibt bestehen, die Bruchstellen schleifen sich ab. Irgendwann reißt der Bruch weiter auf, und das passiert immer wieder bis auch das Restmaterial aufbricht.« Das war nur eine Feststellung des Geschehens.

Der Anklageschrift, die den Feststellungen des Fraunhofer-Instituts folgte, war zu entnehmen, warum der Radreifen mit den Gummielementen im Innern heikel sein sollte: Die Bruch-

■ Nach der Katastrophe: Die Brücke bzw. ihre Trümmer sind weggeräumt.   Foto: Preuß

ursache lag in einer zu hohen Beanspruchung »des schon weit, nämlich vom Ausgangsmaß 920 mm auf 862 mm Raddurchmesser bzw. von ursprünglich 60 mm auf 31 mm Dicke abgefahrenen Radreifens, verbunden mit einer sehr hohen Lastspielzahl (Radumdrehung) bei fast 1,9 Millionen Laufkilometern. Unter Berücksichtigung der zusätzlich zur Materialermüdung beitragenden Reibung, die bei jeder Radumdrehung zwischen Radreifen und den auf der Radscheibe angebrachten Gummielementen entstand, war für diesen reduzierten Raddurchmesser eine ausreichende Betriebsfestigkeit nicht mehr gewährleistet. Im Gegensatz zu den üblichen Monobloc-Rädern hängt die Betriebsfestigkeit dieses mehrteiligen Radtyps vom Raddurchmesser ab, weil der Reifen wegen seiner Bettung auf Gummielementen eine tragende Struktur darstellt. Je dünner der Reifen wird, um so stärker verformt er sich unter Belastung, wobei die höchsten Spannungen auf der Innenseite entstehen.«

Verkettete Umstände

Alles, was danach ablief, war zwangsläufig und unabwendbar. Gerade das scheinbar Unvermeidliche traf den sichtlich ergriffenen Professor Frederich. »Ich bin immer wieder auf die Tragik gestoßen, die mit dem Radreifen zusammenhängt.« Er verwies auf die »Verkettung von Umständen«, dass

1. der Radreifen unglücklich explodierte, dass er den Wagenboden durchschlug, aber den Fußboden nur wölbte. Das war den Reisenden kein Anlass, die Notbremse zu bedienen!
2. der geborstene Radreifen die Spurführung des restlichen Radsatzes nicht im Geringsten veränderte. Wenn wenigstens das eine oder andere Teil an das Gleis angeschlagen hätte, hätte ein in dem Wagen Sitzender vielleicht die Notbremse bedient.
3. sich der Radreifen quer im Drehgestell verfing und nicht mit einem anderen Wagenteil in Kontakt kam. Die Berührung des Linienleiters der Linienzugbeeinflussung (LZB) war ein derart energie- und lautloser Vorgang, dass niemand etwas davon bemerkte.
4. der Radreifen quer im Drehgestell hing. Nur 4 mm tiefer, wäre er auf die Betonschwellen geschlagen und hätte ein Geräusch erzeugt, bei dem jemand aufmerksam geworden wäre.
5. eine 2 bis 3 mm höhere Lage in der Nähe der rechten Schiene hätten gereicht, um den Radlenker in der Weiche 2 nur zu unterfangen,
6. der Wagen 3 hinter der Weiche 3, noch vor der Brücke extrem weit abgelenkt war. Wenn nicht, hätten die Wagen 4 und 5 die Brücke passieren können.
7. die Aluminiumstruktur des Wagens 3 gleich vier massive Betonsäulen mitriss, statt sie nur zu beschädigen,
8. der Radreifen auf der rechten Seite brach. Der Bruch auf der linken Seite hätte geringe Folgen gehabt.
9. ausgerechnet der Radreifen am ersten Wagen brach; ein Bruch am hinteren Wagen hätte ebenfalls zu weitaus geringeren Folgen geführt.

Die Verteidiger hatten zu Prozessbeginn die Vorwürfe der Staatsanwaltschaft bestritten, die von ihr angebotenen Gutachten des Fraunhofer-Instituts bezeichneten sie als falsch. Sie würden durch die von ihnen weltweit eingeholten Gutachten widerlegt. So hatte sich am 28. August 2002 auch Hartmut Mehdorn, Vorstandsvorsitzender der Deutschen Bahn, geäußert: »Die Bahn hat im Eschedeverfahren durch ihre Anwälte eine mehr als 500-seitige Stellungnahme eingereicht und dabei zugleich Gutachten vorgelegt. Diese Gutachten von weltführenden Experten aus Japan, Schweden und der Republik Südafrika, die völlig unabhängig voneinander entwickelt worden sind, kommen übereinstimmend zu dem eindeutigen Ergebnis, dass die Bahn und ihre Ingenieure den seinerzeit geltenden Stand der Technik in vollem Umfang gerecht geworden sind. [...] Damit erweist sich der erhobene Fahrlässigkeitsvorwurf als unbegründet, sodass die Angeklagten freizusprechen sind.«

14 Tage vorher hatte die Deutsche Bahn eine merkwürdige Erklärung ihres Vorstandsvorsitzenden Hartmut Mehdorn verbreitet: »Ich war damals ja noch nicht bei der Bahn, aber ich bin Ingenieur und konnte mir die Vorgänge deshalb unvoreingenommen und unbeeinflusst ansehen.« Das bedeutete nichts, weil nicht alle Ingenieure Vorgänge »unvoreingenommen und unbeeinflusst« sehen und danach urteilen können!?

Nicht der erste »Block« Sachverständiger war das Ziel von Angriffen der Deutschen Bahn und ihrer Anwälte. Denn Pierick, Frederich und Bosse beschränkten sich auf das, was sie vorfanden und interpretierten es. Leicht hatte man es ihnen nicht gemacht, denn die Achsen und Drehgestelle waren am 5. Juni 1998 nach Freigabe durch die Staatsanwaltschaft von einem Schrotthändler abtransportiert worden. Als die Staatsanwaltschaft dann Frederich um ein Gutachten zu den Fahrzeugen bat, mussten die Teile zurückgeholt werden. Frederich rekonstruierte die Fahrzeuge und stellte alle ihre Seiten mit wirkungsvollen Fotos dar.

Die Verteidiger beschränkten sich darauf, die Ermittlungen an der Unfallstelle zu bezweifeln. Hatten sich die Fachleute und die Ermittler des Bundesgrenzschutzes voreilig und voreingenommen eine »kollektive Meinung« gebildet, nur der gerissene Radreifen sei die Ursache der Katastrophe? Wer hatte zuerst von einem Dauerriss gesprochen? Wer hatte die Idee, das Fraunhofer-Institut mit einem Gutachten zu beauftragen? Das Eisenbahn-Bundesamt, die Staatsanwaltschaft? Konnten die Sachverständigen des Fraunhofer-Instituts überhaupt objektiv sein? Wozu brauchte man die Gutachter, wenn die Unfallursache bereits geklärt war? War es nicht dieser Professor Grubisic, der die Parole ausgegeben hatte: »Stoppt die Züge!«? Freilich, die Umstände stellten sich im ruhigen Kreissaal von Celle und im Landgericht Hannover anders dar als an der Unfallstelle mit einem von niemandem bisher erlebten Ausmaß.

Dort waren am Nachmittag die Aufgaben geteilt worden. Die Polizei übernahm die Ermittlungen zu den Getöteten, der Bundesgrenzschutz[5] die Erhebung des Befundes. Reiner A. vom BGS-Amt Hannover traf um 12.15 Uhr mit dem Hubschrauber ein und hörte, ein Pkw sei an der Katastrophe beteiligt.[6] Der lag zertrümmert unter den Mittelwagen. Nachmittags bildete A. eine Untersuchungskommission, zu der auch Sachverständige für Oberbau, Zug und Radsatz der Technischen Hochschulen in Braunschweig und Aachen sowie vom Fraunhofer-Institut in Darmstadt beigezogen wurden, »weil der Unfall über die bisherigen Dimensionen des BGS hinausging.«

Auf Spurensuche

Beim Gang im Gleis der Fahrtrichtung Celle–Eschede, wo man auf unterschiedliche Spuren (Metallteile, beschädigte Schwellen, Schleif- und Kratzspuren, Gummiteile) traf, sollen »Leute vom Eisenbahn-Bundesamt« gesagt haben, der gerissene Radreifen sei schuld am Unfall. Drei Tage später wäre über die Dauerfestigkeit des Radreifens gesprochen worden. Dem Verteidiger Kaps und dem Gericht konnte A. nicht sagen, wie es zur Bestellung der Sachverständigen kam

---

5 Zum Bundesgrenzschutz gehören die Spezialkommissionen zur Ermittlung von Eisenbahnunfällen, bis 1990 der Transportpolizei (DR), bis 1993 der Bahnpolizei (DB).
6 Der gehörte zu einem Instandhaltungstrupp der DB und hatte auf der später eingestürzten Brücke gestanden.

■ Bei den Bergungsarbeiten wurden zahlreiche Spuren vernichtet, die als Beweis von den Sachverständigen mühsam rekonstruiert werden mussten. Foto: dpa/Nietfeld

und wer vom Fraunhofer-Institut ein Gutachten bestellt hatte. Für A. war es selbstverständlich, dass man am Unfallort unter Fachleuten der Unfalluntersuchung über den Radreifen diskutierte. Warum auch nicht?

Ein Beamter des Bundesgrenzschutzes hatte die Maße sämtlicher Radsätze erfasst. Den geringsten Durchmesser mit 862 mm zeigte das Maß des gesprengten Radreifens (wie schon zuvor erwähnt, betrug das Produktionsmaß 920 mm). Im Zug befanden sich sowohl Monobloc- als auch gummigefederte Radsätze, sogar unter demselben Wagen. War, so ein Verdacht der Verteidiger, das in der Technischen Hochschule Aachen untersuchte und als Beweis angebotene Rad überhaupt jenes, das zur Katastrophe führte?

Immerhin waren die Unfalltrümmer, um die Gleise zu räumen, sehr schnell verladen worden. Auch die Nachweise der Deutschen Bahn, an welchem Fahrzeug sich welcher Radsatz befand sowie wann und wo an ihm gearbeitet wurde, waren missverständlich und wurden mit Fehlern in der Datenverarbeitung erklärt. Einige der Zeugen verrieten auch ein erstaunliches Unwissen auf ihrem Fachgebiet oder auf Randgebieten. »Das ist nicht mein Bereich«, »Damit war ich nicht befasst«, lauteten die stereotypen Erklärungen, wenn sie die Fragen der Richter und der Verteidiger nicht beantworten konnten.

Obwohl die Angeklagten für die Mess-Ergebnisse in den ICE-Werken nicht verantwortlich waren, nahm sich das Gericht zwei Tage Zeit für die Aufklärung dieser Vorgänge. Nachdem, was die Zeugen der ICE-Werke vortrugen, war der Radsatz des Unfallwagens am 12. Januar 1998 mit 864 mm Durchmesser eingebaut worden. Zur letzten Diagnose und Messung am 26. Mai 1998 war der Durchmesser auf 862 mm geschrumpft, aber auch eine so genannte Flachstelle von 1,1 mm Tiefe wurde festgestellt. Sie hätte wegen eines Grenzmaßes von

0,6 mm beseitigt werden müssen. Die Vorschrift enthielt jedoch eine »Toleranzregel«, nach der man mit dem Reifen bis zur nächsten Messung fahren durfte. Deshalb blieb das Rad im Drehgestell.

Die Zeugen förderten allerlei Ungereimtheiten zutage, die an der Exaktheit bei der Instandhaltung der ICE-Fahrzeuge zweifeln ließen. Etwa die Hälfte der Messungen, so ein Zeuge der Deutschen Bahn, waren solche, »denen man nicht Glauben schenken konnte« oder die »unrealistisch« waren. Es gab Radsätze, die – so das Mess-Ergebnis – nach dem Einbau um 30 mm über das Produktionsmaß »hinausgewachsen« waren!

Irritierend waren auch die EDV-Angaben, dass der Unfallradsatz am 12. Januar 1998 ein- und am selben Tag wieder ausgebaut worden sein sollte, aber zwischendurch 1900 km zurückgelegt hatte. Wie konnte das sein? Ein Kriminalist vermutete, dass es an diesem Tag zwei Arbeitszettel zu dem Radsatz gegeben habe und der dadurch scheinbar unter einem Wagenkasten unterwegs war. Einem Verteidiger fiel aber auf, dass es einen anderen Radsatz gab, der das gleiche Fehlerbild hatte. Waren zwei Radsätze – vielleicht nur in der Datenerfassung – verwechselt worden? Die Zeugen sprachen wiederholt von einem »virtuellen« und einem »physikalischen Zustand«. A., Leiter des ICE-Werkes in Hamburg-Eidelstedt, erklärte dann als Zeuge, bei zwei Arbeitszetteln könnten die Radsatzkennzahlen vertauscht oder verändert worden sein. Wahrscheinlich sei am 23. Mai 1998 kein neuer (der Zeuge meinte den Unfallradsatz; E.P.) eingebaut worden, sondern (nach einem Hinweis aus dem ICE-Werk Berlin-Rummelsburg, wo man die Nichtübereinstimmung der Kennzahlen bemerkt hatte) nur der EDV-Bestand in der Weise korrigiert worden, sodass jemand in das Datensystem eingegeben habe, das Unfallrad befinde sich nunmehr an der einen Stelle, obwohl es sich – physikalisch – bereits seit dem 12. Januar 1998 woanders befunden habe.

Diese Verwirrung machte die »Sorgfalt« in den ICE-Werken bei der Wartung der Hochgeschwindigkeitszüge deutlich. Sie hätte für einen Verteidiger der Ansatz zur Behauptung sein können, der fragliche Radsatz sei gar nicht unter dem Unfallwagen gewesen. Bis zum Prozessende sagte niemand mehr etwas zum Radsatztausch; doch es blieb das mulmige Gefühl, dass die Datenverarbeitung nur scheinbar exakt ist. Wo Menschen sie bedienen, kann sie auch nicht fehlerfrei sein, verwirrt mehr, als dass sie hilft.

Die beste Bahn

Überhaupt: Wie die Zeugen der Deutschen Bahn auftraten und was sie sagten, stand im krassen Gegensatz zu den offiziellen Bekundungen dieser Bahnverwaltung (Die »beste« Bahn). In der Pressemitteilung vom 28. August 2002 hatte sie behauptet, das Gutachten des Fraunhofer-Instituts sei »mit zahlreichen Fehlern behaftet.« Der Bahn sei »im Gegensatz zu anderen [...] an sachlicher Klärung gelegen.« Man solle »jetzt die Justiz in Ruhe ihre Arbeit machen lassen, anstatt öffentlich mit bewusst irreführenden Angaben Vorurteile zu schüren.« Der erhobene Zeigefinger der Moral sollte wohl von für die Deutsche Bahn unangenehmen Tatsachen ablenken.

Das Gericht bemühte sich, den Zweck der Diagnose-Systeme zu erkennen, hatten doch die Medien sich darüber belustigt, dass zwar nicht funktionierende Toiletten gemeldet werden, nicht aber der Bruch eines Radreifens! Es fehlte nicht an Vergleichen, etwa den, dass jeder Pkw der Oberklasse ein Meldesystem habe für den Fall, dass ein Reifen Luft verliert. Wo viele Menschen mit der Geschwindigkeit von 250 km/h bewegt werden, fehlt so etwas.

Die so genannten Bordsysteme waren (und sind) nicht geschaffen worden, um Unfälle zu verhindern, sondern die Instandhaltung zu rationalisieren bzw. die Aufenthaltszeit der Züge in den Werken so kurz wie möglich zu halten. ZEUS[7] zum Beispiel ist ein im Zug installiertes System der elektronischen Datenverarbeitung, das an den Triebköpfen notwendig werdende Unterhaltungsarbeiten bereits während der Fahrt an die Werkstätte vormeldet. DAVID[8] ist das gleiche System für die Wagen. Wahrnehmungen des Zugpersonals werden auf Arbeitszetteln vermerkt und mit Hilfe von Zahlenschlüsseln in das System eingespeist. Über das spätere Unfall-Drehgestell hatte das Zugpersonal häufig den »unruhigen Lauf« oder »Flachstelle« gemeldet. Vom 17. Februar 1998 an waren solche Mitteilungen sehr auffällig.

Was bislang über den Unfallzug und seine Behandlung bei der Deutschen Bahn ausgesagt wurde, war für die Frage der Schuld der Angeklagten allerdings unerheblich und zog den Prozess nur in die Länge. Vielmehr musste gefragt werden:

- War das Rad der Bauart 064 mit den Gummieinlagen für den Hochgeschwindigkeitsverkehr geeignet? Entsprach es dem »Stand der Technik«?
- Musste der Radsatz vor seinem Einsatz zugelassen werden? Von wem?
- Hatten die Angeklagten hierzu Pflichten? Hatten sie diese verletzt?
- Oder war der Bruch des Radreifens nicht vorhersehbar?

Auf die Beantwortung der letzten Frage konzentrierte sich die Verteidigung, die – vermutlich bezahlt von der Deutschen Bahn – zehn Sachverständige aufbot, während die Staatsanwaltschaft lediglich Sachverständige des Fraunhofer-Instituts bestellt hatte, die zu dritt auftraten (Prof. Dr. Vatroslav Grubisic, Dr. Fischer, Dr. Flade). Sie waren, besonders wenn sie auf mitunter einfache Fragen (»Was habe ich unter Pascal zu verstehen?«) naiv oder konfus antworteten, ein gefundenes Fressen für die Strafverteidiger. Ihre Taktik schien es zu sein, die Ratlosigkeit der Richter gegenüber technischen Formeln und Formulierungen noch zu vergrößern, um auf die Einstellung des Verfahrens hinzuarbeiten.

Fast alle Gutachter der Verteidigung bescheinigten dem Rad die Dauer- bzw. Betriebsfestigkeit über Millionen von Kilometern selbst unter Belastungen, wie sie im Betrieb nie auftraten. Der Werkstoff sei sehr gut ausgewählt. Wie kam es dennoch zum Bersten des Radreifens? Das war nicht zu erklären, deshalb eher ein Zufall, eben das Risiko der Technik, das ein für die Sicherheit Verantwortlicher nicht zu beachten habe. Dieser Prozess machte deutlich, dass es über die Prüfungen vor der Zulassung von Eisenbahnfahrzeugen keine gesetzlichen oder behördlichen Regelungen gibt.[9]

Nicht nur das, was die Sachverständigen über Festigkeitsversuche und Dauerfestigkeit vortrugen, sondern auch wie sie ihre Berechnungsmethoden erklärten und Ansichten verteidigten, wird die meisten Zuschauer und auch die unmittelbar am Prozess Beteiligten überfordert haben. Da half es nicht, dass Richter Dölp mehrmals appellierte, fair miteinander umzugehen. Er betonte am 15. Januar 2003, man sei jetzt in einem neuen Verfahrensabschnitt, in dem zu klären versucht werde, ob der Radsatz mit der Nummer 523 116 dem damaligen Stand der Technik entsprochen habe und, wenn nicht, persönliche Schuld abzuleiten sei. Hier sei geballter Sachverstand zusammengekommen, die Voraussetzung für sachliche Auseinandersetzung erfüllt. Es bestehe jedoch die Gefahr, dass die auseinander zu brechen drohe.

Nach deutschem Recht seien Sachverständige »Gehilfen des Gerichts«. Sie sollten sich verständlich und anschaulich ausdrücken; Fachausdrücke vermeiden – man sei schließlich nicht auf einem Fachkongress über Radreifentechnik. Es blieb nicht aus, dass es trotzdem wie auf einem solchen zuging.

---

7 ZEUS = Zentraleinheit für Überwachung und Steuerung
8 DAVID = Diagnose, Aufrüst- und Vorbereitungsdienst mit integrierter Displaysteuerung
9 Ausführlich dazu: Kühlwetter »Fahrzeugzulassungen außerhalb der ‚anerkannten Regeln der Technik?' In: Eisenbahn-Revue International, Luzern, 7/2003.

Komplizierte Prüfungen

Die Angeklagten hatten das einfache Verfahren verwendet, um die Dauerfestigkeit zu ermitteln, indem sie das Rad auf einem Prüfstand mechanischen Schwingungen aussetzten. Hielt das Bauteil diese meist langanhaltenden Belastungen aus, dann sollte es auch im Eisenbahnbetrieb den Belastungen Stand halten.

Die Prüfung auf Betriebsfestigkeit ist allerdings komplizierter. Ein langwieriger Versuchsbetrieb soll alle Belastungen erfassen, zum Beispiel Risse im Metall. Die Sachverständigen konnten sich nicht einigen, ob die Prüfung auf Dauerfestigkeit genügte. Das Fraunhofer-Institut – und mit ihm die Staatsanwaltschaft – meinte, man hätte den Radtyp auf Betriebsfestigkeit testen müssen. Das hätte aber der vom Vorstand Heinisch gewünschten Eile, die Radsätze auszutauschen, nicht entsprochen. Dem Gutachten mangelte es an exakten, auf den Radtyp bezogenen Daten über die tatsächlichen Belastungen. Die Tests von 1989 waren mit Intercitys bei Geschwindigkeiten bis 200 km/h ausgeführt worden.

Die von der Verteidigung bzw. von der Deutschen Bahn aufgebotenen Sachverständigen verdeutlichten, dass die Materialforschung nicht endgültig ist. Es gäbe, so sagten sie, noch nicht erklärbare Phänomene. Schließlich war ihre Meinung, der Bruch des Radreifens sei ein singuläres, unerwartetes Ereignis. Der Radtyp sei ansonsten bruchfest gewesen; man habe nicht damit rechnen müssen, dass das Rad unter den Belastungen des Zugbetriebs schadhaft wird.

Was sollte das Gericht mit den sich widersprechenden Gutachten anfangen? Anwalt Reiner Geulen hatte recht, als er am 54. Prozesstag feststellte, das Verfahren sei zu einem Radsatzkolloquium verkommen. Die Richter hätten ein Seminar organisiert, in dem über alles unentwegt geredet wurde, ohne zu strukturieren. Damit sei man der Wahrheit nicht näher gekommen. Wo man in eine Sackgasse geraten war, in der nichts mehr aufgeklärt werden konnte, half es nur, mit einer eleganten Begründung das Verfahren einzustellen. Dass es dazu kommen werde, hatten einzelne Verteidiger bereits Ende 2002 der Öffentlichkeit »verdeckt mitgeteilt«.

Am 25. April 2003 hatte das auch Spiegel-Online gemeldet. Die Vertreter der Nebenkläger waren entsetzt. Nicht allein, weil ihnen die Genugtuung entging, dass jemand zur Verantwortung gezogen werde, sondern weil sie für die im Zivilprozess erhobenen Schadenersatzklagen ein Urteil brauchten, nach dem die Deutsche Bahn – Nachfolgerin der Deutschen Bundesbahn – an der Katastrophe Schuld trage.

Am 28. April, dem 54. Verhandlungstag, versuchten Rechtsanwältin Christiane Berger und Dr. Geulen, beide Vertreter von Nebenklägern, die Einstellung zu verhindern, indem sie beantragten, den Vorsitzenden und die beiden beisitzenden Richter wegen der »Besorgnis der Befangenheit« abzulehnen. Berger argumentierte mit den Presseberichten, nach denen die Einstellung des Verfahrens bereits beschlossene Sache sei, ohne dass mit den Nebenklägern darüber gesprochen worden wäre. Die Staatsanwaltschaft habe geäußert: »Die haben uns die Pistole auf die Brust gesetzt.« Die Richter hätten die verfassungsgemäß gesicherten Rechte der Nebenkläger missachtet. »Immer wenn wir die Sachverständigen etwas fragen wollten, hatte Richter Dölp unsere Fragen abgeschnitten mit dem Hinweis, später sei noch dazu Gelegenheit. Jetzt steht zu befürchten, dass nie geklärt wird, ob es sich bei den Sachverständigen der Bahn um wohlwollende Gutachter handelt oder nicht.« Die Anwältin bemängelte, dass es nicht, wie von ihr beantragt, zur Vernehmung der Bahnvorstände Dürr, Ludewig und Heinisch gekommen sei. Geulen wies darauf hin, dass die Absprachen zur Verfahrenseinstellung das faire Verfahren und den Grundsatz auf rechtliches Gehör verletzten. Er drohte, Verfassungsbeschwerde einzulegen.

■ Spontan richteten die Gemeinde und die Feuerwehr am Brückenrest eine Gedenkstätte ein und die Schüler bauten ein Kreuz. Am Unglücksort sollte eine bleibende Gedenkstätte entstehen. Foto: Preuß

■ Während des Brückenbaus wurde auf der anderen Seite an die Katastrophe erinnert. Foto: Preuß

■ Auf einem 3.100 m² großen Grundstück befindet sich ein Kirschgarten mit der acht Meter langen Namenswand für die 101 Opfer. Genannt werden die Namen, Geburtsdaten und die Herkunftsorte der Getöteten. Foto: Preuß

■ Unter drei Entwürfen renommierter Architektenbüros in Hannover wurde 1999 der Entwurf von Wolfgang M. Pax und Anja Brüning ausgewählt. Die Treppe führt durch einen vier Meter hohen Torbogen aus schwarzem Granit mit der Inschrift: »Am 3. Juni 1998 um 10.58 Uhr zerschellte an dieser Stelle der ICE 884 ‚Wilhelm-Conrad Röntgen'. 101 Menschen verloren ihr Leben, ganze Familien wurden zerstört, viele tragen lebenslang an den Folgen. Das Unglück hat die menschliche Zerbrechlichkeit, Vergänglichkeit und Unzulänglichkeit gezeigt. Beispielhaft und aufopfernd haben Retter, Helfer und Bürger des Ortes selbstlos eine schwere Aufgabe angenommen, haben geholfen und getröstet. Durch ihren Einsatz ist Eschede auch ein Ort der Solidarität und gelebter Mitmenschlichkeit geworden«.
Von einem Plateau überblickt man die gesamte Gedenkstätte: die Brücke, die Gleise, ein Treppenobjekt, das Tor, die naturbegrünte Einbettung.
Foto: Preuß

Die Richter brauchten, wenn sie das Verfahren einstellen wollten, keine Genehmigung von den Anwälten der Nebenkläger. Noch am selben Tag regte die Kammer an, das Strafverfahren einzustellen, wenn jeder der Angeklagten einen Geldbetrag von 10.000 Euro eingezahlt habe.[10] Aus der 14 Seiten langen Erklärung seien hier die wichtigsten Punkte zusammengefasst:

Nach den Vorwürfen der fahrlässigen Tötung und der fahrlässigen Körperverletzung sei eine solche Einstellung zulässig, wenn zwei weitere Tatbestandselemente zuträfen, wenn nämlich die Schwere der Schuld nicht entgegensteht und das öffentliche Interesse an der Strafverfolgung beseitigt ist. Nach Auffassung der Kammer treffe keinen der Angeklagten schwere Schuld.

Nach Einschätzung der Sachverständigen scheine der Einsatz gummigefederter Räder grundsätzlich keinen Bedenken zu unterliegen. Die Bemessung könne offensichtlich nach Dauerfestigkeitskriterien oder nach Betriebsfestigkeitslehre vorgenommen werden.

Angesichts der Ergebnisse der Sachverständigen sei auch die Abstützung der Zulassungsentscheidung allein auf den Krupp-Versuch[11] nicht geeignet, einen Schuldvorwurf zu begründen. Auch sei nicht erkennbar gewesen, dass eine Überwachung des Rades hätte stattfinden müssen. Welcher Sicherheitsfaktor musste in die Berechnungen einfließen? Die Sachverständigen waren unterschiedlicher Meinung.

Auch die 1000 Radreifen, die wegen des ungefähren Erreichens des Grenzmaßes ausgesondert worden seien, ohne dass es zu einem Versagen gekommen sei, könnten darauf hindeuten, dass die ertragbaren Beanspruchungen im Betrieb nicht deutlich überschritten worden wären.

Nach Meinung des Fraunhofer-Instituts war mit Rissen an den Radreifeninnenseiten erst bei einem Durchmesser von 808 mm zu rechnen. Die Innenseite ist aber nicht zugänglich. Das Risswachstum scheint sich über Wochen hingezogen zu haben, wenn auch ein Sachverständiger meinte, der Riss sei bereits nach wenigen Kilometern entstanden.

Unentschiedene Richter

Die Richter konnte sich nicht entscheiden, einem Gutachter oder einer Gutachtergruppe zu folgen. Sie stellten in ihrem Einstellungsvorschlag die Gutachten mehr oder weniger undifferenziert nebeneinander. Alle Gutachter mit Ausnahme der des Fraunhofer-Instituts hatten ihre Versuche – sofern überhaupt – nur am stehenden Rad angestellt. Sie konnten nicht beweisen, dass die Testergebnisse mit einem stehenden Rad in einem Prüfstand vergleichbar sind mit denen eines Rades unter Belastung oder mit einem im Prüfstand rollenden Rad.

Wie wirken die Überrollvorgänge auf die Metallurgie des Radreifens? Wie vergleichbar ist die Metallurgie eines Radreifens, der zu Testzwecken auf ein bestimmtes Maß abgedreht wurde, mit der eines Radreifens, der unter einem Eisenbahnfahrzeug 1.700.000 km gelaufen ist und dabei Millionen von zentripedalen Schlägen in Richtung Radnabe auffangen und abfedern musste, insbesondere bei nachlassender Substanz der Gummielemente?

Solche Fragen hatten die Richter nicht gestellt. Wenn die Sachverständigen nicht nachweisen konnten, dass ihre Standversuche gleichwertig mit den Vorgängen im Eisenbahnbetrieb sind, wenn ihre Erkenntnisse nur nach Standversuchen entstanden oder nur auf Literaturangaben beruhten, mussten ihre Gutachten als für die Entscheidung des Gerichts bedeutungslos

---

10 § 153 a Abs. II StPO
11 Schwingungsversuche bei stehendem Rad; nach Meinung des Fraunhofer-Instituts zu gering belastet

Der schwerste Unfall in Eschede lag über 100 Jahre zurück: Ein Baumstamm war von einem Güterwagen herabgefallen, so das am 14. August 1897 der nachfolgende Schnellzug entgleiste. Die Folge: 3 Tote und 20 Verletzte. Foto: Slg. Archiv Eschede

bezeichnet werden (»freie Beweiswürdigung«!). Hatte der Vorsitzende das Problem, sich den Ausführungen eines Gutachters anzuschließen – was im Gericht nicht einmalig ist (»Fünf Juristen – zehn Meinungen«) – dann hätte er einen Obergutachter bestellen müssen, welcher für ihn die bisherigen Gutachteraussagen bewertete. Dieser Möglichkeit folgte Richter Dölp nicht.

Vielmehr ging er in seinem Einstellungsvorschlag auf das nachlassende »öffentliche Interesse an der Strafverfolgung« ein. Dieses habe im Zeitpunkt der Anklageerhebung im November 2001 sicher bestanden. Durch die Anhörung der Sachverständigen stehe die Schuld der Angeklagten aber in einem anderen Licht da, im Gegensatz zum Zeitpunkt der Anklageerhebung sei sie »differenzierter zu betrachten«. Die zivilrechtlichen Ansprüche seien – mit Ausnahme von Schmerzensgeldern – überwiegend mit mehr als 40 Millionen Mark seitens der Deutschen Bahn abgegolten worden. Aus zivilrechtlicher Sicht bestehe daher kein gesteigertes Interesse an der weiteren Durchführung des Strafverfahrens.

Hinsichtlich der Angeklagten werde auch kein Bedürfnis aus Gründen der Prävention gesehen, das Strafverfahren weiter zu treiben. Diese seien bisher unbestraft und die Schwere des Unglücks habe sich – gleichsam schicksalhaft – durch die Weiche und die Brücke aber gesteigert.

In der Erklärung hieß es noch, es gäbe von den Angeklagten kein Eingeständnis einer Schuld wie auch die Geldbuße keinen Strafcharakter habe. Die Vermutung der Nichtschuld gelte weiter. Die Einstellung des Verfahrens diene schließlich dem Rechtsfrieden.

Diese Feststellung mag den Nebenklägern wie ein Hohn vorgekommen sein. In einer zweiten Erklärung fand der Vorsitzende Richter ein Wort für die Geschädigten. Es wäre ihm klar, dass die Nebenkläger mit dem Vorschlag nicht einverstanden seien. Das Gericht müsse dies ertragen. Die Kammer sei streng nach der Strafprozessordnung vorgegangen. Von einem »Versagen des Rechtsstaates« oder ähnlichem zu sprechen, sei nicht gerechtfertigt und bringe die Justiz in Misskredit.

Nach dem Ende des Eschede-Prozesses wird die Zahl der Bürger zugenommen haben, die der Rechtssprechung nicht mehr vertraute. Manche meinten, es sei erstaunlich, dass es überhaupt zum Strafprozess kam. Was sollte da schon herauskommen? Andere wiederum hofften auf die Benennung von Schuldigen quasi zur Beruhigung der Gesellschaft. Wenn das Ende des

Eschede-Prozesses für viele auch unbefriedigend war, sollte man doch überlegen: Was wäre das für ein Rechtsstaat, der drei Ingenieure bestraft, nur damit die Angehörigen der Opfer eine Genugtuung haben? Wenn sie nicht schuldig waren, durften sie auch nicht bestraft werden.

Wozu dann der riesige Aufwand des Verfahrens? War die Staatsanwaltschaft bereits mit der Anklage überfordert? Die Angeklagten, die mit – immerhin – je 10.000 Euro Geldbuße davon kamen, werden den Prozess sicherlich nie vergessen. Ein Freispruch wäre ihnen dienlicher gewesen.

Doch welche Auswirkungen hat der Eschede-Prozess für die Produkthaftung? Welche Konsequenzen ergeben sich für die Deutsche Bahn und ihren Hochgeschwindigkeitsverkehr? Wir erinnern uns. Unmittelbar nach der Katastrophe hatte die Deutsche Bahn gezögert, die »Gummiräder« unter den ICE-Zügen auszuwechseln; das Eisenbahn-Bundesamt aber bestand darauf. Danach würdigte die Deutsche Bahn die Maßnahme, die gravierend den Fernreiseverkehr beeinflusste, als prophylaktische Maßnahme zur Sicherheit.

War das Auswechseln der Radsätze voreilig? Nachdem das Verfahren eingestellt wurde, konnte die Deutsche Bahn doch wieder zu den komfortableren Radtypen zurückkehren. Denn fast alle Gutachter der Verteidigung bestätigten die sichere Konstruktion dieses Rades, die Katastrophe als Ausnahmeerscheinung.

Ob jemand im Bahnvorstand begriff, dass die Wirkung des Eschede-Prozesses auf die Öffentlichkeit, insbesondere was die Sicherheitsvorkehrungen der Eisenbahn betrifft, verhängnisvoll sein werde? Oder glaubte man eher, die »Zeit heilt Wunden«? Man kann vermuten, dass

■ 1977 riss die Deutsche Bundesbahn das Bahnhofsgebäude ab und ersetzte es durch einen spartanischen Typenbau. 1995 kaufte die Gemeinde den Typenbau und ließ ihn umbauen. Die Baustelle hatte eine Losung: »Es bahnt sich was an in Eschede«, die durch die Katastrophe makaber wirkte. Deshalb wurde der Neubau erst am 4. Juli 1999 mit einer stillen Feier eingeweiht. Foto: Preuß

es zu solch einer Diskussion in einem Unternehmen, das damals vom neuen Preissystem und ständig vom Personalabbau und dem Drang an die Börse beherrscht wurde, nicht kommen konnte. Auch die Bevölkerung schien mit anderen Ereignissen, die ihr näher sind, beschäftigt zu sein. »Eschede« als Menetekel des Hochgeschwindigkeitsverkehrs ist in die Ferne gerückt. Über Radsätze erfährt man nichts mehr, merkwürdigerweise vibriert es nicht mehr in den Zügen, auch wenn kein Gummiradsatz unter den Wagen ist.

Immerhin ließ das Eisenbahn-Bundesamt wegen der Eschede-Katastrophe eine Schweizer Ingenieurgesellschaft bewerten, »inwieweit bei Geschwindigkeiten über 160 km/h durch
- Reduzierung der Anzahl der Weichen in Durchfahrgleisen
- Vergrößern des Abstandes zwischen Weichen und Brücken
- Schutz von Brückenpfeilern an Gleisen durch Anprallschutz oder Leitwände
- Verzicht auf Brückenpfeiler
- Vergrößern des lichten Raumes unter Brücken
- Einbau von Führungen, Fangvorrichtungen oder Leitkanten in Gleisen
eine Verbesserung der Sicherheit des Eisenbahnverkehrs erreicht werden kann.«

Das Ergebnis: »von dem Hochgeschwindigkeitsverkehr heutiger Prägung geht grundsätzlich kein übermäßiges Risiko aus, sondern er weist die höchste Sicherheit innerhalb des Gesamtsystems Eisenbahn auf.« Ein vergrößerter Raum unter Brücken sowie ein Verzicht auf Brückenpfeiler werde bei Neubauten als angemessen betrachtet. Ein entsprechender Umbau der bestehenden Bauwerke sei unverhältnismäßig. [8]

Zumindest entstand der Eindruck »nach Eschede«, dass das Eisenbahn-Bundesamt die Umprojektierung bevorstehender Bauarbeiten veranlasste, um der genannten Empfehlung zu entsprechen. Die Mitteilung vom 9. September 2003 auf Anfrage des Autors überraschte dann doch: »Die Einführung der o.g. DIN-Norm (DIN 1055-9, Punkt 6.4.1.4; E.P.) steht nicht in unmittelbarem Zusammenhang mit dem Unfallereignis von Eschede, sondern leitet sich aus der Umsetzung europäischer Normen her.«

2. Entgleisung in Brühl: zu hohes Tempo

Nur wenige Minuten nach Mitternacht entgleiste am 6. Februar 2000 im Bahnhof Brühl (Strecke Köln–Koblenz) bei einer Geschwindigkeit von 122 km/h der Schnellzug 203 Amsterdam–Basel. Die Fliehkraft des Zuges warf die Lokomotive und fünf Wagen über eine Böschung in die Gärten einer Siedlung. Ein Wagen stellte sich quer und schleuderte gegen das Bahnsteigdach. Neun Reisende wurden getötet, 149 zum Teil schwer verletzt. Der Lokomotivführer blieb unverletzt. Es entstand ein Sachschaden von rund 50 Millionen Mark.

Die Medien und die Bürger in Deutschland hatten die Katastrophe von Eschede noch nicht vergessen; jeder kleine Unfall wurde seitdem verfolgt und als grober Missstand bei der Deutschen Bahn angesehen. Jetzt bot der Unfall oder die Katastrophe von Brühl abermals genügend Stoff, um die Aufmerksamkeit, wenigstens für kurze Zeit, dem Innenleben der Deutschen Bahn zu widmen, vor allem aber zu fragen, warum der Zug so schnell fuhr, dass er in einer Weiche entgleisen musste.

Der neue Bahnchef, der Vorstandsvorsitzende Hartmut Mehdorn, wollte nach solch einem Ereignis anders als sein glückloser Vorgänger, Johannes Ludewig, nach der Eschede-Katastrophe offen mit der Öffentlichkeit umgehen. Etwa nach dem Motto: Die Karten auf den Tisch und dann ist Ruhe. Er hatte sich verschätzt. Das lag vor allem daran, dass ein bestimmtes Gefühl blieb, hier werde etwas vertuscht. Dieses Gefühl hatte jeder, der sich intensiv mit dem Hergang und der Schuldfrage beschäftigte und auf allerlei Ungereimtheiten stieß.

Mehdorn wollte aufklären und rief die Medien am 11. Februar 2000 in das Hotel »Schweizerhof« in Berlin. Er lobte sich selbst: »Wir wissen, dass wir den höchsten Sicherheitsstandard

■ Die Lokomotive im Vorgarten. Spezialkräne heben das 84 t schwere Stück auf Stahlplatten. Foto: dpa/Ostrop

■ Bahnchef Hartmut Mehdorn legt während der Pressekonferenz höchstpersönlich die Folien auf, um den Hergang des Unfalls von Brühl zu erläutern. Foto: DB/Reiche

■ Vom DB-Vorstand saßen im Berliner Hotel »Schweizerhof« Heinisch, Föhr, Mehdorn und Münchswander (v. r.) den Journalisten gegenüber; ganz links der damalige Pressesprecher Rainer Latsch. Foto: DB/Reiche

■ »Sicherheit bei der Bahn«: Der Weg des Nachtzuges 203. Aus der Pressemappe der Deutschen Bahn.

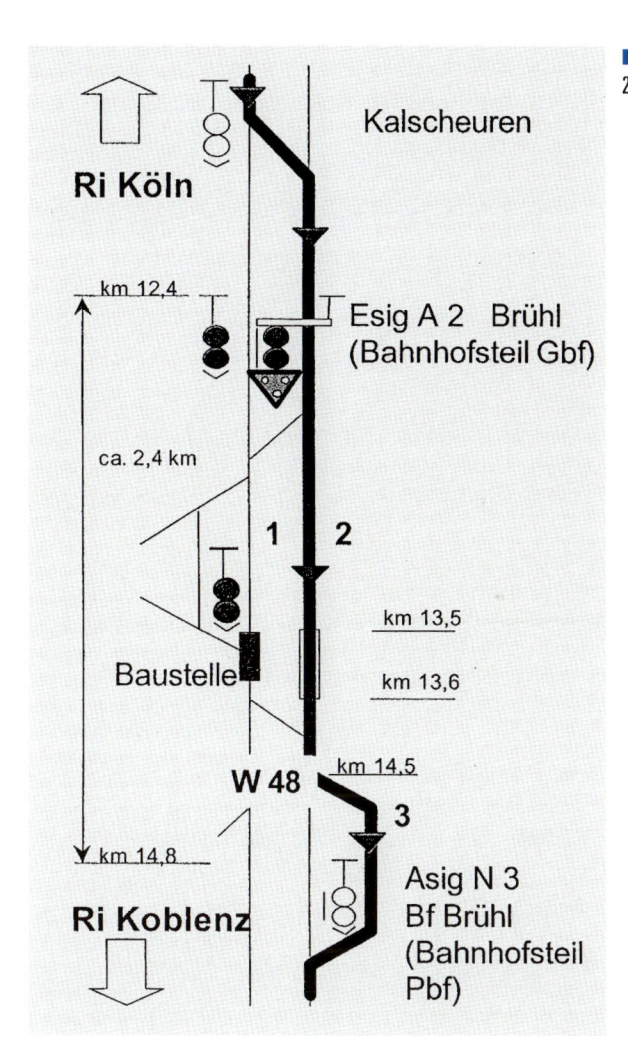

in Europa, den höchsten in der Welt haben, worum uns andere beneiden.« Dann begann er eine Stunde lang über »Themen und Fakten zur Sicherheit der Bahn« zu referieren. Er legte selbst die Folien auf und dozierte – nein, nicht zum Unfall in Brühl –, sondern unter anderem über das spurgeführte Rad als »Grundpfeiler der Sicherheit der Bahn«.

Den Zuhörern wurde das zu langweilig. Sie wollten etwas über die Ursache der Entgleisung des Nachtzuges hören. Der Fernsehsender »Phoenix«, der sonst live und ausführlich von den Pressekonferenzen berichtete, ließ die Kameras abschalten. Dem fachlich Versierten fiel auf, dass Mehdorn den Eindruck erweckte, alles sei mit Elektronik machbar, aber nichts über den Menschen sagte. Auch glänzte er mit falschen Begriffen, verwechselte zum Beispiel wiederholt Lokomotivführer und Zugführer. Warum ließ er nicht die sprechen, die im Präsidium saßen (Dr. Horst Föhr, Vorstand Personal und Recht; Roland Heinisch, Vorstand Forschung und Technologie; Peter Münchschwander, Vorstand Fahrweg) und über die Details viel besser Bescheid wussten? Nicht einmal Münchschwander ließ er etwas sagen – Mehdorn hatte das Wort.

Er sagte nichts Falsches, wenn seine Antworten die Angereisten auch kaum zufrieden stellten. Der Bahnchef hatte nichts an den Signalen und der sicherungstechnischen Ausgestaltung des Bahnhofs auszusetzen. Er stellte sich vor den 28-jährigen Lokomotivführer und wandte sich gegen die vorschnelle einseitige Schuldzuweisung. Aber genau das tat er. Wenn die Technik einwandfrei war, blieb ja als Grund nur noch »menschliches Versagen«. Die Neue Zürcher Zeitung warnte und erinnerte an den Unfall bei Rheinweiler 1971, als der Schweiz-Expreß entgleiste, weil die Automatische Fahr- und Bremssteuerung die damals neue Lokomotive der Baureihe E 03 vor dem Gleisbogen des Isteiner Klotzes beschleunigte statt auf 70 km/h abzubremsen. Die Ursache ist nie ermittelt worden. [14]

Für Mehdorn war es auch unverständlich, was der Vorsitzende der Gewerkschaft Deutscher Lokomotivführer (GDL) zur Ausbildung der Lokomotivführer gesagt hatte.[1] »Wir hätten das unter uns besprechen können.« Schließlich rühmte er die Deutsche Bahn als die beste in Europa, schränkte dann aber ein: »Es wäre arrogant zu sagen, es gibt nichts zu verbessern.«

Unzufrieden verließen die meisten die Pressekonferenz. So konnten sie nicht über den Unfall schreiben. Sie mussten weiter recherchieren, worin sich der Westdeutsche Rundfunk, das Magazin »Focus« und die Redaktion »Monitor« des Westdeutschen Rundfunks hervortaten. Aufschluss über das Geschehen in der Unglücksnacht brachte aber erst der Prozess am Landgericht Köln.

Widersprüchliches vom Eisenbahn-Bundesamt

Auch das Eisenbahn-Bundesamt zeigte sich nicht gerade von seiner besten Seite, sondern verwirrte mit widersprüchlichen Erklärungen. Bereits am 8. Februar 2000 hatte die Behörde verkündet, ursächlich für den Unfall sei allein ein Fehler des Lokführers, der Fall sei »im Prinzip ausermittelt«, zumal die vor dem D 203 verkehrenden Züge den Bahnhof »problemlos« durchfahren hätten. [13] Eisenbahner berichteten, der Beamte des Eisenbahn-Bundesamtes sei nur zwei Stunden an der Unfallstelle gewesen. Den Zustand der Anlagen und, was ganz wichtig sein sollte, den Standort der Signale hatte er nicht protokolliert. Als einige Journalisten (die auch Signale der Gegenrichtung in ihre Überlegungen einbezogen) den Bahnhof genauer inspiziert hatten und damit an die Öffentlichkeit gingen, musste am 9. Februar das Eisenbahn-Bundesamt schon einschränken, man prüfe, ob die Baustelle eindeutig, vollständig und richtig war. Jetzt dämmerte es auch in der Aufsichtsbehörde, dass die »problemlos« fahrenden Züge in Brühl gehalten hatten und schon deswegen keine übermäßig hohe Geschwindigkeit erreichen konnten. Erst am dritten Tag nach dem Unfall wurde eine Dokumentation über den Zustand der Anlagen erarbeitet. Da war zumindest ein Langsamfahrsignal, das den Lokomotivführer irritiert haben könnte, bereits auf die Seite gelegt worden.

Der Bahnhof Brühl war keine übliche Bahnhofsanlage. Sie wurde dem Lokomotivführer zum Verhängnis. Als in Brühl 1969 das Gleisbildstellwerk »Bf« der Bauform SpDr S 60 in Betrieb ging, entstand aus dem Güter- und dem Personenbahnhof eine zusammenhängende Bahnhofsanlage, die aber in den internen Unterlagen weiter als »Gbf« und »Pbf« bezeichnet wurde.

Für eine flexible Betriebsführung sorgte der Gleiswechselbetrieb. Von Köln her konnten die Züge im südlichen Bahnhofskopf von Hürth-Kalscheuren auf das linke Streckengleis und vom Einfahrsignal A 2 in Brühl (Gbf) wieder auf das rechte Gleis – nun das durchgehende Hauptgleis des Bahnhofs – wechseln. In Brühl (Pbf) konnte der Zug abermals zum linken Streckengleis wechseln, aber erst wieder in Sechtem auf das rechte Gleis, weil am südlichen Bahnhofskopf

---

[1] Der Vorsitzende der GDL hatte die Verkürzung der Ausbildungszeit bei Lokomotivführern im Zusammenhang mit dem Unglück kritisiert.

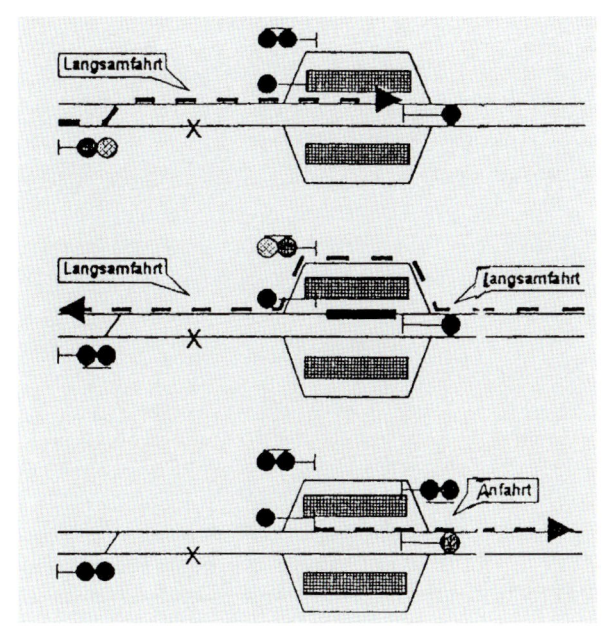

■ Im Untersuchungsbericht erläutert das Eisenbahn-Bundesamt mit kaum nachvollziehbaren Skizzen, warum es richtig war, im Gegengleis auf ein Ausfahrsignal zu verzichten.

des Bahnhofs Brühl (Pbf) die Gleisverbindung fehlte. Auf sie hatte die Deutsche Bundesbahn aus Sparsamkeit ebenso verzichtet wie auf ein Ausfahrsignal am linken Gleis. Stattdessen sollten in solch einem Fall die Züge vom linken durchgehenden Hauptgleis über Gleis 3 geleitet werden, an dessen Ende das Signal P 3 stand.

Das Eisenbahn-Bundesamt erklärte allerdings in seinem 70-seitigen Untersuchungsbericht vom 20. April 2000 anders, warum das Ausfahrsignal fehlte: »Ein Ausfahrsignal für den GWB am durchgehenden Hauptgleis wäre nur sinnvoll und notwendig, wenn die entgegen der Regelfahrtrichtung fahrenden Züge durch das durchgehende Hauptgleis geleitet würden. Im Begegnungsfall müssten dann aber die Züge der Regelfahrtrichtung in das Überholgleis geleitet werden. Da zur Fahrt in das Überholgleis die Weichen in abzweigender Stellung befahren werden müssen, müssten auch die Züge der Regelfahrtrichtung bei der Einfahrt in den Bahnhof abgebremst werden und langsam in das Überholungsgleis einfahren.«

Am 5. Februar 2000 war die Bau- und Betriebsanweisung (Betra) 80115 der Niederlassung West von DB-Netz in Kraft getreten, die den Umbau der Weiche 42 im Betriebsteil Güterbahnhof von Brühl vorsah. Neben dem Gleis 1, von Weiche 3 bis Weiche 43, waren zusätzlich die Gleise 5 und 17 des Bahnhofsteils Güterbahnhof zu sperren. Da die Züge das Gleis 1 nicht benutzen konnten, mussten die Züge der Richtung Köln–Mainz unter Abweichung vom Rechtsfahrgebot in Kalscheuren sowie von Brühl bis Sechtem auf das linke Streckengleis geleitet werden. Die Möglichkeit des früheren, oben beschriebenen Gleiswechsels verhinderte die Baustelle. Vom Fahren über Gleis 2 und 3 waren bis zum Unfall 69 Züge betroffen. Normalerweise wird das Zugpersonal darüber in der so genannten »La«, in der alle besonderen Langsamfahrstellen in einem bestimmten Streckenabschnitt verzeichnet sind, verständigt. Die jedoch enthielt keine entsprechende Vorgabe.

Im Bahnhof Brühl konnten die Züge nur über Rangierstraßen geleitet werden, weshalb das Einfahrsignal A 2 des Güterbahnhofs nicht in die Fahrtstellung gebracht werden konnte. Dafür wurde das Ersatzsignal bedient. Im Personenbahnhof mussten die Züge über das Gleis 3 fahren, weil nur von hier auf Signal in Richtung Sechtem gefahren werden konnte. Da es zwischen dem Einfahrsignal A 2 und dem Ausfahrsignal N 3 kein weiteres Hauptsignal gab, galt auf annähernd 2,5 km Entfernung die Geschwindigkeit, wie sie für die »Fahrt auf Ersatzsignal« vorgeschrieben ist: 40 km/h.

Um es vorwegzunehmen, unter den Lokomotivführern – und nicht nur unter ihnen – schien es zwar bekannt zu sein, wie schnell man nach einem Ersatzsignal fahren darf, aber keine Klarheit zu geben, wie lange diese Geschwindigkeitsbeschränkung gilt. Denn sogar eine Veröffentlichung im internen Fachblatt »Bahn-Praxis«, die indirekt auf das Problem Brühl Bezug nahm, war fehlerhaft und musste berichtigt werden. Allgemein heißt es, die Geschwindigkeit von 40 km/h gelte bis zum Erkennen des nächsten Hauptsignals oder bis zum Ende des anschließenden Weichenbereichs. Was als anschließender Weichenbereich anzusehen ist, definieren weder das Signalbuch in der Erklärung zum Signal »Zs 1« noch die Fahrdienstvorschrift (Richtlinie 408 der DB). Nur wer sucht, findet die Erklärung in den Ausführungsbestimmungen zur Eisenbahn-Signalordnung unter Begriffsbestimmungen.[2]

Langer Einfahrweg

Das Eisenbahn-Bundesamt räumte in seinem Untersuchungsbericht ein, dass »ein Triebfahrzeugführer bei ‚besonders langen Einfahrwegen' in Zweifel gerät, ob er sich noch innerhalb des ‚anschließenden Weichenbereichs' befindet.« Es nannte Beispiele, welche Vorkehrungen anderenorts getroffen wurden, beispielsweise beim Vorsignalabstand und die Geschwindigkeitsprüfeinrichtungen bei besonders langen Einfahrwegen. Und es wies darauf hin, dass das Ersatzsignal bei unvorhergesehenen Störungen für einzelne Zugfahrten gedacht ist, keineswegs als Einrichtung von Dauer. Es wäre »angesichts einer Zahl vom 69 Zügen notwendig gewesen, Möglichkeiten zur Überwachung der Geschwindigkeit durch die Induktive Zugbeeinflussung vorzusehen.« Auch das Eisenbahn-Bundesamt sah es als hilfreich an, wenn man das Zugpersonal in der »La« darauf hingewiesen hätte, dass die Züge abweichend von der Bahnhofsfahrordnung durch das Gleis 3 geleitet werden.

Schließlich das Verdikt der Behörde: »Es sind deshalb Vorbehalte angezeigt, ob die mit Betra 80115 angeordnete Betriebsführung mit den anerkannten Regeln der Technik und der gesetzlichen Verpflichtung, den Betrieb sicher zu führen, zu vereinbaren sind.«

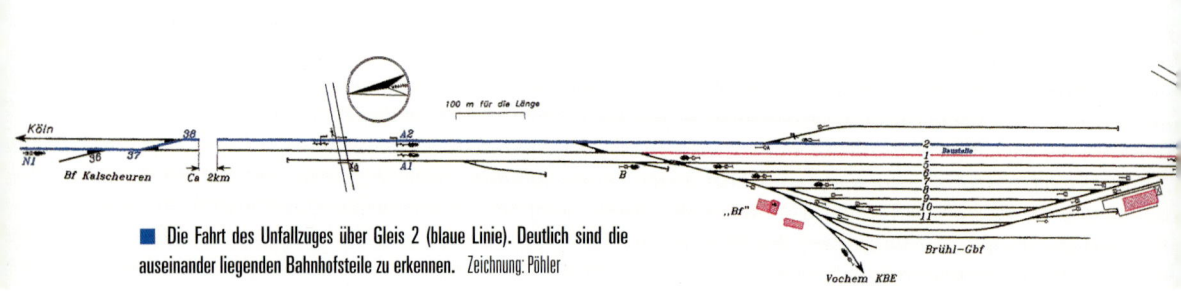

---

2 Abschnitt A b) Abs. 7 Ziffer 3.: »Der anschließende Weichenbereich ist wie folgt begrenzt: Der Anfang liegt an dem Signal, ab dem die Fahrt zugelassen wird. Das Ende liegt bei einer Fahrt auf Einfahrsignal oder Zwischensignal am folgenden Hauptsignal oder an einem etwa davor liegenden gewöhnlichen Halteplatz des Zuges, bei einer Fahrt auf Ausfahrsignal hinter der letzten Weiche im Fahrweg, auf Abzweigstellen und auf Anschlußstellen mit Hauptsignal hinter der letzten Weiche im Fahrweg.

■ Die Fahrt des Unfallzuges über Gleis 2 (blaue Linie). Deutlich sind die auseinander liegenden Bahnhofsteile zu erkennen. Zeichnung: Pöhler

Im Untersuchungsbericht hatte das Eisenbahn-Bundesamt herausgestellt, dass der Unfall in Brühl nicht allein auf das Versagen des Lokomotivführers Sascha B. zurückzuführen war, sondern auch auf Schwächen in der Betriebsführung der Deutschen Bahn. Nur wenige wollten das nicht wahrhaben: Hartmut Mehdorn und einige Beamte im Bundesverkehrsministerium. Dieses unterband die Weitergabe des Berichts an die Mitglieder des Bundestagsausschusses für Verkehr, Bau- und Wohnungswesen. Als Hans-Heinrich Grauf, Beauftragter für Unfalluntersuchung des Eisenbahn-Bundesamtes[3], am 16. Februar 2000 vor dem Ausschuss den Unfall erörterte und über die unzureichende Ausbildung des Lokomotivführers klagte, verbat sich Mehdorn die Einmischung in ein laufendes Verfahren – ein nach der Katastrophe von Eschede ebenfalls probates Mittel, um unangenehmen Fragen auszuweichen.

Die Deutsche Bahn ging, wenig überzeugend, am 28. Februar 2000 in die Offensive, indem der Pressesprecher Reiner Latsch, die vom Eisenbahn-Bundesamt festgestellten Mängel in der Bau- und Betriebsanweisung abtat, es handele sich »in keinem Fall um einen Verstoß gegen gesetzliche Vorschriften, sondern um Abweichungen vom unternehmenseigenen (sic!) Regelwerk und Schreibfehler.«

Ende April erhielt Jürgen Krautkremer, Staatsanwalt beim Landgericht Köln, der vorerst Zurückhaltung bei der Ermittlung des Brühler Unfalls zeigte, den besagten Unfallbericht, um das Ermittlungsverfahren abschließen und Anklage erheben zu können. Krautkremer hatte nichts dagegen, den Bericht an die Mitglieder des Bundestages weiterzugeben. Doch diesen Bericht erhielten nicht einmal die Ausschussmitglieder, sondern auf Weisung des parlamentarischen Staatssekretärs Kurt Bodewig wurde nur eine »Kurzfassung« verteilt. Wer die Langfassung sehen wollte, musste zum Sekretariat des Ausschusses gehen und sich den Bericht aus einem Safe holen lassen. Kopien waren nicht erlaubt.

Die interessierten Bundestagsabgeordneten, die Medien und die Öffentlichkeit mussten auf den Prozess am Landgericht Köln warten, der am 1. Juni 2002 unter dem Vorsitz des Richters Heinz Kaiser, den beisitzenden Richtern Anspach und Fröhlich sowie zwei Schöffen begann. Angeklagt waren der Lokomotivführer Sascha B. und vom »Streckenmanagement« (früher Betriebsstandort genannt) Köln von DB-Netz mit Sitz in Bonn, Karl-Heinz St., Baubetriebskoordinator Rainer Robert P. und La-Bearbeiter Jens Peter H.

Was hier nicht zuletzt der Untersuchungsbericht und der vom Eisenbahn-Bundesamt gestellte Sachverständige Joachim Bügel offen legten, waren eklatante Unterlassungen in der Betriebsführung der Bahn. Von einem Chaos zu sprechen, wie es den Journalisten gefiel, war allerdings übertrieben. Die arbeitsteilige Organisation der Eisenbahn erscheint dem

---

[3] in der selben Funktion auch nach der Katastrophe von Eschede tätig

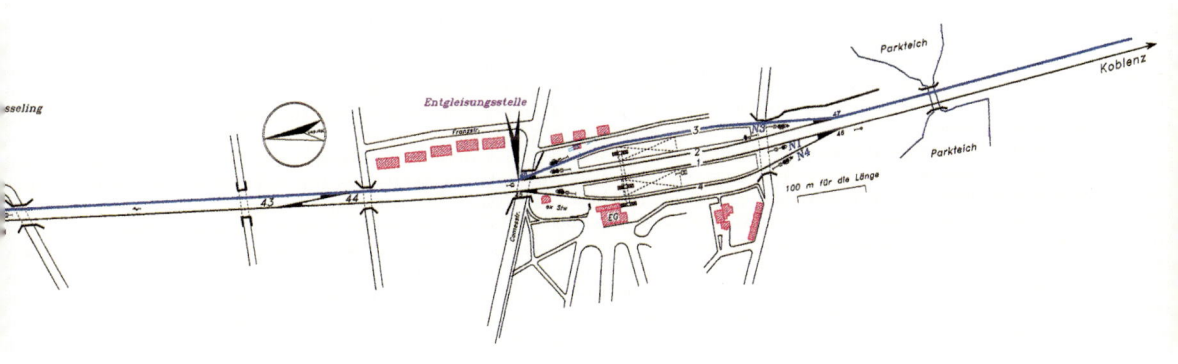

> **EISENBAHN-BUNDESAMT INFORMIERT DEUTSCHE BAHN**
>
> (Frankfurt am Main/Berlin, 28.2.2000) Das Eisenbahn-Bundesamt hat die Ergebnisse seiner Untersuchungen zum schweren Bahnunfall von Brühl am Montag der Deutschen Bahn AG vorgestellt. Aus Sicht der Aufsichtsbehörde scheiden technische Mängel als Unglücksursache aus. Presseberichte, wonach irreführende Signale vorhanden gewesen sein sollen, konnten so nicht bestätigt werden, weil Filmaufnahmen erst nach dem Unfall vorgenommen worden sind. Im übrigen war die Signalisierung laut Eisenbahn-Bundesamt eindeutig.
>
> Das Eisenbahn-Bundesamt erläuterte auch, dass in der Bau- und Betriebsanweisung für die Durchführung des Zugverkehrs während der Bauarbeiten verschiedene Mängel enthalten waren. Dabei handelt es sich nach Angaben des Eisenbahn-Bundesamtes in keinem Fall um einen Verstoß gegen gesetzliche Vorschriften, sondern um Abweichungen vom unternehmenseigenen Regelwerk und Schreibfehler.

■ Nur Abweichungen vom internen Regelwerk und Schreibfehler gibt die Deutsche Bahn zu.

Uneingeweihten kompliziert. Er muss sich, wenn er etwas beurteilen will, mit ihr beschäftigen. Dazu hatten die Journalisten keine Lust und wunderten sich nun über manches, worüber es eigentlich nichts zu staunen gab.

Die drei für die Bau- und Betriebsorganisation Angeklagten litten unter einem großen Arbeitsanfall, nicht zuletzt durch den Bau der Hochgeschwindigkeitsstrecke Köln–Rhein/Main und den Ausbau der Strecke Köln–Aachen. Zwangsläufig kam es zu Rückständen, denn, »was nicht drängte, wurde gestapelt.« Vertretungen für Urlaub oder Krankheit gab es nicht, die Betra-Bearbeiter mussten sich gegenseitig aushelfen.

La vor der Betra

St. war im Urlaub, weshalb die Betra 80115 nicht rechtzeitig fertig wurde. Als nun H., der Bearbeiter der La, den Antrag für die so genannte Schutz-La (120 km/h) und die Folge-La[4] (90 km/h) erhielt, konnte er St. nicht nach der Örtlichkeit fragen und in der »La« auch keine Angaben über die Betriebsführung vorsehen. Der Druck der »La« ist mit Hilfe der Datenverarbeitung zu bindenden Terminen organisiert. H. gab die Geschwindigkeitsangaben in den Computer, darunter die 120 km/h für die Schutz-La, obwohl die unnötig war, denn die Züge fuhren ja auf Ersatzsignal nur mit 40 km/h. Das wiederum wusste H. nicht.

Dann kam der Betra-Bearbeiter St. aus dem Urlaub und fertigte die Betra 80115 an. Eigentlich war das die falsche Reihenfolge. Die Betra hätte zuerst fertiggestellt sein müssen. Dann hätte sie der La-Bearbeiter gesehen und dementsprechend die Einträge für die »La« fertiggestellt. Nun aber, da man im Streckenmanagement Köln von der Hand in den Mund lebte, war die »La« vor der Betra fertig.

---

4 Schutz-La: Geschwindigkeitsbeschränkung im Nachbargleis der Baustelle, insbesondere zum Schutz der Beschäftigten; Folge-La: Geschwindigkeitsbeschränkung nach Abschluss der Bauarbeiten

14a   Köln Deutzerfeld - Köln Hbf - Koblenz Hbf - Mainz Hbf - Kelsterbach - Fernbahn - Abzw Ff Schwanheim - Ffm Hbf Südseite/Nordseite

+ 18	Brühl Gbf - Brühl Pbf	13,5 - 13,6 100 m	120	Gilt nur für dchg Hgl der Gegenrichtg.	5.2. 00	8.2. 00 6.00	
+ 19	Brühl Gbf - Brühl Pbf	13,5 - 13,6 100 m	90	Gilt nur für dchg Hgl	6.2. 00	7.2. 00 13.00	
+ 20	Brühl Gbf - Brühl Pbf	13,5 - 13,6 100 m	120	Gilt nur für dchg Hgl	7.2. 00 13.00	8.2. 00 13.00	
21	Roisdorf	25,1 - 25,2 100 m	120		11.5. 99		▽ Lf 1-2 : 970 m

■ Verwirrende Geschwindigkeitsangaben im Verzeichnis der Langsamfahrstellen...

14a Köln Deutzerfeld – Köln Hbf – Koblenz Hbf – Mainz Hbf

1	2	3	4	5	6	7	8
Lfd. Nr.	In Betriebsstelle oder zwischen den Betriebsstellen	Ortsangabe	Geschwin- digkeit Besonder- heiten	Uhrzeit oder betroffene Züge	In Kraft ab	Außer Kraft ab	Gründe und sonstige Angaben
1	Bf Brühl	Esig A2 km 12,367		Alle Züge	05.02.00 20.28	06.02.00 13.05	Einfahrt nach Gleis 2 Bft Gbf auf Zs1 Bauarbeiten im Nachbargleis
		km 14,4					Weiterfahrt nach Überholgl. 3 Bft Pbf
		Asig N3 km 14,818	Hp2 mit 60 km/h				Überleitung in GWB

■ ... und so eindeutig hätte die »La« aussehen müssen!

Z., der für den Bahnhof Brühl zuständige Betriebsbezirksleiter, äußerte in einer Besprechung in Köln, der »Feinabstimmung« der Baumaßnahmen, seine Bedenken, die Züge auf Ersatzsignal fahren zu lassen, noch dazu über den langen Fahrweg bis zum Gleis 3 und dem La-Eintrag von 120 km/h. Im Unfallbericht geht das Eisenbahn-Bundesamt auf diesen merkwürdigen Umstand ein: »Bei der für die Erstellung der Betra/La zuständigen Organisationseinheit DB Netz Betriebsstandort Köln, Abt. NNB 1, wurden die Angaben des Netzbezirks Bonn offensichtlich verändert. Dabei wurde die Vorgabe des Regelwerks, wonach auf Strecken mit Gleiswechselbetrieb Anordnungen, die für das Gegengleis gelten, auch für die Regelrichtung aufzunehmen sind, vom La-Ersteller falsch angewandt. [...] Die Regel, wonach Anordnungen, die für das Gegengleis gelten, auch für die Regelrichtung aufzunehmen sind, konnte [...] nur für die GWB-Abschnitte außerhalb des Bahnhofs Brühl gelten. Da die Baustelle und die damit zusammenhängenden Langsamfahrstellen aber innerhalb des Bahnhofs Brühl lag, durfte diese Regel hier nicht angewandt werden. Diesem Irrtum unterlag nicht nur der La-Ersteller, sondern auch der Betra-Bearbeiter. Obwohl nach Aussage eines Beteiligten in einer Baubesprechung auf diese Diskrepanz hingewiesen worden ist, wurde dieser Sachverhalt in den Unterlagen nicht berücksichtigt.« [15]

Keiner der Angeklagten wollte sich an die Bedenken des Z., der als Zeuge vernommen worden war, erinnern. Irgendwie hatte aber St. reagiert und in der Betra unter Ziffer 3.1 eine Bitte formuliert: »Die Tf bitte über die Fahrt durch Gleis 2 (Pbf)–Gleis 3 (Gbf) verständigen.«

Abgesehen davon, dass hier die Bahnhofsteile verwechselt worden waren, denn das Gleis 2 lag im Güter- und das Gleis 3 im Personenbahnhof, einer Bitte konnte man, aber musste man nicht nachkommen. Die (übrigens bis 1997 in den neuen Bundesländern tätige, ehemalige Reichsbahnerin) Fahrdienstleiterin K. hatte sich in der Betra für die »Betrieblichen Maßnahmen« unter Ziffer 5 interessiert und nicht für die Ziffer 3 »Geschwindigkeit und Fahrzeitverlust« und deshalb die Bitte ignoriert. Es war ja auch nicht eindeutig, wer »die Tf« (= Triebfahrzeugführer) verständigen sollte. Ohnehin machte das Deckblatt der »La« darauf aufmerksam, dass der Zugfunk gestört sei und nur in betrieblich notwendigen Fällen benutzt werden sollte. Die Störung bestand seit 1999, als die Niederlassung von DB-Netz von Köln nach Duisburg verlegt worden war.

Die Bitten an Stelle von Aufträgen sind ein Kennzeichen der amerikanisierten Arbeitswelt, eingeführt bei der Bundes- und der Reichsbahn durch den Vorstandsvorsitzer Heinz Dürr. In der Form unverbindlich, tatsächlich verbindlich – diese Umgangsform einer »neuen Unternehmenskultur« gefällt vielen, eindeutig ist sie nicht und gehört nicht in betriebliche Weisungen. Sachverständiger Eberhard Wiese sollte sich im Prozess mit diesem Höflichkeits-Schnickschnack auseinandersetzen. War das Bitte die Höflichkeitsform einer Weisung? Er meinte: Nein, es war die Verschärfung der Weisung bzw. ein verschärfter Auftrag.

Nach dem Unfall tagte im Büro des Streckenmanagements ein Krisenstab, der rekonstruierte, was falsch gewesen sein könnte. Die Diskussion führte zu keinerlei Konsequenzen. Man war der Meinung, allein der Lokomotivführer trage die Schuld. Deshalb störte sich auch niemand daran, dass die Langsamfahrsignale falsch bzw. nicht entsprechend den Angaben der »La« aufgestellt waren. In der Fahrtrichtung Köln–Koblenz stand zwischen dem Gleis 1 und dem Gleis 2 das Signal »Lf 1« mit der Kennziffer 9. Da Signale rechts aufzustellen sind und eine Zuordnungstafel fehlte, galt es für die Züge auf Gleis 2. Das war selbstverständlich Unsinn, da sich die stufenweise Anhebung der Höchstgeschwindigkeit von 90 km/h bis auf 160 km/h auf die Baustelle im Gleis 1 bezog.

Falsche Geschwindigkeit

Dem Lokomotivführer wird man vorhalten müssen, dass er beim Fahren auf Ersatzsignal mit der Geschwindigkeit von 40 km/h alle anderen Geschwindigkeitsregeln zu ignorieren hat. Das war auch den anderen Lokomotivführern klar, die vor dem D 203 auf Ersatzsignal gefahren waren, wenn sie auch meinten, das sei »ein linkes Ding«. Jemand, auch der Lokomotivführer des Unfallzuges, will sogar Signale für 120 km/h im Gleis 2 gesehen haben – die eigentlich für die

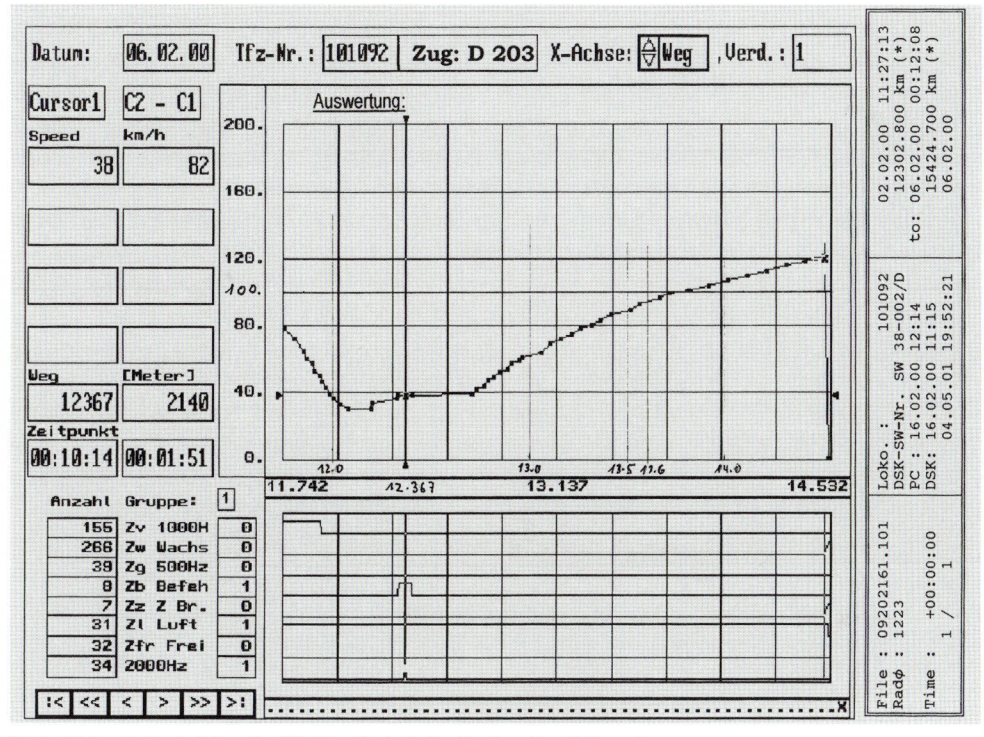

■ Der Fahrtenschreiber der Lokomotive 101 092 zeichnete die Beschleunigung über 2140 m auf

Gegenrichtung galten –, doch ob es tatsächlich ein Signal »Lf 1« mit der Kennziffer 12 rechts neben dem Gleis 2 gegeben hat, wurde nicht bewiesen. Die Geschwindigkeit 120 km/h war »lediglich« der »La« zu entnehmen und war auch dort falsch.

Unter solchen sich widersprechenden Bedingungen fuhr der Lokomotivführer Sascha B. im Führerraum 2 der Lokomotive 101 092 durch die Nacht. Als er sich dem Signal A 2 näherte und das Ersatzsignal sah, bediente er die Befehlstaste, um die Zwangsbremsung durch den 2000-Hz-Indusi-Magneten zu vermeiden. Nun hätte er sich sagen müssen: Du darfst nur bis zu 40 km/h schnell werden, bis das nächste Hauptsignal dir eine andere Geschwindigkeit anzeigt!

Doch das hat er sich nicht gesagt. Vor dem Gericht verweigerte er die Aussage zur Sache. Seine in eisenbahnfachlichen Fragen schwache Verteidigerin, Susann Westphal[5], verlas stattdessen am ersten Verhandlungstag einen zwölfseitigen Brief, der zur Sache wenig aufschlussreich war. Nur die Zeugenaussagen und ein psychiatrisches Gutachten konnten den Richtern die Biografie und das Verhalten des Lokomotivführers erhellen.

B. hatte einen Abschluss als Elektriker und Anlagenelektroniker und wollte Lokomotivführer werden. Zufolge seiner Prüfungsangst bestand er bei der Deutschen Bahn zweimal die Prüfung nicht. Er wechselte am 2. August 1999 zu den Häfen und Güterverkehr Köln (HGK), wo man ihn nach bestandener Prüfung am 27. August 1999 als Rangierlokomotivführer »um den Dom« einsetzte.

---

5 Sie verteidigte im Eschede-Prozess Dr. M. und assistierte im Prozess vor dem Landgericht Berlin um den Attentäter und Erpresser Klaus-Peter S. im Jahr 2000 dem Anwalt der Nebenkläger, Dr. Langheit. Letzterer beobachtete wiederum den Eschede- und den Brühl-Prozess und wird den Vorstand der Deutschen Bahn über den Verlauf unterrichtet haben.

■ Für die verwüsteten Gärten entschädigte die Deutsche Bahn die Eigentümer mit Blumensträußen, Schadenersatz und Urlaubsreisen. Die Lokomotive wurde am 4. November 2002 der Bahn wie neu übergeben. Foto: dpa/Scheidemann

Bald darauf bewarb sich B. beim Unternehmensbereich Reise & Touristik, weil hier im Zusammenhang mit der EXPO 2000 zusätzlicher Bedarf an Lokomotivführern bestand. Er wurde beim Betriebsbahnhof Köln eingestellt, obgleich weder eine Personalakte noch Prüfungsunterlagen vorlagen. Die HGK-Prüfung entsprach zwar den Richtlinien der Deutschen Bahn, der neue Arbeitgeber hielt aber eine Nachschulung für erforderlich.

S., Mitglied des Prüfungsausschusses, hatte B. gesehen und dem Teamleiter mitgeteilt: »Den kenne ich doch. Den haben wir doch zweimal durch die Prüfung fallen lassen!« Nichtsdestoweniger wurde B. zu einer Lagerinventur geschickt. Danach war der Nachschulungskurs bereits beendet und B. wurde einem einstündigen »Sondertest« unterzogen, in dem ihm 20 Fragen – darunter zu den Möglichkeiten, das falsche Gleis zu befahren – gestellt wurden. Die Prüfer meinten, er habe zufriedenstellend geantwortet. Anschließend erhielt B. Einweisung in die Lokomotivbaureihen 101, 103 und 110 sowie Steuerwagen und erwarb die Streckenkunde durch Fahrten auch nachts. Bis zum Unfall war er 31 Mal durch Brühl gefahren.

Am 21. Verhandlungstag, am 4. Oktober 2001, brach B. sein Schweigen, erklärte sich moralisch als schuldig und gab an, er habe den Bereich zwischen dem Güter- und dem Personenbahnhof in Brühl für freie Strecke gehalten und geglaubt, seine Fahrt werde durch die Indusi gesichert. Er habe nicht gewusst, dass der Bahnhof aus zwei Teilen bestehe. Die Baustelle habe er gesehen, sie aber nicht in einen Zusammenhang mit dem Ersatzsignal gebracht, vielmehr auf die Angabe in der »La«, 120 km/h fahren zu können, vertraut. Deshalb hatte B. den Zug beschleunigt und war mit einer Geschwindigkeit von 122 km/h in die auf Linksablenkung gestellte Weiche 48 gefahren. Die durfte nur mit höchstens 40 km/h befahren werden, sodass die

■ Die Wirkung der Fliehkraft wird mit dieser Aufnahme deutlich. Das Bahnsteigdach wurde abgerissen, zu den Grundstücken eine Lärmschutzwand errichtet. Foto: dpa/Breloer

Lokomotive beim Befahren des Gleisbogens infolge der Fliehkraft auf der Bogeninnenseite abhob und aus der Fahrbahn geworfen wurde.

Die Pflichtverletzungen waren eindeutig. Wie sollte aber nach den Feststellungen des Gerichts und den Auslassungen der Angeklagten die Richter die Schuld der Angeklagten bewerten? Richter Heinz Kaiser ließ durch mehr oder weniger ironische Bemerkungen, die von den zahlreich erschienenen Eisenbahnern gern gehört wurden, erkennen, dass er lieber DB-Mitarbeiter einer höheren, gar der höchsten Ebene auf der Anklagebank sähe. Doch diese waren – auch wegen mangelnder Kausalität zum Ereignis – nicht angeklagt.

Wende im Prozess

Den Prozess wendete Klaus Junker, Vorstand der DB-Netz und hier auch für die Betriebssicherheit verantwortlich, der am 20. Verhandlungstag einen Maßnahmenkatalog[6] aus der Tasche zog und dem Gericht versicherte, von August 2001 an beginne eine Nachschulung der Betra-Bearbeiter, künftig werden bei Langsamfahrstellen von mehr als 400 m Länge Geschwindigkeitsprüfeinrichtungen eingebaut und auch ein Baubetriebskoordinator werde eingeführt. Und er sagte: »Geld spielt bei der Sicherheit keine Rolle!« Damit hatte er den Richtern eine Brücke gebaut und den Verteidigern Argumente geliefert, die die Schuld ihrer Mandanten weiter verminderten.

Öffentlichkeit ist aufgeklärt

Am 25. Oktober 2001 erklärte das Gericht, das Verfahren werde wegen geringer Schuld der Angeklagten mit Geldauflagen (Lokomotivführer B. 7000 Mark, die Eisenbahner von DB-Netz P. 20.000 Mark, St. 10.000 Mark, H. 15.000 Mark) eingestellt. Die Öffentlichkeit sei aufgeklärt, ihrem Interesse sei Genüge getan, wenn die Eisenbahn sicherer werde. Die Medien meinten danach, der Staatsanwalt hätte einen fünften Angeklagten ausgemacht, der nicht auf der Anklagebank gesessen habe, die Bahn.

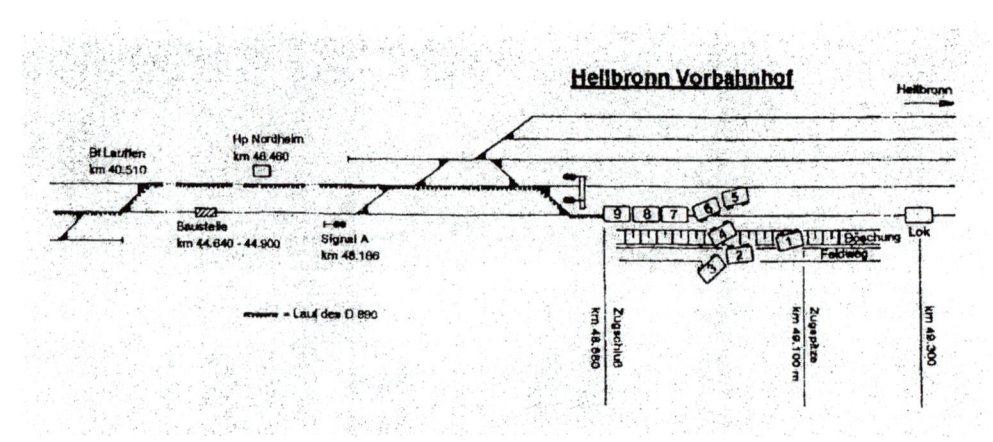

■ Die starke Linie kennzeichnet den Lauf des D 890 vom Gegengleis zum Regelgleis nach der Baustelle.

---

6 Abschlussbericht der Arbeitsgruppe Betriebssicherheit vom Oktober 2000

Der Prozess zur Katastrophe von Brühl unterschied sich vom Eschede-Prozess, weil es in Köln weniger Probleme mit den Beweisen gab. Statt der Antworten auf hochkompliziert technische Fragen traten die organisatorischen Mängel im Innenleben der Deutschen Bahn deutlich in Erscheinung. Die Entscheidung des Gerichts wurde dann auch so begründet: »[...] dass die Missstände vor allem in der Privatisierung und Umstrukturierung der Bahn liegen. Es habe keine Regelungen gegeben, die der Gefährlichkeit der Strecke gerecht geworden wären. Aus den Zeugen waren latent Organisationsmängel, blinde Routine, Sparzwänge, Überforderung und unklare Zuständigkeiten herauszuhören.«

Die Unfall-Lokomotive wurde nach langwieriger Reparatur im Bombardier-Werk Kassel am 4. November 2002 der Deutschen Bahn übergeben und nach Hamburg-Eidelstedt übergeführt. In Brühl schützte zeitweilig eine Holzwand auf dem Bahnsteig die Anwohner, die von der Deutschen Bahn Blumensträuße, Schadenersatz für die verwüsteten Gärten sowie Urlaubsreisen erhielten, vor Gaffern. Das Gleis 3 wurde entfernt, das Bahnsteigdach erneuert und eine Lärmschutzwand gebaut.

Parallele in Heilbronn?

Im Brühl-Prozess blitzten immer wieder Parallelen auf einen ähnlich gelagerten Unfall in Heilbronn auf. Hier wie dort war ein Schnellzug wegen überhöhter Geschwindigkeit entgleist. Hier wie dort litt der Lokomotivführer scheinbar an einer Orientierungsschwäche. Ließen sich die 16 Jahre auseinander liegenden Unfälle vergleichen?

Am 12. August 1984 hatte der Lokomotivführer Franz K. den Eilzug 3050 von Karlsruhe nach Stuttgart zu bringen, dort den Schnellzug 890 zu übernehmen, um ihn von Stuttgart nach Heidelberg zu fahren.[7] Zug 890 sollte nach 21 Uhr von Lauffen nach Heilbronn das linke Gleis befahren. Der Fahrdienstleiter in Lauffen musste dem Lokomotivführer dafür den Befehl B aushändigen.

Die Strecke war K. seit 1975 bekannt. Er hatte sie dreimal jährlich befahren, zuletzt mit D 890 am 1. und 6. August 1984. Und er kannte den »Ho-Tschi-Minh-Pfad«, wie Eisenbahner über die mit häufigen Geschwindigkeitswechseln übersäte Strecke spotteten. K. war auch kein Neuling, sondern galt als ein erfahrener Lokomotivführer mit »geradezu meisterlicher Fahrfertigkeit« mit elektrischen Lokomotiven.

Am Unfalltag steckte sich K. zu Hause, ehe er um 16.09 Uhr auf dem Hauptbahnhof Karlsruhe den Dienst antrat, die Übersicht der vorübergehend eingerichteten Langsamfahrstellen, die »La«, und einen so genannten »Faulenzer« – einen Spickzettel, den er sich für den Abschnitt Bietigheim–Heidelberg angefertigt hatte – ein. Die Bahnoberen sahen solche »Faulenzer« nicht gern, bestand doch die Gefahr, dass durch falsches Abschreiben etwas Wichtiges übersehen wird. K. war aber mit den Hinweisen aus dem Buchfahrplan, bei welchen Streckenkilometern welche Geschwindigkeit nicht überschritten werden darf, immer gut gefahren.

Wie sah das nun im Abschnitt Lauffen–Heilbronn im Buchfahrplan und auf dem »Faulenzer« aus?

- Im Buchfahrplan:
  km 43,6 Selbstblocksignal 51 bis km 50,5 am Zwischensignal R 140/141 130 km/h, dabei vorbei am Selbstblocksignal 53 Haltepunkt Nordheim in km 46,5, am Einfahrsignal E Heilbronn Hbf in km 48,2 und am Bahnhofsteil Heilbronn-Klingenberg in km 49,2

---

[7] Die Schilderung nach dem Urteil des Landgerichts Heilbronn vom 12. August 1986, Az.: 1 KLs 29/85.

- Auf dem »Faulenzer«:
  km 43,6/Selbstblocksignal 51 bis 50,5 Einfahrsignal Heilbronn 130 km/h.

K. hatte das Einfahrsignal von Heilbronn Hbf nicht notiert oder übersehen und das Zwischensignal R 140/141 als Einfahrsignal von Heilbronn notiert.

Aus der La entnahm K., dass er in Lauffen außerplanmäßig anhalten musste und wegen »Oberbauarbeiten im Nachbargleis« den Falschfahrbefehl erhalten werde. Er kreiste sogar die Geschwindigkeitsbeschränkung 70 km/h ein, die aber nur beim Befahren des rechten Gleises galt. Angeblich wollte er die Gleisbauarbeiter nicht gefährden und langsam fahren, auch wenn das für ihn auf dem linken Gleis nicht vorgeschrieben war.

Um 21.06 Uhr machte der Fahrdienstleiter von Bietigheim zweimal über Lautsprecher aufmerksam, dass der Zug in Lauffen außerplanmäßig halten müsse, um einen Befehl entgegen zu nehmen. Dort hielt die Lokomotive in Höhe der Diensträume. Zug- und Lokomotivführer empfingen den Befehl C, weil der Zug wegen verkürzter Einschaltstrecke[8] zwischen km 41,1 und km 41,7 nur mit höchstens 50 km/h fahren durfte. Im Befehl stand: »Zug 890

a) fährt auf falschem Gleis von Lauffen bis Heilbronn
b) fährt im Bahnhof Lauffen am haltzeigenden Ausfahrsignal N 1 vorbei
d) hält nicht auf falschem Gleis, sondern fährt ohne Hauptsignal in den Bf Heilbronn-Klingenberg ein mit 40 km/h.«

Der Zug sollte nicht erst in Heilbronn Hbf, sondern bereits auf dem vorgelegenen Bahnhof Klingenberg ohne Einfahrsignal einfahren und, wie man vermuten konnte, auf das richtige Gleis wechseln.

Der Zug fuhr in Lauffen mit zwei Minuten Verspätung ab, und der Lokomotivführer hielt sich an die Weisungen. Er fuhr auch mit nur 60 km/h Geschwindigkeit an der Baustelle vorbei, obwohl keine Geschwindigkeitsbeschränkung vorgeschrieben war und beschleunigte danach auf 95 km/h. Am Vorsignal Va zum Einfahrsignal A hätte er mit dem Bremsen beginnen müssen. Stattdessen beschleunigte er auf 110 km/h. Mit dieser Geschwindigkeit fuhr er am Hauptsignal vorbei, wo doch der Befehl B die Ermäßigung auf 40 km/h verlangte.

400 m später leitete K. eine Betriebsbremsung ein und der Zug fuhr mit 103 km/h in die nach rechts weisende Weiche 59 ein. Die Fliehkraft drückte die Zugmasse geradeaus, sodass sich die Fahrzeuge im Weichenbogen von 300 m Radius nach links neigten. Dann drückten die Federn die Fahrzeuge nach rechts, aber der Zug fuhr in die nach links weisende Weiche mit 500 m Radius. Während die Wagen noch nach rechts pendelten, zog die Lokomotive sie abrupt nach links, sodass die Wagen nach rechts kippten. Der Zughaken riss. Die ersten vier Wagen stürzten eine 5 m hohe Böschung hinunter, die folgenden zwei Wagen liefen auf die umgekippten, stürzten um und blieben auf der Böschung liegen. Die restlichen drei Wagen entgleisten. Die Lokomotive blieb 350 m weiter stehen.

Drei Menschen im zweiten Wagen wurden getötet, 35 schwer und 21 Reisende leicht verletzt. Fast 4,5 Millionen Mark betrug der Sachschaden und die Schmerzensgeldsumme.

Eberhard Wiese, einer der Sachverständigen im Brühler Prozess, stellte die Unterschiede der Unfälle in Heilbronn und in Brühl zusammen und meinte: »Weder die Randbedingungen für die Unfallfahrt noch die Verfügung der Hauptverwaltung der Bundesbahn sind mit dem Unfall Brühl vergleichbar.« Diese These erhärtete er mit folgenden Erklärungen:

Unfallort: Heilbronn = freie Strecke, Brühl = Baustelle im Bahnhof; **Fahrweg:** Heilbronn = von Lauffen auf dem Gegengleis bis Heilbronn, vom Einfahrsignal an auf dem richtigen Gleis,

---
8 für die Halbschrankenanlagen.

Brühl = abzweigende Weiche erst über 2000 m nach dem Einfahrsignal; **Betrieb:** Heilbronn = Falschfahrbetrieb mit Befehl B und Eintrag in der »La«, Brühl = Gleiswechselbetrieb Kalscheuren–Brühl, im Bahnhof keine Überleitung auf das Regelgleis, Fahrt auf Ersatzsignal über Rangierstraßen; **Indusi:** Heilbronn = keine, Brühl = freie Strecke ja, Gleiswechselbetrieb mit vollständiger Signalausstattung; **Ursache:** Heilbronn = keine Reduzierung der zugelassenen Geschwindigkeit von 120 km/h auf 40 km/h, Brühl = Beschleunigung von 40 km/h auf 120 km/h.

Etwas stimmte nicht

Die angeführten Vergleiche mögen akademischer Natur sein; der Lokomotivführer des D 890, der kurz vor der Pensionierung stand und 36 Jahre Dienst als Eisenbahner bzw. 13 Jahre als Lokomotivführer mit diesem tragischen Geschehen abschloss, konnte sich – auch zwei Jahre danach in der Hauptverhandlung – nicht erklären, wieso er zu schnell über die Weiche gefahren war. Er hatte ein grünes Signal gesehen, hatte aber ein Gefühl, dass etwas nicht gestimmt habe.

Der Sachverständige Ehrsam half mit zwei Thesen:
1. K. hatte sich vorgenommen, die vier Einzelbefehle, die man ihm in Lauffen gegeben hatte, nacheinander abzuarbeiten. »Hält nicht auf falschem Gleis, sondern fährt ohne Hauptsignal in den Bahnhof Heilbronn-Klingenberg ein mit 40 km/h« war erst an der Reihe, als er an der Baustelle vorbeigefahren war. Klingenberg sagte ihm nichts. Er suchte im Buchfahrplan danach, las über die Zeile »Esig Heilbr. Hbf E 60« hinweg und stieß auf die Zeile »Bft H-Klingenberg« bei km 49,2. Er meinte, das Hauptsignal, an dem er nur mit 40 km/h vorbeifahren dürfe, befinde sich bei km 49,2. Deshalb die Betriebsbremsung in km 48,6.
2. Da der Befehl B anwies, »ohne Halt auf dem falschen Gleis und ohne Hauptsignal in den Bahnhof« einzufahren, meinte K., den Standort des Einfahrsignals dem Buchfahrplan entnehmen zu können. Aber er glaubte zu wissen, wo sich das Einfahrsignal befinde, hatte er doch auf dem »Faulenzer« den km 50,5 dafür notiert. Allerdings steht dort nicht das Einfahrsignal, sondern das Zwischensignal R 140/141.

Da ihm Klingenberg ein »böhmisches Dorf« war, akzeptierte er dessen Hauptsignal – das Einfahrsignal zu Heilbronn Hbf – nicht, merkte erst durch weiße und grüne Signale in der Ferne, dass etwas nicht stimmt.

Die 1. Große Strafkammer des Landgerichts Heilbronn verurteilte Franz K. wegen fahrlässiger Tötung in Tateinheit mit 35 fahrlässigen Körperverletzungen zu einer Freiheitsstrafe von acht Monaten und setzte die Vollstreckung der Strafe zur Bewährung aus.

Grabowhöfe 1982

Am 6. Juli 1982 entgleisten im Bahnhof Grabowhöfe (Strecke Neustrelitz–Rostock) vom Schnellzug 523 Rostock Hbf–Berlin-Lichtenberg die Lokomotiven 132 457 und 132 499 sowie sämtliche neun Wagen der Tschechoslowakischen Staatsbahnen (die die DR im Binnenverkehr nutzte). Davon kippten sechs Wagen über eine Böschung nach unten. Sie hatten sich auf die Seite gelegt, sodass 59 Menschen verletzt wurden, davon fünf schwer; der Sachschaden belief sich auf 1.630.025 Mark.

Günther Knobloch, Stellvertreter des Ministers und Erster Stellvertreter des Generaldirektors der Deutschen Reichsbahn, der an die Unfallstelle geeilt war, um deren Leitung zu übernehmen, war besonders ärgerlich. Genau an dieser Stelle waren zwei Wochen vorher, am 18. Juni 1982, drei Wagen des D 728 Karl-Marx-Stadt–Rostock entgleist. Es hatte keine Verletzten gegeben, und die Nachricht darüber war lediglich in der örtlichen Presse erschienen.

Nun aber der Unfall mit weitaus größeren Folgen! Unter den Eisenbahnern verbreitete sich die Meinung, das musste ja so kommen, denn Fahren und Bauen, besonders das gegenüber dem Betriebsdienst rücksichtslose Bauen hatte schon lange zu teilweise chaotischen Zuständen geführt. Insbesondere Lokomotivführer beklagten sich über die mangelhafte Signalisierung der Baustellen, über die Nichtübereinstimmung der Angaben im Verzeichnis der Langsamfahrstellen und sonstigen betrieblichen Besonderheiten, kurz »La« genannt. Auch die Flut der Berichtigungen und Ergänzungen zur »La«, obwohl die im Sommer zu jeder Woche neu verteilt wurde, war schier unübersehbar. Noch während die »La« gedruckt wurde, änderten die Bauleute ihre Baustellen und damit sowohl den Charakter und die Lage der Langsamfahrstellen.

Eigentlich war eine solche Situation betriebsgefährlich. Das wollte nur niemand wahr haben. Schlimmer noch: Viele Mitarbeiter in den Reichsbahndirektionen und den Reichsbahnämtern sowie die Lokomotivführer hatten sich bereits damit abgefunden. Nun also die zweite Entgleisung mit der Gefahr für die Menschenleben. Sie wurde so ernst genommen, dass Anfang 1983 Abgesandte der Bezirksstaatsanwaltschaft und des Obersten Gerichts zur Dienstberatung der Präsidenten der Reichsbahndirektion erschienen, um über die Missstände, die im Strafverfahren gegen den Lokomotivführer O. offenbar geworden waren, zu sprechen. Renate Fölsch, Präsidentin der Reichsbahndirektion Schwerin, sagte damals, sie ziehe sich die Ordnung der Baustellen und deren Signalisierung nicht auf den Tisch. Das sei schließlich Sache der Bauausführenden.

Betrachten wir den ersten Unfall. Zwischen Waren (Müritz) und Langhagen verlegte als Vorlauf zur Elektrifizierung der Bauzug 101 das zweite Gleis, das auch abschnittsweise für den Zugverkehr freigegeben wurde. Man brauchte auch die Belastung des neuen Gleises, um nach dessen Setzung den zweiten Stopfgang ausführen zu können. Erst dann ist das Gleis fest verspannt und für die Streckengeschwindigkeit – hier 120 km/h – zugelassen. Zwischen dem ersten und zweiten Stopfgang darf nur mit höchstens 50 km/h gefahren werden. Eine solche, 2.500 m lange Langsamfahrstelle war zwischen Grabowhöfe und Vielist eingerichtet. Der Bauleiter N. hatte den Rottenmeister D. beauftragt, die Langsamfahrsignale aufzustellen, ohne ihm konkret zu sagen, wo. D. stellte das Signal »Lf 3« (die Endscheibe) 2.400 m zu früh auf.

Falsche Signale

Als D 728 am 18. Juni 1982 gegen 6.30 Uhr die derart signalisierte Langsamfahrstelle befahren hatte, beschleunigte der Lokomotivführer an dessen Ende den Zug, worauf bei der Geschwindigkeit von 75 km/h drei Wagen entgleisten – Sachschaden 16.000 Mark,

Bernd Fiegehenn, Leiter der Inspektion für Bahnsicherheit der Deutschen Reichsbahn, wird sich später wundern, dass 200 Züge diese Baustelle befuhren, ohne dass ein Lokomotivführer Anstoß an der falschen Signalisierung nahm. [10] Möglicherweise richteten sich die Lokomotivführer nach der »La« und nicht nach dem an falscher Stelle aufgestellten Signal »Lf 3«. Ein Lokomotivführer beanstandete den Mangel mit einer Meldekarte und benachrichtigte fernmündlich den Instrukteur für Fahr- und Feuerungstechnik des Bahnbetriebswerks. Der rief den Fahrdienstleiter an und der wieder den Bauzug. Mehr geschah nicht.

Vor dem zweiten Unfall kam der Zug 523 aus der Gegenrichtung, von Rostock Hbf. Für die Überleitung von der noch eingleisigen zur bereits zweigleisigen Strecke waren in Vielist und

Grabowhöfe die Bauweichen 102 und 103 eingebaut worden. Auch dieses und das anschließende Gleis durften, weil noch der zweite Stopfgang fehlte, nur mit höchstens 50 km/h befahren werden. Doch die engen Radien[9] der Bauweichen führten zu Richtungsfehlern und unruhiger Gleislage. Dadurch waren im Anschwenkbereich laufend Reparaturen notwendig. Die Geschwindigkeit wurde vom 2. Juli 1982 an auf 30 km/h herabgesetzt, was aus der »La« nicht hervorging. Dazu musste man ein Fernschreiben gelesen haben und den Eintrag berichtigen. Ansonsten galten die aufgestellten Langsamfahrsignale.

Der Lokomotivführer O. vom Bahnbetriebswerk Neustrelitz hatte diese Langsamfahrstelle befahren, als er nach Rostock fuhr, aber, ohne die Signale zu beachten, mit 60 km/h statt der erlaubten 30 km/h.

Auch mit dem Unglückszug von Rostock nach Berlin sollte er eine »scharfe Fahrweise« an den Tag legen. Die fiel zunächst nicht auf, denn im Bahnhof Mistorf musste er die erste Langsamfahrstelle (30 km/h) respektieren, weil er wegen eines außerplanmäßigen Haltes bremsen musste. Die zweite Langsamfahrstelle im Bahnhof Güstrow – wieder höchstens 30 km/h – befuhr er korrekt, weil der Zug nach dem Regelhalt erst anfuhr.

Die dritte und vierte Langsamfahrstelle – zwischen Priemerwald Süd und Devwinkel bzw. Devwinkel und Lalendorf jeweils 30 km/h – befuhr der Zug mit 55 km/h. Danach las O. in der »La«, ehe er den Bahnhof Grabowhöfe erreichte. Er kam mit dem Verzeichnis nicht zurecht, musste er es doch rückwärts lesen. Zwar waren die Langsamfahrstellen in der »La« nach dem Fahrtverlauf geordnet, da aber die Strecke noch eingleisig war, fuhr der Zug nach dem Verzeichnis »in der entgegengesetzten Richtung«.

Im Gutachten wurde dazu festgestellt: »Für einen Triebfahrzeugführer, der eingleisige Strecken befährt, ist das Erkennen der Langsamfahrstellen auch bei der Fahrt in der entgegengesetzten Richtung ein normaler Arbeitsgang, der keine erhöhte Konzentration erfordert.« Zu O. bemerken die Sachverständigen: »Das über mehrere Kilometer andauernde Lesen im La-Stellenverzeichnis läßt den Schluß zu, daß sich O. nicht ausreichend auf die Fahrt vorbereitet hat.«

O. meinte, die Langsamfahrstelle mit 50 km/h wäre nach dem Bahnhof Grabowhöfe zu erwarten. Tatsächlich lag sie im Bahnhof. War O. aus der »La« nicht schlau geworden, hätte er besser die Signalisierung beachtet. Etwa 700 m vor dem Beginn der Langsamfahrstelle zeigte ihm das Signal »Lf 1« die Geschwindigkeitsbeschränkung auf 30 km/h an; den tatsächlichen Beginn der Langsamfahrstelle signalisierte das Signal »Lf 2«.

Irritierte das Signalbild »Hl 1« des Ein- und des Ausfahrsignals den Lokomotivführer, das »Fahrt mit Höchstgeschwindigkeit« bedeutete? Er hatte einerseits die Lichtsignale zu beachten, die ihm 120 km/h erlaubten, andererseits die Langsamfahrsignale, die die Fahrt auf 30 km/h beschränkten. Die von den Hauptsignalen angezeigte Geschwindigkeit hatte dann nur untergeordnete Bedeutung. Das wusste auch ein erfahrener Lokomotivführer. »In der täglichen Praxis werden die Triebfahrzeugführer bei der Mehrzahl der Langsamfahrstellen mit dieser konkreten Situation konfrontiert. Ihre Beherrschung stellt keine erhöhten Anforderungen an einen Triebfahrzeugführer dar [...]«, meinten die Sachverständigen.

Die Ursache war, so stellten es zehn Sachverständige in ihrem für den Bezirksstaatsanwalt von Neubrandenburg gefertigten Gutachten fest, »eine erhebliche Geschwindigkeitsüberschreitung des D 523 im Bereich der Langsamfahrstelle.«[10] O. fuhr in die Bauweichenverbin-

---

9 Abzweigender Radius der Bauweiche auf 800 m aufgebogen, nur 6 m Zwischengerade, anschließend Gegenbogen mit 347 m Radius
10 Die Gutachter waren Bernd Fiegehenn, Manfred Grumbt, Werner Unrau, Klaus-Dieter Höppner, Horst Schwegat, Hans Probst, Horst Knothe, Hans Pohl – alle von der Zentralen Leitung der Deutschen Reichsbahn, Georg Gliesch vom Gleisbaubetrieb Berlin und Gerhard Hadamtzik von der Reichsbahnbaudirektion.

dung in km 42,683 mit einer Geschwindigkeit von etwa 90 km/h. Diese Feststellung konnten die Sachverständigen nach Auswertung des Fahrtenschreibers treffen, allerdings nicht durch den der Vorspannlokomotive. Denn diesen hatte O. nicht kontrolliert und dadurch nicht bemerkt, dass die Papierrolle fehlte. Zum Glück hatte der Fahrtenschreiber der zweiten Lokomotive funktioniert.

Gewisse Beziehungen

Die Merkwürdigkeiten im Zusammenhang mit Ulrich O. waren reichlich. Was war das für ein Lokomotivführer? Er war auf der Strecke Neustrelitz–Rostock zu Hause, fuhr seit 1979 die Baureihe 132, besaß die erforderliche Qualifikation und Berufserfahrung und wurde vom Bahnbetriebswerk als ein Lokomotivführer beurteilt, der gewissenhaft sei und ein solides Fachwissen habe. Gemunkelt wurde damals manches, auch dass er »wegen gewisser Beziehungen« seiner Strafe entgehen würde.

Das Bezirksgericht Neubrandenburg verurteilte O. ein halbes Jahr nach dem Unfall zu einer Freiheitsstrafe von zwei Jahren und sechs Monaten, ausgesetzt zur Bewährung auf drei Jahre. Im Prozess hatte O. geäußert: »Ich fühlte mich nach dem Lehrgangsbesuch[11] auf der Strecke zwischen Neustrelitz und Rostock wegen der vielen Baustellen nicht sehr sicher.« Das war nicht übertrieben, denn auch der Sachverständige Fiegehenn musste einräumen: »Die Anzahl nachträglicher La-Berichtigungen ist unvertretbar groß, und es wurden Mängel bei ihrer Bekanntgabe an die Lokpersonale zugelassen.«

Ansonsten zeichnete sich das Gutachten durch das Abschieben jeder Verantwortung auf die Lokomotivführer aus, was bei Sachverständigen, die wie im vorliegenden Fall eigentlich Partei bzw. befangen sind, zu erwarten ist. Die ungenügende Vorbereitung auf den Dienst- und Fahrtantritt, auch vom Staatsanwalt so vorgeworfen, wurde O. zum Verhängnis. Warum sich der Lokomotivführer O., wenn er schon die »La« nicht auf dem neuesten Stand hatte, so wenig nach den Langsamfahrsignalen richtete, erhellten die Ermittlungen und der Prozess nicht. Mag manche Regelung den Fachleuten, die die Umstände eines Unfalls zu bewerten haben, einfach bzw. plausibel erscheinen, mitunter mag es Situationen geben, die für den Lokomotivführer nicht eindeutig sind oder die er übersieht.

BASF-Bahnhof Ludwigshafen 1994

Auch der Güterzug 57709, ein Ganzzug von Heringen (Werra) zum Werkbahnhof der BASF in Ludwigshafen, entgleiste am 22. Januar 1994 infolge überhöhter Geschwindigkeit. Es war ein Sonderzug mit Kalisalz, der von der Lokomotive 151 085 des Betriebshofs Nürnberg gefördert wurde. Diesen Zug brachte der Lokomotivführer Dirk F. von der Zweigniederlassung Traktion Bebra zum Bahnhof Ludwigshafen-Oggersheim, Ankunft 3.59 Uhr.

Nun sollte der Zug wenden und zum Güterbahnhof der BASF fahren. Das heißt, die Lokomotive wird abgehängt, fährt am Zug vorbei zum anderen Ende, bespannt ihn und fährt ihn nach einer Bremsprobe weiter. Seit dem 1. Januar 1994 besaß der Bahnhof Oggersheim kein Personal mehr für das Behandeln der wendenden Züge. Die Deutsche Bahn griff auf ein bewährtes Schema zurück, indem sie den Zug dorthin fuhr, wo Personal war. Das war in Lud-

---

11 vom 24. Mai bis 25. Juni 1982

wigshafen Gbf. Dort wenden die für die BASF bestimmten Züge, fahren dann zurück nach Oggersheim und gehen – jetzt ohne wenden zu müssen – auf die Werkbahn über.

Fahrdienstleiter L. verständigte Lokomotivführer F. über Zugfunk von dieser Regelung, als der Zug in Frankenthal durchfuhr. F. will die Gelegenheit benutzt haben zu erklären, er sei auf der Werkbahn nicht streckenkundig. Entweder stimmt nicht, was F. gesagt haben will, oder der Fahrdienstleiter hat diesen Hinweis nicht verstanden. Im Ermittlungsverfahren stand Aussage gegen Aussage. Eigentlich hätte F. bereits in Bebra, als er für diesen Zug eingeteilt wurde, auf die fehlende Streckenkunde in diesem letzten Abschnitt der Zugfahrt hinweisen müssen.[12] Dann wäre ab Oggersheim ein Lotse eingesetzt worden. So aber griff der Fahrdienstleiter auf die Regelung der Bundesbahndirektion Karlsruhe in den Zusatzbestimmungen zum Buchfahrplan und den Streckenlisten zurück, wonach diese Nebenbahn auch ohne Streckenkenntnis und ohne Lotsen befahren werden darf. Dann musste ihm aber ein Vorsichtsbefehl ausgehändigt werden. In Ludwigshafen fügte sich F. und fuhr den Zug ohne den Vorsichtsbefehl und ohne Lotsen zur Werkbahn.

Von Ludwigshafen Gbf bis Oggersheim durfte er 90 km/h fahren, wie es das Geschwindigkeitsheft vorsah. Auf der BASF-Werkbahn, einer Nebenbahn, aber nur 40 km/h. Das hätte F. dem Geschwindigkeitsheft entnehmen können.[13] Aufgeschlagen im Führerraum waren die Seiten der Strecke Abzw Rotes Kreuz–Ludwigshafen-Oggersheim, nicht aber die Seite mit den Angaben der Werkbahn. F. glaubte, auch dort gelte die Geschwindigkeit von 90 km/h. Das Einfahrsignal A des BASF-Bahnhofs zeigte »Hp 1« (Fahrt), der Zug fuhr mit 80 km/h ein. Unmittelbar vor den Weichen erkannte der Lokomotivführer den abzweigenden Fahrweg. Er bremste, in den Bögen der ersten Weichen schlingerten die Lokomotive und die ersten Fahrzeuge. Die mit je 26 t Kali beladenen, 4,26 m hohen Wagen der Gattungen Td, Tds und Tdgs-z haben einen ziemlich hochliegenden Schwerpunkt. So blieb es nicht aus, dass der fünfte Wagen nach links umkippte und sich vom vorderen Zugteil losriss. Durch die Unterbrechung der Hauptluftleitung wurde die Zwangsbremsung eingeleitet. Die Lokomotive fuhr noch mit den ersten vier Wagen etwa 90 m weit. Im hinteren Zugteil entgleisten insgesamt 17 Wagen, sechs stürzten um und dabei auf Wagen im Nachbargleis. Von den fielen sechs und weitere sechs wurden stark beschädigt.

Man konnte dem Lokomotivführer nicht allein die Schuld geben, dass er im Geschwindigkeitsheft nicht die zutreffende Geschwindigkeit gesucht hatte. Denn das Signal »Lf 4« (Geschwindigkeitstafel mit der Kennziffer 4), das die zulässige Geschwindigkeit von 40 km/h angezeigt hätte, fehlte. Das Strafverfahren gegen Lokomotivführer F. wurde eingestellt; er hatte eine Geldbuße zu zahlen.

---

12 § 41 Abs. 1 Fahrdienstvorschrift der Deutschen Bundesbahn, die damals noch galt
13 Seite 274 des Geschwindigkeitsheftes 2396

3. Kreiensen: Einzelheiten und Zufälle

Der im Tal der Leine gelegene Eisenbahnknotenpunkt Kreiensen wurde 1923 zum Schauplatz des schwersten Eisenbahnunfalls nach dem Ersten Weltkrieg, aber auch zum Symbol einer Schwäche des Eisenbahnbetriebs in technischer Hinsicht. Denn noch immer waren weder der Zug noch die Reisenden in irgendeiner Weise gegen das Missgeschick gefeit, dass ein Lokomotivführer – aus welchen Gründen auch immer – ein Halt zeigendes Signal übersah und es dann zum Zusammenstoß mit einem Hindernis im Gleis kam. Keine technische Einrichtung unterstützte ihn und unterband die Weiterfahrt des Zuges, wenn er es am aufmerksamen Beobachten der Signale fehlen ließ. Lediglich der Zuruf der Signalstellungen zwischen Lokomotivführer und Lokomotivheizer sollte einen gewissen Schutz vor dem schlimmsten Fehltritt bieten, den sich ein Lokomotivführer im Dienst zuschulden kommen lassen konnte.

Der durch Kreiensen führenden Leinetalbahn Hannover – Göttingen kam schon immer eine herausragende Bedeutung als Nordsüd-Verbindung zu. Fernreise- und Güterzüge fuhren hier bis zur Eröffnung der Hochgeschwindigkeitsstrecke im Jahr 1991 in beispiellos dichter Folge. Da die Lokomotiven oft nicht in der Lage waren, die Last dem Bedarf entsprechend langer Züge ohne Fahrzeitüberschreitung zu fördern, setzte die Deutsche Reichsbahn wie früher schon die Länderbahnen Vor- und Nachzüge zum Hauptzug ein. Für D 88 Altona – München wurde häufig ein Vorzug eingesetzt, der im Fahrplan des Hauptzuges verkehrte. Die Verspätung des folgenden Hauptzuges nahm man in Kauf.

■ Der Rest eines Abteilwagens, dessen Oberteil vom Fahrgestell weggerissen wurde.   Foto: Slg. Preuß

Auch am 31. Juli 1923 sollte der Vorzug so fahren, Kreiensen durch 3.32 Uhr (nach Originalunterlagen »vormittags 3.32 Uhr«). Das Verhängnis war die schadhafte Lokomotive, die sich gleich nach der Abfahrt in Hannover am Dampfmangel bemerkbar machte, sodass sich der Zug bis Kreiensen um 25 Minuten verspätete. Der Lokomotivführer hielt den Zug auf Gleis 2 West an, damit ihm eine zweite Lokomotive vorgespannt werden konnte.

Das war in wenigen Minuten unmöglich, einige Reisende nutzten den Aufenthalt, um auszusteigen, sich auf dem Bahnsteig die Hände zu waschen oder zu promenieren; nicht ahnend, auf wunderbare Weise einem schrecklichen Schicksal zu entkommen. Sie sahen die drohende Gefahr des nahenden Zuges, riefen anderen in den Wagen zu, sie sollten sofort aussteigen. Doch bis zu dem Zusammenstoß blieben nur wenige Sekunden.

Diesem Zug folgte der Hauptzug, D 88 Altona – München, der dem Vorzug »im Blockabstand« folgen sollte, das heißt, so dicht, wie es das Prinzip des Raumabstands auf der Strecke zuließ. 17 Minuten stand der Vorzug am Bahnsteig, als es einen gewaltigen Knall gab, mit dem sich die beiden letzten Wagen (ABC Halle 658 und ABC Mainz 716) vollständig und die zwei folgenden Wagen (C Regensburg 7048 und C Frankfurt 354) bis zur Hälfte übereinander schoben. Der Hauptzug war mit solcher Wucht auf den Vorzug gefahren, dass auch die Lokomotive, die danach eingereihten Post- und Gepäckwagen sowie die Bahnsteigüberdachung stark beschädigt wurden.

Die »Vossische Zeitung« malte das grausige Geschehen aus: »Einer aus dem Fenster sehenden Dame wurde der Kopf abgeschnitten. Der Hauptzug wurde von dem Vorzug abgefedert, d. h. er sprang nach dem Aufprall wieder zurück. Die Hinterräder des letzten Vorzugwagens steckten auf der Lokomotive des Hauptzuges. In diese Räder eingeklemmt waren vier tote Passagiere. Von einer Familie sind die Eltern und ein Kind getötet, das zweite Kind am Le-

■ Die Wagen hat es übereinander geschoben. Foto: Slg. Prochnow

ben geblieben. Das getötete Kind hatte noch seinen Ball in der Hand. Viele Reisende sind im Schlaf zerschmettert worden.«

Das »Teleskopieren« der beiden letzten Wagen war durch die Holzbauweise möglich, die kaum Schutz gegen die Kräfte eines solchen Zusammenstoßes bot und, wenn das Gas der Beleuchtung ausströmte, oft noch die Fahrzeuge brennen ließ. Es sollte noch Jahrzehnte dauern, bis sich die Stahlbauweise der Reisezugwagen durchsetzte.

Die »Vossische Zeitung« schrieb in ihrem ausführlichen Bericht vom 1. August unter der Überschrift »Einzelheiten und Zufälle«: »Nachdem das Rettungswerk vollendet war, zählte man 47 Tote und 40 Verletzte, drei davon in Lebensgefahr. Die Verletzten brachte man in Sonderzügen zu den Universitätskliniken nach Göttingen und in ein Sanatorium in Gandersheim. Die Leichen wurden im Fürstenzimmer des Bahnhofsgebäudes aufgebahrt, um sie hier identifizieren zu können.« Der Lokomotivheizer des aufgefahrenen Zuges wurde getötet, der junge Lokomotivführer dagegen rettete sich durch Abspringen von der Lokomotive; er blieb unverletzt.

Aus Kassel (damals noch Cassel geschrieben) eilte Präsident Reiffen zum Unfallort. Mit ihm untersuchten fünf Beamte des höheren Dienstes, wie es geschehen konnte. In den Unfallbericht schrieben sie: »Der Unfall ist auf Ueberfahren des auf Halt stehenden Einfahrsignals zurückzuführen. [...] Die vorgenommene Signalschau hat ergeben: Einfahrsignal steht in km 68,4; ist zu sehen vom Standort des Lokomotivführers aus ab km 68,150, vom Standort des Heizers aus ab km 68,0. Das Vorsignal zum Einfahrsignal ist auf über 1 km Entfernung gut zu sehen.

Der Schluss des im Bahnhof haltenden Vorzuges D 88 hat in km 68,7 gestanden.

Die Blockanlage ist sofort nach dem Unfall untersucht und in Ordnung befunden. Dass das Signal auf Halt gestanden hat, wird durch Zeugen bestätigt.« [5]

Der Zusammenstoß ein Rätsel?

In einen Lageplan wurden die Sichtlinien eingetragen. Ein Kilometer Abstand vom Vorsignal bis zum Hauptsignal hätten bei den damals gefahrenen Geschwindigkeiten (sicherlich nicht mehr als 80 km/h) und mit der Druckluftbremse, mit der die Reisezüge inzwischen ausgerüstet waren, ausreichen müssen, um die Fahrt des Zuges zu verlangsamen und schließlich vor dem Hauptsignal anzuhalten. Dann gab es immer noch 300 Meter Weg bis zum Schluss des Vorzuges.

War die Unfallursache ein Rätsel? Nach Lage der Akten nicht: Im Unfallbericht der Reichsbahndirektion Kassel ist zu lesen, dass der Reserve-Lokomotivführer Heinrich Ahlbrecht und der Lokomotivheizer Max Teschke, beide aus Hannover, erst 3 Stunden und 25 Minuten im Dienst standen und deshalb nicht übermüdet sein konnten. Die vorherige Ruhezeit belief sich auf 27 Stunden, 14 Minuten.

Für die Reichstagsabgeordneten, die vom Reichsverkehrsminister Auskunft über den Unfall verlangten, stellte die Direktion einige Angaben zusammen. Der fast 27 Jahre alte Reserve-Lokomotivführer hatte schon Schnellzüge auf dieser und auf anderen Strecken geführt und besaß auch die Streckenkenntnis. Seine Prüfung zum Lokomotivheizer fiel am 2. Oktober 1919 mit »gut« aus, zum Lokomotivführer am 17. März 1921 mit »genügend«. »Über 3 Jahre hat er als Heizer im Schnellzugdienst Verwendung gefunden, wozu nur besonders tüchtige und zuverlässige Beamte zugelassen werden«, schrieb der Geheime Oberbaurat Zirkler in seine Information.

Auch für Zirkler stand fest, dass nur der Lokomotivführer des Hauptzuges Schuld an der Katastrophe haben konnte. Darüber sollte jedoch die gerichtliche Untersuchung entscheiden.

Bevor von der Hauptverhandlung zu berichten ist, wenden wir uns den in der »Vossischen Zeitung« genannten Zufällen zu, »Zufälle, die oft an das Wunderbare grenzen.«

Der Anprall des Hauptzuges auf den Vorzug sei so gewaltig gewesen, berichtet die Zeitung, »daß beim Vorzug sich der letzte Wagen unter den vorletzten schob und die Abteile direkt wegrasiert worden. Die beiden nächsten Wagen wurden ineinandergerammt, wobei eigentümlicherweise einzelne Abteile mitten in dem wüsten Chaos zertrümmerter Wagen unbeschädigt blieben. Dieselbe merkwürdige Tatsache, daß nämlich der tödliche Stoß Sprünge gemacht und einzelne Abteile übergangen hat, zeigt sich beim Hauptzug. Dort wurden der Postwagen und der Packwagen ebenfalls ineinandergeschoben. Im Packwagen befanden sich acht Beamte, von denen auch nicht ein einziger im geringsten verletzt wurde.« Möglicherweise lag es an der Bauart der Wagen, dass das Wunder geschah.

Ein anderer Zufall kam erst beim Prozess zur Sprache. Normalerweise sollte der angeklagte Lokomotivführer den Vorzug, der Lokomotivführer, der dann den Vorzug fuhr, den Hauptzug fahren. Mit dieser Besetzung wäre es nicht zu der Katastrophe gekommen. Der Personal- und Lokomotivtausch wurde in Hannover angeordnet, nachdem sich herausgestellt hatte, dass die für den Hauptzug eingeteilte Lokomotive schadhaft war.

Deshalb nahm man die Lokomotive »Erfurt 2615«, eine preußische P 8, nicht für den Vorzug, sondern für den schwereren Hauptzug. Vermutlich meinte man im Bahnbetriebswerk, die nicht voll einsatzfähige Lokomotive könne den leichteren Vorzug über die Strecke bringen. So kam es, dass der Reserve-Lokomotivführer Ahlbrecht mit dem Hauptzug dem in Kreiensen außerplanmäßig haltenden Zug folgte.

In den ersten 24 Stunden nach der Katastrophe, so zählt jede Bahnverwaltung für ihre Unfallstatistik, waren 47 Menschen getötet und 40 verletzt worden, drei befanden sich in Lebensgefahr. Ein Mensch verschied noch am nächsten Tag, sodass die Zeitungen von 48 Toten schrieben. Die anderen beiden Schwerverletzten verstarben einige Tage später.

Vom Schützenfest zur Unfallstelle

Kreiensen hatte am Abend vorher ein Schützenfest, das noch in der Gerichtsverhandlung eine Rolle spielen wird. Noch am frühen Morgen liefen viele Einwohner durch die Straßen, und sie eilten neben den Feuerwehren aus Kreiensen, Greene, Orxhausen, Billerbeck und Ippensen zum Unfallort, um sich als Helfer zur Verfügung zu stellen, brachten auch Schweißgeräte mit. Gerade an diesen fehlte es in den Hilfszügen aus Göttingen und Hannover. Lediglich der in Kreiensen stationierte Hilfsgerätewagen besaß ein solches Gerät. Das brauchte man, um die Verunglückten aus den Wagentrümmern zu befreien.

Die Deutsche Reichsbahn hatte bis dahin den Reichsbahndirektionen die Entscheidung überlassen, ob sie ihre Hilfsgerätewagen mit »Sauerstoffschneidvorrichtungen« ausrüsteten. Für Reichsverkehrsminister Rudolf Oeser (1858 – 1926) war die Katastrophe von Kreiensen und der Hinweis der Reichsbahndirektion Kassel der Anlass, am 13. September 1923 die Zweigstelle Bayern des Reichsverkehrsministeriums und die Reichsbahndirektionen Stellung nehmen zu lassen, inwieweit die Hilfszüge mit Schweißgeräten ausgerüstet sind und ob diese zentral beschafft werden sollen.

Allerdings hatte Oeser die Leitung des Reichsverkehrsministeriums (RVM) erst am 13. August 1923 übernommen. Am Tag des Unfalls hatte dieses Amt noch Wilhelm Groener (1867 – 1939) inne gehabt, im Ersten Weltkrieg Chef der Feldeisenbahnen und Generalstabschef. Er leitete das Ministerium vom 25. Juni 1920 bis zum 11. August 1923. Als das Unglück am 31. Juli 1923 geschah, hielt er sich zur Erholung am Bodensee auf. Er dachte gar nicht daran, sich zu dem Bahnhof zu begeben, der zum Synonym für den »größten Eisenbahnunfall nach dem Ers-

■ Viele Bürger aus dem Ort und auch viele Eisenbahner kamen zur Trauerfeier.
Foto: Slg. Prochnow

ten Weltkrieg« werden sollte.[1] Das war eine weitere Merkwürdigkeit in diesen Tagen. Auch zur Trauerfeier wenige Tage später erschien der spätere Reichswehrminister Groener nicht.

Man überließ die Leitung der Unfallstelle und sämtliche weiteren Schritte dem Präsidenten Reiffen, sicherte sich obendrein ab. Ihm schickte Staatssekretär Stieler bereits am nächsten Tag, als noch nicht einmal alle Getöteten geborgen waren, folgendes Bahntelegramm: »Ich ersuche Sie, sich persönlich in den Krankenhäusern nach dem Befinden der Verletzten vom Unfall in Kreiensen zu erkundigen und nachher in angemessenen Zeitabständen durch Dezernenten Nachfrage halten zu lassen. Ich nehme an, daß eine gemeinsame Bestattung der Opfer oder eine anderweitige Totenfeier von dort veranlaßt ist und ersuche Sie persönlich daran teilzunehmen und außer einem Kranz der Reichsbahndirektion einen solchen auch im Namen des Herrn Ministers niederzulegen.« Diese Art, die unschönen Elemente des Eisenbahnalltags von sich fernzuhalten und Aufgaben anderen aufzubürden, werden bei Unfällen auch andere Präsidenten kennen lernen.

Zur Trauerfeier am 4. August 1923 erschienen dann außer dem Braunschweiger Staatsminister Rönneburg Präsident Reiffen und zweitrangige Beamte, als Vertreter des Reichspräsidenten und des Reichsverkehrsministers ein Geheimer Oberbaurat, aber viele Bürger aus dem Ort und den Nachbargemeinden und auch viele Eisenbahner. In aller Eile hatte man die Gas-

---

1 Gemessen an der Zahl der Todesopfer übertraf der Brückeneinsturz bei Hugstetten in Baden am 3. September 1882 den Unfall von Kreiensen. Dort waren 52 Personen getötet und 259 verletzt worden.

anstalt des Bahnhofs mit weißer Tünche und Tannengrün hergerichtet. In diesem Gebäude wurde sonst das Gas für die Beleuchtung der Wagen hergestellt. Nur vier Leichen waren aufgebahrt, die anderen bereits in die Heimat gebracht.

Musste sich der Berichterstatter der »Casseler Post« darüber mokieren, dass der Sonderwagen zur Trauerfeier gerade vor den Trümmern der zerstörten Wagen hielt, dann werden sie wahrscheinlich beim nächsten damit im Zusammenhang stehenden Ereignis weggeräumt worden sein. Das war am 7. Dezember 1923 die Sitzung der II. Strafkammer des Landgerichts in Braunschweig unter dem Vorsitz von Landgerichtsdirektor Damköhler.

Der Prozess fand an einem Tag, nicht einmal ein halbes Jahr nach der Tat statt, bemerkenswert, weil heute Hauptverhandlungen zu Eisenbahnunfällen mitunter erst nach fünf Jahren anberaumt werden und sich über mehrere Wochen hinziehen.

In Kreiensen fand sie vor erweiterter Öffentlichkeit im Speisesaal des Bahnhofs statt. Die Öffentlichkeit war zugegen, bestand nicht nur aus Journalisten, sondern aus Eisenbahnern, Angehörigen der Opfer und neugierigen Bürgern der Umgebung. Dass das Geschehen nicht im Braunschweiger Gerichtsgebäude zur Sprache kam, sondern neben dem Tatort, war also keine spätere Erfindung der DDR-Justiz, die – gerade wenn über Eisenbahnunfälle verhandelt wurde – oft diese Form des Prozesses wählte.

Aus dem achtseitigen Urteil erfahren wir, wie es dazu kam, dass der Lokomotivführer das Halt zeigende Einfahrsignal übersah. D 88 bestand aus elf vierachsigen Wagen. Die bereits genannte Lokomotive »Erfurt 2615« bespannte in Hannover Hbf den Zug, eine Bremsprobe wurde ausgeführt, und mit etwa 40 Minuten Verspätung fuhr der Zug ab. Die Funktion der Bremsen wird im Prozess noch eine Rolle spielen, behauptete der Angeklagte doch, sie hätten versagt. Im Bericht der Direktion Kassel für den Reichsverkehrsminister vom 24. September 1923 heißt es: »Allerdings war die Drehgestellbremse [der Lokomotive – E. P.] nicht eingeschaltet. Ahlbrecht gibt an, er hätte sich zur Einschaltung der Bremse nicht veranlasst gefühlt. Weil er angenommen habe, daß durch ihre Einschaltung die sichere Lauffähigkeit des Drehgestellagers beeinträchtigt und gefährdet werden könnte.« Der Wagenzug soll am 30. Juni 1923 einer »periodischen Untersuchung« unterzogen worden sein, bei den Betriebsbremsungen zwischen Altona und Hannover hatten sich keine Unregelmäßigkeiten gezeigt, und auch im Sonderzug, der nach dem Unfall nach München fuhr und zum Teil aus Wagen des Unfallzuges bestand, hätten die Bremsen einwandfrei gearbeitet.

Kohle im Auge des Lokführers

Von Hannover bis Kreiensen brauchte er nicht zu bremsen. Der Fahrplan sah eine Durchschnittsgeschwindigkeit von 70 km/h vor, bis Elze kam es auch beim Hauptzug zu Fahrzeitüberschreitungen. Sie wurde mit Dampfmangel wegen der schlechten Kohlen begründet. »Es war ausländische Kohle, die feinkörnig und fett war, sodaß sie schlecht Wasser nahm und Staubentwicklung begünstigte«, erklärte das Urteil.

Das Einfahrsignal von Kreiensen zeigte wegen des vom Vorzug besetzten Gleises »Halt«, das Vorsignal die Warnstellung. Um diese Zeit war es hell geworden, sodass das Lokomotivpersonal beide Signale gut erkennen konnte. Ahlbrecht fuhr »mit voller Geschwindigkeit von etwa 70 km die Stunde« am Haltsignal vorbei. Aus dem Urteil: »Er gibt zur Erklärung an, sich aus der Maschine gebeugt zu haben, um das Vorsignal zu suchen. Dabei sei ihm Kohlenstaub in das rechte Auge geflogen, sodaß er mit diesem und, da auch das linke Auge geträmt habe, er auch mit dem linken nicht habe sehen können. Er habe versucht, mit dem Taschentuche die Augen zu reinigen. Da er angenommen hätte, daß ihm dieses bald gelingen würde, habe er auch

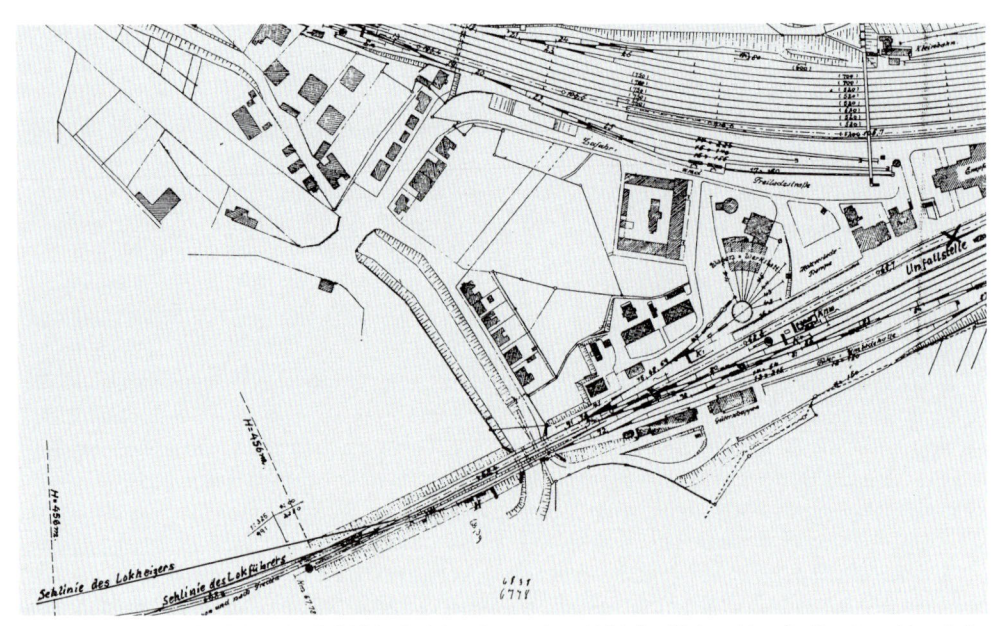

■ Auf dem Gleisplan des Bahnhofs wurden die Sehlinien des Lokomotivpersonals zum Einfahrsignal H eingezeichnet. Das Kreuz kennzeichnet die Unfallstelle auf dem Bahnsteig. Abbildung: Bundesarchiv R 5-15987

nicht den Heizer mit der Beobachtung der Signale beauftragt. Wider Erwarten habe es einige Zeit gedauert, bis er wieder habe sehen können. Auf diese Weise habe er das Vorsignal überhaupt nicht gesehen, folglich auch nicht wahrgenommen, welche Stellung es gehabt hatte.«

Die Sachverständigen Holtermann und Michael hielten bei den verwendeten Kohlen die Staubentwicklung für möglich. Heizer Teschke konnte nicht vernommen werden, ob er die Stellung der Signale dem Lokführer zugerufen hatte. Er war getötet worden. Aus den Prozessunterlagen geht nicht hervor, ob der Signalzuruf überhaupt erwähnt wurde. Denn wenn der Lokomotivführer daran gehindert war, die Signale zu beobachten, hatte der Heizer die Stellung von Haupt- oder Vorsignal zuzurufen, auf die Bestätigung zu warten und gegebenenfalls einzugreifen. Das umsomehr, als der Heizer auf der linken Lokomotivseite in der Gleiskrümmung das Hauptsignal früher sah als der Lokomotivführer. Die Beachtung der Signale durch vier Augen sollte ein Höchstmaß an Sicherheit garantieren. Sogar sechs Augen sollten die Signale sehen, nämlich die beiden des Zugführers. Darauf ist zurückzukommen.

Nach dem Urteil des Landgerichts fuhr der Zug mit etwa 70 km/h. Der Angeklagte sah das Hauptsignal in »Halt« auf 120 Meter Entfernung und ergriff »alle ihm zu Gebote stehenden Maßnahmen«, um den Zug anzuhalten. »Er will die Schnellbremse, dann die Zusatzbremse und darauf den Sandstreuer in Tätigkeit gesetzt, schließlich auch Gegendampf gegeben haben.« Doch die Bremswirkung blieb aus!

Zugführer Zeichner sah es anders. Er saß, wie damals üblich, im Gepäckwagen auf einem erhöhten Platz. Das über ihm angehobene Dach hatte Fenster auf beiden Seiten, sodass der Zugführer den Zug nach vorn, also auch auf die Signale, und nach hinten beobachten konnte. Unten saß gewöhnlich der Packmeister, später Fahrladeschaffner genannt, der für das Ein- und Ausladen des Gepäcks sowie das Sortieren der Begleitpapiere zuständig war.

Die Zugführer, die sich nicht an der Fahrkartenkontrolle zu beteiligen brauchten, allenfalls Streitigkeiten zwischen Reisenden und Zugschaffnern zu klären hatten, sollten die Signale beobachten und nötigenfalls mit Hilfe des in der Nähe ihres Platzes angeordneten Notbremsabsperrventils den Zug anhalten. Im D 88 wollte der Zugführer vor Kreiensen feststellen, wo er sich befand und prüfen, ob der Zug etwas von der Verspätung aufgeholt hatte. Er sah nach draußen und das »Halt« zeigende Einfahrsignal. Dass der Zug gebremst wurde, bemerkte er nicht. Er konnte es am Geräusch und auch am Druckmesser neben dem Bremsventil feststellen. Die Gefahr vermutend, bediente er sofort den Hebel des Absperrventils, und sofort wirkte die Druckluftbremse. Doch damit war das Verhängnis nicht aufzuhalten, denn der Bremsweg war zu lang. Die Energie des gebremsten Zuges reichte immer noch aus, die letzten vier Wagen des Vorzugs zu zerstören.

Der angeklagte Lokomotivführer fühlte sich unschuldig an der Katastrophe. Er gab dem »Versagen der Bremsen« die Schuld. Bis in die Gegenwart beruft man sich nach Unfällen darauf (siehe im 8. Abschnitt Unfall in Elsterwerda am 20. November 1997), aber 1923, als noch nicht einmal alle Güterzüge druckluftgebremst fuhren, war das Misstrauen in die neue Bremstechnik ein Argument, das auch von der Öffentlichkeit geteilt wurde. Obendrein wird oft der Bremsweg eines Autos mit dem sehr viel längeren Bremsweg eines Zuges gleichgesetzt.

Zu spät gebremst

Aus irgendeinem Grund (»gegen die allgemeine Anordnung«) war die Druckluftbremse des Tenderdrehgestells ausgeschaltet. Ahlbrecht hatte die ausgeschaltete Bremse auch bemerkt, schaltete sie jedoch nicht ein, weil er glaubte, dass damit die sichere Lauffähigkeit des Drehgestelllagers beeinträchtigt und gefährdet werde. Diese ausgeschaltete Bremse hatte für den Bremsweg des Zuges keine überragende Bedeutung. Vielmehr wirkte sich ein anderer Leichtsinn des Lokomotivführers auf den Hergang bis zum Zusammenstoß aus. Er war in einer entscheidenden Situation unaufmerksam: vor dem Einfahrvorsignal von Kreiensen. Er nahm in Kauf, auf das folgende Einfahrsignal erst auf 120 m Entfernung zu achten und verhielt sich damit unverantwortlich. Er verschuldete, wie die Richter feststellten, die ihm obliegenden Pflichten. Dann kam es darauf, ob die Bremsen sofort wirkten, auch nicht mehr an. Er hatte ohnehin zu spät mit dem Bremsvorgang begonnen.

Wie bei anderen Unfällen stellte sich auch bei der Katastrophe von Kreiensen die überragende Funktion des Vorsignals heraus. Dieses Signal ist der Schlüssel zur Situation. Zeigt es die Warnstellung, welche die Haltstellung des folgenden Hauptsignals ankündigt, dann muss sich der Lokomotivführer darauf einstellen, dass er vor dem Hauptsignal anhalten muss und unmittelbar nach der Vorbeifahrt am Vorsignal die Geschwindigkeit reduzieren. Er darf nicht darauf vertrauen, es werde zwischenzeitlich »Fahrt frei« zeigen, sodass der Bremsvorgang unnötig ist.

In diesem Fall konnte der Lokomotivführer des D 88 das Vorsignal in einer Entfernung von 1.200 m gut erkennen, wenn er es gesehen hätte! Seine vorübergehende Blindheit durch die Kohlenteilchen musste ihn erst recht veranlassen, vorsichtig zu fahren, zumal er bei der Bahnhofsdurchfahrt wegen der Gleiskrümmung die Geschwindigkeit auf 50 km/h zu ermäßigen hatte. Ahlbrecht machte aber gar keine Anstalten, zu bremsen. Erst als er etwa 120 m vor dem Einfahrsignal das »Halt« sah, bremste er. Der Bremsvorgang benötigte bis zum Halt des Zuges 600 m. Zur Verfügung standen allerdings nur 120 m bis zum Signal und 300 m vom Signal bis zum Zugschluss des Vorzugs, zusammen 420 m, zu wenig für den normalen Bremsvorgang.

Immerhin musste das Bremsen die Wucht des Zusammenstoßes vermindern. Der Lokomotivführer sagte, er habe keine Bremswirkung verspürt, im Gegensatz zum Zugführer, der das

Notbremsventil bediente! Ritzau schreibt in »Schatten der Eisenbahngeschichte« [Pürgen 1987], ohne die Quellen zu nennen, Laubfall habe die Bremswirkung aufgehoben und spekuliert mit dem behaupteten Bremsversagen. Von dem ist in den offiziellen Unterlagen des Reichsverkehrsministeriums und auch in den Zeitungsberichten keine Rede. [5] Außerdem ist zu bedenken, dass das Unglück im Hochsommer geschah und nicht im Herbst, der Jahreszeit mit dem größten Laubfall.

Eine andere Begebenheit, die nicht vollends aufgeklärt werden konnte, könnte eine Rolle gespielt haben: In Höhe des Vorsignals fand das Schützenfest statt. Als D 88 vorüber fuhr, will der Schießbudenbesitzer Brill gesehen haben, dass das Lokomotivpersonal auf der rechten Seite winkte. Wenn das stimmte, verletzte der Lokomotivheizer seine Pflichten, denn der hatte auf der linken Seite ebenfalls die Signale zu beobachten. Wieso winkte der Lokomotivführer, wenn er wegen des Kohlenteilchens nichts sehen konnte? Am 18. Oktober 1923 schrieb die Direktion Kassel dem Minister, der vernommene Zeuge Brill aus Holzminden, könne nicht genau sagen, ob das Winken vom Personal des Vor- oder des Hauptzuges kam.

Das Gericht verurteilte Lokomotivführer Ahlbrecht nicht wegen der fahrlässigen Tötung und Verletzung der Reisenden, denn er wusste ja nicht, dass der Vorzug in Kreiensen hielt und konnte nicht annehmen, dass seine Pflichtwidrigkeit bei der Signalbeobachtung und beim Bremsen die schweren Folgen bewirkt. Verurteilt wurde er wegen des Vergehens »Herbeiführung eines Verkehrsunfalls« zu einer Gefängnisstrafe von einem Jahr und sechs Monaten, sechs Monate weniger als das vom Staatsanwalt Schömers beantragte Strafmaß. Ahlbrecht hatte auch die Kosten des Verfahrens zu tragen. Damit war er genug gestraft.

Das Gericht wertete das gute Zeugnis seiner dienstlichen Führung und den unverschuldeten Umstand, dass ihm Kohlenstaub in das rechte Auge flog, als strafmildernd, konnte aber wegen der schrecklichen Folgen das Strafmaß nicht stark reduzieren.

Ritzau bezeichnet das Urteil als Skandal. Er mokiert sich über das Ermittlungsverfahren und den Prozessablauf. Nach seiner Meinung seien die Umstände, die zu der Katastrophe geführt hatten, nur ungenügend untersucht und gewürdigt worden, zum Beispiel Laub auf den Schienen, gleitende Räder, die die Bremswirkung aufhoben. Außerdem habe es an der Streckenkunde des Reservelokomotivführers gefehlt. Ritzau empfindet auch die kurze Zeitspanne zwischen Unfall und Prozess sowie die Wahl des Verhandlungsortes als merkwürdig, weil der Prozess, wie er schreibt, im Speisesaal stattfand. Ob Details der innerdienstlichen Unterlagen der Wahrheit entsprechen, lässt sich kaum noch sagen. Der Wortlaut des Urteils gibt jedenfalls keinen Anhalt, einen Justizskandal zu behaupten. Auch das Strafmaß erscheint angemessen.

Die »Westfalen-Zeitung« wusste noch zu berichten, dass der D 88 »derselbe ist, der im Herbst v. J. in Freden bei Alfeld auf einen Güterzug aufgefahren ist, wobei zwei Beamte ihr Leben einbüßten. Wenige Monate vorher wurde auf denselben Zug auch ein Anschlag verübt, der glücklicher Weise keinen größeren Schaden nach sich zog.«

In Herne wieder eine Katastrophe

Man kann allenfalls darüber diskutieren, ob es gerechtfertigt war, allein dem Lokomotivführer die Verantwortung für das tragische Geschehen zu geben. Seine Aufmerksamkeit und seine Reaktion entschieden in vielen Augenblicken während einer Zugfahrt über Leben und Tod, über die Unversehrtheit vieler Menschen und auch über Nutzen und Schaden von Fahrzeugen und Anlagen. Sollte es nicht technische Mittel geben, die ihm einen Teil dieser Verantwortung abnahmen und, was viel wichtiger ist, Unfälle wie die in Kreiensen verhüten? Damals war man noch nicht so weit, die Deutsche Reichsbahn hatte noch die Folgen des Weltkriegs, die Reparationsleistungen und die Auswirkungen der Ruhrbesetzung durch das französische Militär zu tragen. 1925, knapp zwei Jahre nach Kreiensen kam es wieder zu einer Katastrophe mit ähnlichem Ablauf.

Der Personenzug 230 Dortmund – Wanne kam 7.18 Uhr in Herne an und sollte nach einer Minute Aufenthalt weiterfahren. Doch der verzögerte sich, weil viele Reisende aus- und zustiegen und auch viel Gepäck und Expressgut zu verladen war. Um 7.22 Uhr fuhr der Zug an, als der ihm folgende D 10 Berlin – Köln, der um 7.24 Uhr in Herne ankommen sollte, mit ihm zusammenstieß. Die Folgen: Im Personenzug 22 Reisende getötet, 27 schwer und 58 leicht verletzt, im Schnellzug waren dagegen nur wenige Reisende leicht verletzt.

Der Lokomotivführer des D 10 behauptete, das Einfahrvorsignal habe zwei grüne Lichter und das Einfahrsignal ein grünes Licht, also »Fahrt frei«, gezeigt. Auch das Ausfahrvorsignal habe zwei grüne Lichter gezeigt. Während die Beteuerung zur Stellung des Einfahrvor- und Einfahrsignals nicht wahr sein konnte, stimmte die Feststellung zum Ausfahrvorsignal, denn das zeigte »Fahrt frei erwarten«, galt aber dem ausfahrenden Personenzug.

Zum Herner Unfall nur noch so viel: Das Landgericht Essen sprach den angeklagten Lokomotivführer Haberkamp frei. Es sah sich nicht in der Lage aufzuklären, ob der Lokomotivführer die Wahrheit sagte oder die Zeugenaussagen richtig waren. Ausschlaggebend für die Zweifel, ob das Einfahrsignal nicht doch »Fahrt frei« gezeigt haben könnte, waren Aussagen von Gutachtern, die zugaben, »es sei möglich, daß irgendein Trick angewendet werden könnte, der dem Vorgesetzten bisher unbekannt geblieben ist.«

Mag der Prozess zum Eisenbahnunfall von Herne genauso unbefriedigend geendet haben wie der von Eschede, er lenkte erneut die Aufmerksamkeit auf Schutzvorrichtungen gegen das Missachten Halt zeigender Signale. Durch den Ersten Weltkrieg waren die Versuche abgebrochen worden; die Deutsche Reichsbahn nahm sie wieder auf, stieß aber ausgerechnet auf Vorbehalte unter den Lokomotivführern, die keine Signalübertragung auf die Lokomotive wünschten. Schließlich entschied sich die Deutsche Reichsbahn unter verschiedenen Möglichkeiten für die induktive Zugsicherung, die bis heute verwendet wird.

Schadenersatz bis 1989

Zurück zur Katastrophe von Kreiensen. Auf den Strafprozess folgten die Auseinandersetzungen zur zivilrechtlichen Verantwortlichkeit der Bahn, denn den Verletzten und Hinterbliebenen stand nach dem Reichshaftpflichtgesetz Schadenersatz zu. Den zahlte, um ein Beispiel zu nennen, nach dem Zweiten Weltkrieg die Deutsche Bundesbahn – hier vertreten durch die Bundesbahndirektion Hannover – bis in das Jahr 1989. [21]

In Kreiensen waren der 30-Jährige Theaterdirektor Dr. Friedrich W. getötet und seine 18-Jährige Ehefrau Else verletzt worden, die dadurch herzleidend wurde. Die Reichsbahndirektion Kassel zahlte ihr wegen der Haftpflicht eine Rente bis Ende Januar 1945. Danach blieb ihr die Reichsbahn infolge der Kriegswirren die Rente schuldig. Nach dem Kriege wurden die Direktionsbezirke neu aufgeteilt; Kreiensen lag nun im Reichsbahndirektions-, späteren Bundesbahndirektionsbezirk Hannover, und Frau W. erhielt vom 1. Oktober 1945 bis 31. Januar 1968 eine jährliche Rente von 4.050 Mark.

Die Zeiten änderten sich, nicht nur durch die Währungsreform 1948. Die Tochter von Frau W. heiratete den Unternehmer Hans-Georg T., der sich nun zielstrebig um die Rente seiner Schwiegermutter kümmerte und vor allem regelmäßig höhere Überweisungen verlangte: am

27. Juni 1955 die Verdoppelung und die Nachzahlung eines angemessenen Betrages seit der Währungsreform. Die Bundesbahndirektion lehnte ab mit der Begründung, es fehle für die Nachzahlung an einer gesetzlichen Grundlage.

Ohne dass hier auf alle Forderungen eingegangen werden soll, grundsätzlich kann man nach der Aktenlage feststellen, dass Herr T. entsprechend der ständigen Inflation wiederholt die Anpassung der Beträge forderte, aber stets vorerst bei der Bundesbahndirektion auf Granit biss. Sie musste letztlich immer nachgeben, sich mit T. vergleichen und zahlen. Er erreichte, dass vom 14. November 1967 an die monatliche Rente auf 1.030 Mark anstieg und wünschte, um sich nicht periodisch dem Ärger mit den Bahnbeamten in der Rechtsabteilung auszusetzen, alle zwei Jahre eine Rentenanpassung.

Die Bundesbahndirektion Hannover meinte, das Einkommen eines 79-Jährigen (so alt wäre der Theaterdirektor in jenem Jahr gewesen) erhöhe sich nicht alle zwei Jahre. Dieses Argument befremdete den Antragsteller. Er schrieb, sollte »nicht bis in Ihre Behörde vorgedrungen sein, daß neben den Gehältern auch die Pensionen und Renten laufend erhöht wurden? W. war auch Regisseur als Akademiker. Unter seiner Regie spielten Heinz Rühmann, Theo Lingen, Paul Bohne, Paul Wegener, Ernst Deutsch u. v. a. Seine Witwe hätte heute neben verschiedenen Beteiligungen Grundbesitz im In- und Ausland. Lehrerinnenwitwen erhalten bei Grundausbildung ihres Ehemannes nur über Volksschulen und Präparandie [auf das Lehreramt Vorbereitender – E. P.] monatlich 1.500,- Pension, Weihnachtsgeld und staatliche Zuschüsse bei Krankenlager etc.« Er wünschte von Juli 1969 an eine Rente von 1.500 Mark.

Die Bundesbahndirektion zahlte von 1971 an monatlich nur 1.250 Mark und einmal 4.000 Mark nach sowie eine Kurbeihilfe von 1.000 Mark. Das Reichshaftpflichtgesetz erlaube keine höhere Rente, teilte man dem T. mit. Das Argument verfing bei T. nicht, er kündigte an, sich wegen eines derart »uralten Gesetzes« an den Petitionsausschuss des Bundestages zu wenden. Das wurde von der Hauptverwaltung der Bundesbahn »als äußerst ungünstig angesehen.« In einer Beratung mit den Leitern der Abteilung Recht erhielten sie den Hinweis, dass das Gesetz geändert und die Haftpflichtrente vom 1. Januar 1978 auf monatlich 2.500 Mark angehoben wurde. Man überwies der Witwe »aus Billigkeitsgründen« einmalig 5.000 Mark und erhöhte wunschgemäß die Rente. Am 11. Juli 1989 starb Frau W. im Alter von 84 Jahren, deren Leben sich durch den Unfall in Kreiensen dramatisch verändert hatte.

4. Mythos Genthin: Smog oder Versagen?

Als man nach dem Unglück von Eschede mit 101 Getöteten rechnen musste, erklärten die Medien sogleich, Eschede sei nach dieser Zahl die größte deutsche Eisenbahnkatastrophe. Das war sie allerdings nicht, denn der Unfall in Genthin am 22. Dezember 1939 übertraf Eschede mit 186 Toten und 106 Verletzten bei weitem. Der Zusammenstoß der Schnellzüge 10 und 180 in der Weihnachtszeit des ersten Kriegsjahres war und ist von einem Mythos umgeben. Als 60 Jahre danach auf Betreiben von Handwerkern und Gewerbetreibenden der Stadt auf dem Bahnhofsvorplatz ein Denkmal aufgestellt worden ist, schrieb die Deutsche Presse-Agentur (dpa): »Die Ursachen der Katastrophe wurden nie restlos aufgeklärt.«

Das waren sie aber, und es ist auch darüber geschrieben worden. Dass der Eisenbahnunfall von Genthin zum Mythos wurde, lässt sich nur mit dem scheinbar Unfassbaren derart hoher Verluste an Menschenleben erklären. Die sparsame Berichterstattung vom Geschehen an dem Abend auf dem sonst ziemlich bedeutungslosen Bahnhof an der Strecke Berlin – Magdeburg förderte ebenfalls die Mythenbildung. Darüber hinaus verdrängten die weitaus schlimmeren Ereignisse während des Zweiten Weltkriegs das Interesse und die Erinnerung an diesen Eisenbahnunfall. Wenn nach 1945 über das Geschehen von Genthin geschrieben wurde, dann konzentrierten sich die Verfasser auf die schwer beschädigte Lokomotive 01 158 und das »Wun-

■ Der MITROPA-Schlafwagen vom D 180 schob sich über die umgestürzte Lokomotive 01 158. Foto: Lichtbildstelle des RVM

■ Das Denkmal auf dem Bahnhofsvorplatz nennt 278 Tote und 543 Verletzte, was nicht der Reichsbahn-Zählung entspricht. (2000) Foto: Preuß

■ Unten: Die Lage der Betriebsstellen.

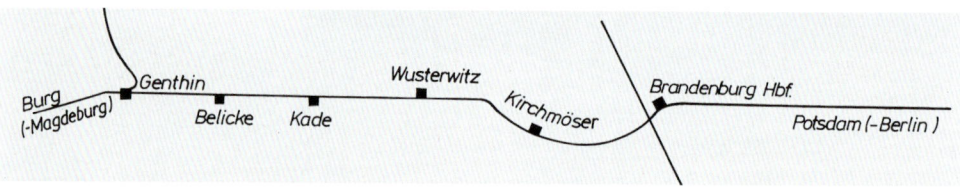

der«, dass sie im Reichsbahnausbesserungswerk Braunschweig wieder fahrtüchtig gemacht werden konnte.[1]

In der DDR machte sich ein Pastor um die »Geschichtsaufarbeitung« verdient, nachdem er sich auf dem Friedhof in Brandenburg über die Gräber mit gleichem Todestag gewundert hatte. Allerdings gehörten seine Schlussfolgerungen über die Ursache der Katastrophe zu einem Höhepunkt der Legendenbildung: Nicht durch Unaufmerksamkeit sei der Lokomotivführer Rudolf Wedekind am »Halt« zeigenden Blocksignal von Belicke vorbeigefahren, sondern als Opfer des auf dem Führerstand herrschenden Smogs!

Doch der Reihe nach. Am späten Abend des 21. Dezembers 1939 fuhr der D 10 gegen 23.15 Uhr vom Potsdamer Bahnhof in Berlin ab nach Köln. Er hielt bis Magdeburg in Potsdam,

---

1   Die Lokomotive wurde bei der Reichsbahn in der DDR auf Ölfeuerung umgebaut, fuhr unter der Nummer 01 0531, im Januar 1984 ist sie wieder auf Rostfeuerung umgestellt worden.

■ Das Blocksignale von Belicke, aus Richtung Genthin gesehen.   Foto: Lichtbildstelle des RVM

■ Trümmer der Wagen, die 186 Menschen in ihnen, das Leben kosteten. Darunter, hinter der Leiter, liegt die Lokomotive.   Foto: Lichtbildstelle des RVM

> **Die Schuld an dem Genthiner Zugunglück**
>
> Telegraphische Meldung.
>
> **Genthin,** 7. Juni. Vor der 6. Magdeburger Strafkammer, die im Genthiner Amtsgerichtsgebäude tagte, fand am Donnerstag die folgenschwere Eisenbahnkatastrophe, die sich am 22. Dezember vorigen Jahres um 0.52 Uhr auf dem Bahnhof in Genthin ereignete — 187 Personen fanden den Tod und 100 wurden verletzt — ihr gerichtliches Nachspiel. Wegen fahrlässiger Eisenbahnbetriebsgefährdung, fahrlässiger Tötung und fahrlässiger Körperverletzung hatten sich der 52jährige Lokomotivführer Rudolf Wedekind aus Magdeburg, der 45 Jahre alte Reservelok-

■ Die Berliner Illustrierte Nachtausgabe berichtete am 7. Juni 1940 vom Ausgang des Prozesses.

Brandenburg Rb und in Burg. Eine halbe Stunde später folgte D 180 vom Potsdamer Bahnhof nach Saarbrücken, der jedoch von Potsdam bis Magdeburg keinen Unterwegshalt hatte und deshalb 16 Minuten schneller als D 10 war. Am 22. Dezember verspätete sich D 10, weil in Potsdam und Brandenburg der Andrang der Reisenden größer als an anderen Tagen war, und auf dem Bahnhof Kade musste der Zug sogar halten, befand sich doch im vorgelegenen Blockabschnitt ein Militärzug. So summierte sich die Verspätung bis Genthin auf 27 Minuten.

Unterdessen folgte D 180, dessen Lokomotivführer an der verzögerten Freigabe der Haupt- und Vorsignale bemerkte, dass ein Zug vor ihnen lag, wie es im Eisenbahnjargon heißt. Ungeachtet dessen fuhr Lokomotivführer Wedekind »scharf«, das heißt, er bremste nicht sofort, wenn er ein Vorsignal in Warnstellung sah, sondern kalkulierte, das folgende Hauptsignal werde sich bei der Annäherung des Zuges in »Fahrt frei« verwandeln. Das funktionierte auch bis zur Blockstelle Belicke.

Dort muss er sowohl das Vorsignal in der Warnstellung als auch das »Halt« des Blocksignals übersehen haben.[2] Während der Blockwärter Gustav Jakob das Horn nahm und Haltsignale blies, die nicht aufgenommen wurden, und anschließend die Schrankenbude und das Stellwerk »Go« von Genthin rief: »Haltet den D 180 zurück, er hat in Belicke das Haltsignal überfahren!«, rauschte der Schnellzug weiter nach Genthin.

Nun zeigten das Einfahrvorsignal und das Einfahrsignal grünes Licht. Diese Fahrtstellung hatten die Signale noch für die Durchfahrt des D 10 und nicht für den folgenden D 180. Dabei kam es zu einem weiteren Missgeschick, als der Stellwerkswärter Friedrich Seeger die elektrische Handlampe ergriff, sie mit der roten Scheibe abblendete und sich ans Fenster stellte, um

---

2 Das war nicht das erste Mal: Bereits in den Jahren 1917, 1922 und 1931 fuhr Lokführer Wedekind an Halt zeigenden Signalen vorbei. Am 22. Juni 1925 hielt er hinter dem Ausfahrsignal von Groß Quenstedt, weil er sich nicht im Klaren war, welches Signalbild das Signal gezeigt hatte!

■ Der Lokomotivführer und seine Maschine kamen wieder auf die Beine. Aus der 01 158 wurde die Reko-Lok 01 0531, ab 1984: 01 1531.

den Zug 180 aufzuhalten. Er war zu schnell, hätte besser die Hebel von Vor- und Einfahrsignal auf »Halt« legen sollen. Das rote Licht sah nun dummerweise der Heizer vom Zug 10. Er rief zum Lokomotivführer: »Halt, der winkt mit rotem Licht!« Daraufhin bediente dieser die Schnellbremse, und der Zug kam im Bahnhof zum Halten. Nach einem Augenblick fuhr Zug 180 auf, ein Zusammenstoß mit den bekannten verheerenden Folgen.

Die 6. Strafkammer des Landgerichts Magdeburg, das am 6. Juni 1940 den Ort des Prozesses nach Genthin verlegte, verurteilte Wedekind zu drei Jahren Gefängnis, sprach den Reservelokführer Rudolf Nussbaum, der Lokomotivheizer des D 180 war, und den Stellwerkswärter Friedrich Seeger frei. Wie Wilhelm Krüger in einem Leserbrief dem Verantwortlichen Redakteur des Lok-Magazins, Horst J. Obermayer, 1989 mitteilte, sei Wedekind von 1945 bis 1955 wieder als Lokomotivführer im Bahnbetriebswerk Magdeburg Hbf gefahren, sogar Lehrlokführer und Lokfahrmeister gewesen.

Ungerechtes Urteil?

In den späten Berichte in Büchern über Eisenbahnunfälle und in der Zeitschrift »Lok-Magazin« werden das Urteil als ungerecht bezeichnet, wird gefragt, warum nicht wenigstens der Stellwerkswärter für seine überstürzte Handlung bestraft wurde und werden Einzelheiten falsch dargestellt, um dann alle Erkenntnis zum Hergang, zur Ursache und zur Schuldfrage zweifelhaft erscheinen zu lassen. Auch ein angeblicher Freitod des Blockwärters von Belicke in jener Unfallnacht darf nicht fehlen als ein Eingeständnis, doch dem D 180 das Blocksignal auf Fahrt gestellt zu haben. Oder zeigte es noch für den D 10 »Fahrt frei«?

Ich habe die Polizeiakte abgeschrieben, sie enthielt auch die Aussage des Blockwärters von Belicke, der nach Karl Lindners Ausführungen im Lok-Magazin 43/1970 in der Unfallnacht sich das Leben genommen haben soll, aber Tage nach dem Ereignis noch lebte. Die Behauptung vom Freitod des sich angeblich schuldig fühlenden Eisenbahners ist ein weiteres Beispiel der Legenden, die sich um die Genthiner Katastrophe ranken.

Die zahlreichen Spekulationen berücksichtigen nicht die polizeilichen Akten, die im Landeshauptarchiv Sachsen-Anhalt gelesen werden können. [28][3] Die Vermutungen verraten ebenso Unkenntnis über die Wirksamkeit von Sicherungseinrichtungen. Denn das wiederholte Auffahrtstellen eines Hauptsignals ist allenfalls möglich, wenn man ein Siegel löst (das war in Belicke nicht der Fall), und das Blocksignal von Belicke konnte für D 10 nicht auf Fahrt stehen, sonst wäre das Ausfahrsignal von Kade verschlossen gewesen. Anders formuliert: Hätte das Blocksignal von Belicke noch für D 10 auf Fahrt gestanden, wäre es dem Blockwärter nicht möglich gewesen, nach Kade zurück zu blocken. Dann wäre es wiederum auf dem Bahnhof Kade unmöglich gewesen, das Ausfahrsignal auf Fahrt zu stellen. Dass dieses Ausfahrsignal aber für den D 180 »Fahrt frei« zeigte und damit der Blockabschnitt bis Belicke – mit dem »Halt« des dortigen Blocksignals am Ende des Blockabschnitts! – geräumt war, bestritt niemand.

Die zweifelnden Verfasser können sich nicht erklären, dass ein Lokomotivführer die Warnstellung eines Vorsignals und die Haltstellung eines Hauptsignals übersieht. Dabei gibt es in der Schwarzen Chronik der Eisenbahn genügend derartiger Fälle. Dass das Lokomotivpersonal nach einem solchen Malheur dann Signale in Fahrtstellung sieht, was das Ausmaß des Unfalls noch vergrößert, ist ebenfalls nicht einmalig, siehe Herne 1925, im Kapitel über die Katastrophe von Kreiensen genannt.

Der bereits genannte Geistliche, Pfarrer Joachim Grothe, begründete seinen Vorwurf, Wedekind sei zum Justizopfer geworden mit dessen Unschuld als Opfer von Smog im Führerstand und der Auffassung, die Vorbeifahrt an Halt zeigenden Signalen käme einem Selbstmordversuch gleich. Grothe sah die Grabsteine, fand im damaligen Staatsarchiv Magdeburg die Polizeiakte zum Genthiner Unfall, las sie – nach eigenem Bekunden – nur oberflächlich und machte sich, bar jeder Kenntnis vom Eisenbahnwesen, seinen Reim auf das Fehlverhalten des Lokomotivführers nach dem Motto »Es kann nicht sein, was nicht sein darf.«

Die Vorbeifahrt an den Vorsignalen in Warnstellung der rückgelegenen Bahnhöfe wertete er als viermalige Vorbeifahrt an Halt zeigenden Signalen, die Fahrweise als rücksichtslos. So verhält sich nur ein Geistesgestörter oder jemand, der ohne Bewusstsein fährt. Woher könnte die Bewusstseintrübung kommen? Der »Wehrmachtszug D 10«, so schrieb Grothe in seinem Manuskript, habe Rauch hinterlassen, in den der D 180 fuhr. Die Abgassituation sei noch verschärft worden, als hinter Kade der Heizer neue Kohlen aufwarf. »Dadurch entstanden neuer Rauch und somit auch neue Rauchgase, die in erster Linie der Lokomotivführer zu atmen hatte.« Der Lokomotivführer sei durch Rauchgase, insbesondere Kohlenmonoxid, vergiftet worden. Er durfte deshalb nicht verurteilt werden.

Das umfangreiche Manuskript schickte Grothe der »Fahrt frei«, Zeitung der Eisenbahner, wo es auf dem Schreibtisch des Kulturredakteurs Albert G. Schuchardt landete. Der war sogleich begeistert von dem Thema, bot es doch eine Abwechslung zu sonstigen Beiträgen seiner Kulturseiten und Serien über Arbeiterfestspiele und töpfernde Eisenbahner. Er redigierte den Grothschen Text und fügte mit dessen Einverständnis noch die gesellschaftskritischen Gesichtspunkte ein, damit die Schilderung des Eisenbahnunfalls nicht auf Missfallen des Herausgebers stieß. Unzufrieden blieb Chefredakteur Heinz Groth, der das Manuskript Professor

---

3 Die Gerichtsakten sind wahrscheinlich verloren gegangen.

Griesbach, Hochschule für Verkehrswesen »Friedrich List« in Dresden, schickte, der es begutachten sollte. Der riet von der Veröffentlichung ab.

Schuchardt ärgerte sich und übergab es listig Rudi Hermann, dem neuen Chefredakteur der Zeitschrift »Modelleisenbahner«. Der suchte nach Themen, um seine Hefte lebendig erscheinen zu lassen. Damals war im Verlag oft von Valutaeinnahmen auch durch den Export des »Modelleisenbahners« die Rede. Da konnte die sensationelle Darstellung der Katastrophe von Genthin hilfreich sein, wenn sich der West-Bürger für solche Enthüllungen interessiert. Eigentlich blamierte sich die Zeitschrift mit der Veröffentlichung in den Heften 1/1982 bis 4/1982 und den Autor. Es gab Briefe und mündliche Äußerungen, was für ein Unsinn diese Smog-Theorie sei.

Meine intensive Beschäftigung mit Eisenbahnunfällen, von 1965 bis 1974 auch beruflich, meine für die Berichterstattung in der »Fahrt frei« regelmäßige Teilnahme an Prozessen, wenn über Eisenbahnunfälle verhandelt wurde, reizten mich, dem Mythos Genthin auf den Grund zu gehen und sich in Magdeburg die Akten anzusehen. Der Hinweis »Kopien werden grundsätzlich nicht gefertigt« schreckte den Benutzer des Archivs ab, er musste viel schreiben. Ich habe die Polizeiakte abgeschrieben, sie enthielt auch die Aussage des vermeintlichen Selbstmörders von der Blockstelle Belicke.

Der Hergang war plausibel

Was ich im Archiv las, war auch durch meine Erfahrungen in der Berufspraxis plausibel. Für Eisenbahnunfälle war ich in der Reichsbahndirektion Cottbus zuständig. Ich wusste: Es gibt nichts, was es nicht geben könnte. Dazu gehören Beteuerungen, die Bremsprobe korrekt erledigt zu haben, selbst wenn die Druckluftleitung des Zuges mit der Lokomotive nicht verbunden war. Ebenso der Glaube, das Signal in »Fahrt frei« gesehen zu haben. Warum sollte die Katastrophe von Genthin nicht genauso auf einem derartigen Irrtum beruhen? Die Smog-Theorie des Autors Grothe offenbarte beides – Naivität und Ahnungslosigkeit. Ich verfasste eine Gegendarstellung, die im »Modelleisenbahner« 12/1984 veröffentlicht wurde. Damit hätte die Angelegenheit beendet sein können. Aber Grothe schrieb mehrere Briefe an den Verlagsdirektor, in denen er sich darüber beschwerte, dass jemand seinen Hypothesen widersprach und er nicht in die Bearbeitung des Artikels von Herrn Preuß einbezogen worden war. Rudi Hermann, Verantwortlicher Redakteur des »Modelleisenbahners«, hätte die Pamphlete in den Papierkorb werfen können. Stattdessen versuchte er den Konsens und lud zum Meinungsaustausch ein. Der brachte nichts, denn Grothe ging weder auf seinen noch auf meinen Beitrag ein, sondern sprach, wenn es um konkrete Sachverhalte ging, weitschweifig von Kriegserlebnissen.

Herr Grothe zeigte sich offensichtlich überfordert, wenn es um Eisenbahnunfälle ging, und enttäuscht, dass man seiner Hypothese vom Smog auf der Lokomotive als sensationelle Enthüllung der wahren Ursache dieser Katastrophe nicht folgen wollte. Doch Hermann hatte in dem Streitgespräch erwartet, dass ich mich revidiere und bei Grothe entschuldige. Das lag mir fern. Das übernahm aber der »Modelleisenbahner« durch die Veröffentlichung »Nachbemerkungen der Redaktion« in der Ausgabe 9/1985, als sie veröffentlichte »…daß wir uns in Anbetracht des verdienstvollen Bemühens des Herrn Grothe, die wahren Unfallursachen aufzudecken, verfehlt war, die Mutmaßungen des Autors als ‚kühne Spekulation' abzutun.« Als sich Leser über diesen Beitrag amüsierten und einigermaßen empört der Redaktion Briefe schrieben, erhielten sie zur Antwort: »Weder Sie, noch die Autoren oder wir haben selbst auf der Lokomotive gestanden.« Folglich könne die eine oder andere Theorie stimmen. Was, auch andere Unfälle bedenkend, wahrscheinlich sein konnte, war der Redaktion zu viel Mühe.

5. Mülheim und Müllheim: Tragisches aus der Kaiserzeit

Die technische und organisatorische Entwicklung des Eisenbahnwesens verlief mehr oder weniger rasch, setzte viel zu oft allein auf die Pflicht und Aufmerksamkeit des ausgebildeten Personals. Rückschläge blieben nicht aus. Man sagt auch, die Vorschriften seien mit dem Blut der Unfälle geschrieben worden, will heißen: Jeder Unfall trug ein wenig zur Weiterentwicklung des Eisenbahnwesens bei. Es scheint, als seien um die Wende vom 19. zum 20. Jahrhundert zwar die Anforderungen an den Schienenverkehr enorm gestiegen, die Sicherungstechnik, die Bahnanlagen und die Bauart der Fahrzeuge aber habe nicht Schritt gehalten.

In dieser Epoche kam es zu zahlreichen Unfällen mit gewaltigen Schäden an Leib und Leben, am Gut und am Material. Doch auch in späteren Jahrzehnten blieb die Eisenbahn von tragischen Ereignissen nicht verschont, besonders dann, wenn es zu Rückständen in der technischen Ausstattung kam und die Sicherheit allein durch Verhaltensanforderungen garantiert werden sollte.

Auf dem Bahnhof Mühlheim am Rhein (später Köln-Mühlheim) stieß am 30. März 1910 der »Lloyd-Express« mit dem Sonderzug 40 zusammen. 22 Menschen wurden getötet, 56 verletzt. Paul Justin von Breitenbach (1850 – 1930), Minister der Öffentlichen Arbeiten von 1906 - 1918, berichtete Kaiser Wilhelm II., der sich in Homburg a. d. Höhe aufhielt, von diesem Unfall: Der Sonderzug war »zur Beförderung von Militärurlaubern von Dortmund nach Metz eingelegt wor-

■ Der Lloyd-Express mit der Lokomotive »Koeln 634« war nicht aufzuhalten, meinte einige. Er traf den Zug mit Militärurlaubern. Foto: Slg. Preuß

den. Er sollte in Mülheim von der Bahnstrecke Düsseldorf – Cöln auf die Bahnstrecke Cöln-Deutz – Troisdorf – Ehrenbreitstein übergehen. Als er vor dem Signal A H in Mülheim zur vorgeschriebenen Zeit um 1 Uhr 48 Minuten Nachm. Eintraf, konnte die Erlaubniß zur Einfahrt in das Bahnsteiggleis V [...] noch nicht ertheilt werden, weil Gleis V durch einen Zug besetzt war. Der Zug mit den Urlaubern des XVI. Armeekorps kam daher vor dem Signal A H zum Halten. Um 1 Uhr 53 Minuten wurde Einfahrerlaubnis ertheilt. Die Ingangsetzung des Zuges verzögerte sich jedoch um ein Geringes, weil die Anfahrt in einer Steigung erfolgte. Inzwischen näherte sich der Lloydzug 174 Hamburg – Genua auf dem Hauptgleis Düsseldorf – Cöln dem Bahnhof Mülheim. Ihm wurde durch Signal A v mit dem zugehörigen Vorsignal Fahrerlaubnis für die Bahnstrecke bis zum Signal F v ertheilt. Dies konnte unbedenklich geschehen, da das Signal Fv vor der Abzweigung der Gütergleise nach Kalk Nord sich in der Haltstellung und das zugehörige Vorsignal in der Warnungsstellung befand, sodaß hierdurch der Urlauberzug gedeckt war. Weder das Vorsignal noch das Signal F v wurden vom Lokomotivführer des Lloydzuges beachtet. Der Zug fuhr vielmehr in die vom Urlauberzug noch besetzte Bahnstrecke ein.« [22]

Ablauf und Fehlverhalten wie bei den Unfällen in Kreiensen und Genthin! In Mülheim herrschte trockenes Wetter, und es war hell am Tage. Selbstverständlich behauptete der Lokomotivführer, die Signale in der Fahrtstellung gesehen zu haben, was aber nicht zutreffen konnte. Die Haltsignale vom Stellwerk »Mnt« übersah das Lokomotivpersonal wie auch den in dem Fahrweg anfahrenden Sonderzug. Das Signal F musste »Halt« gezeigt haben, denn die Signale waren durch den Streckenblock untereinander abhängig. Nach Vorbeifahrt des einen Zuges, also hier des Urlauberzuges, konnte das Signal für den folgenden Zug erst auf Fahrt stellen, wenn der Zug zurückgeblockt worden war. Das beteiligte Stellwerk »Mnt« konnte den Verschluss nicht aufheben, das war nur auf elektrischem Wege durch das mitwirkende Stellwerk »Mbt« möglich und auch das nur, wenn der Urlauberzug einen Schienenkontakt befahren hatte und das zugehörige Hauptsignal die Haltstellung einnahm. Der Urlauberzug befand sich noch vor dem auf Fahrt stehenden Signal. Eigenmächtige oder versehentliche Abweichungen von der Reihenfolge der Signal- und Blockbedienung waren durch die Abhängigkeit der Zugfahrt und des Signals unmöglich. Auch hatte man Zeugen, die das Haltsignal für den Lloydzug bestätigten. Überfordert war das Lokomotivpersonal nicht, sicherlich lag ein Versehen vor.

Der Zusammenstoß mit dem letzten Wagen des Urlauberzuges bewirkte, dass sieben Wagen an verschiedenen Stellen entgleisten, der drittletzte schob sich in den viertletzten, wobei der Wagenkasten völlig zerstört wurde. Von den Soldaten wurden 19 getötet, 39 schwer und 17 leicht verletzt. Drei der Schwerverletzten starben im Krankenhaus. Verletzt wurden außerdem zwei Schaffner des Urlauberzuges, ein Kellner und ein Reisender des Lloydzuges nur leicht verletzt. Die Lokomotive des Lloydzuges wurde nur leicht beschädigt.

Hohe und weniger hohe Auszeichnungen

Nach diesem schweren Unfall beantragte der Minister beim Kaiser hohe Orden für jene Leute, die sich bei der Rettung von Reisenden verdient gemacht hatten, darunter den Bürgermeister, Dr. Konrad Löhe, der den Rothen Adlerorden 4. Klasse erhalten sollte. Für das Allgemeine Ehrenzeichen wurden Werkmeister und Feuerwehrleute vorgeschlagen. Lediglich eine Anerkennung von den Vorgesetzten erhielt der Lokomotivführer, der seinen Eilzug von Opladen unmittelbar vor der Unfallstelle zum Halten brachte. Der Verband der Lokomotivführer erklärte sich bereit, dem Lokomotivführer des Lloyd-Zuges einen Rechtsbeistand zu stellen, der ihn im Strafverfahren verteidigen sollte.

Frankfurt, 1. April.

ck [Zur Psychologie der Eisenbahn-Katastrophen.] Angesichts des furchtbaren Eisenbahnunglücks bei Mülheim am Rhein, bei dem so viele junge Menschenleben ein jähes, grauenvolles Ende fanden, gewinnen die Untersuchungen besonderer Bedeutung, die ein bekannter amerikanischer Eisenbahningenieur, Charles R. Mewes, über die großen Eisenbahnunfälle angestellt hat und die die Ursachen der immer wiederkehrenden Katastrophen in ein besonderes Licht rücken. Bei den meisten Unfällen mögen wir auf die gleichen Gründe: irgend ein Beamter durchbricht die aufgestellte Ordnung, ein Signal wird übersehen, eine Weiche versehentlich falsch eingestellt. Das Ende ist gewöhnlich, daß irgend ein kleiner Bahnbeamter als schuldig erkannt wird, man entläßt ihn, er wird verurteilt, und die Sache ist damit abgeschlossen. Dabei übersieht man die eigentlichen tieferen Ursachen, die bei den modernen Eisenbahnen die Katastrophen entstehen lassen. Mit der Verurteilung der „Schuldigen" ist da garnichts getan. Die **Unvollkommenheit des menschlichen Geistes**, das ist die Ursache der meisten Eisenbahnkatastrophen, und die Gefahren können nur verringert werden, wenn diese psychologischen Zusammenhänge erkannt und in Rechnung gesetzt werden. Auf den modernen Bahnen sind die Einrichtungen so vervollkommnet, daß die allerwenigsten Unfälle auf technische Mängel zurückgeführt werden können. Die kleinen Verbesserungen, die sich mit der Zeit vielleicht noch herausbilden werden, sind so gut wie bedeutungslos angesichts der Statistik, die die meisten Unfälle auf **Fahrlässigkeit** einzelner Individuen zurückführt. Diese „Fahrlässigkeit" ist fast immer eine momentane Schwäche der Gehirntätigkeit, wie sie das Leben täglich mit sich bringt. Man kann im Eisenbahndienst diese „Unaufmerksamkeit des Menschengeistes" in zwei Kategorien teilen: In der einen Gruppe von Fällen ist es ein Versagen des Gedächtnisses, in der anderen das Erwachen eines rätselhaften, unkontrollierbaren Dranges, der Ordnung der Dinge entgegen zu handeln. Diese geistigen Zustände sind an sich unheilbar; alles Streben muß darauf gerichtet sein, durch technische Mittel ihre Folgen unmöglich zu machen. Ein vollkommenes Gedächtnis gibt es nicht, der Trug lebt uns so täglich, ohne daß schlimme Folgen eintreten, aber in einem großen Bahnbetriebe entstehen daraus dann schwere Unglücke. So lange die Dinge gewohnheitsmäßig ablaufen, ist die Gefahr gering. Aber in dem Augenblick, wo irgend etwas Besonderes dem gewohnten Lauf kommt: ob dies nun ein in den täglichen Fahrplan besonders eingeschobener Sonderzug ist oder ein unerwartet anders stehendes Signal, eine Reaktion tritt ein und stört auf Augenblicke den gewohnten Gedankenablauf. Wenn die Technik helfen soll, so kann das nur in der Richtung geschehen, daß Mittel gefunden werden, die automatisch die **Irrtümer** der Menschengeister berichtigen. Diese müssen so gestaltet sein,

daß der menschliche Fehler durch die einfache Tatsache seines Auftretens z. B. einen Zug automatisch zum Halten bringt. Der Betrieb müßte dann unmöglich gemacht werden, daß zwei Züge hintereinander die gleiche Weiche passieren oder daß ein Zug nach einem Haltesignal überhaupt noch weiter fahren kann.

■ In der »Frankfurter Zeitung« philosophierte jemand mit der Unvollkommenheit des menschlichen Geistes und forderte Mittel, die automatisch die Irrtümer berichtigen.

Zur Mülheimer Eisenbahnkatastrophe.

In unserm Bericht über das furchtbare Unglück in Mülheim am Rhein hatten wir bemerkt, daß sich die Wagen der Internationalen Eisenbahn-Schlafwagengesellschaft, aus denen der Lloyd-Expreßzug zusammengesetzt war, bei dem Zusammenstoß gut bewährt hätten. Es war dies eine Feststellung tatsächlicher Art, von der wir nicht erwartet hätten, daß sie zum Ausgangspunkt von Betrachtungen werden würde, die, wie in gehässigster und urteilslosester Art mit der angeblich verschiedenen Bewertung und Behandlung der Luxusreisenden und der weniger kapitalkräftigen Fahrgäste durch die Eisenbahnverwaltung befassen. Das Schlimmste hierin leistet wohl die Rheinische Zeitung, das Kölner sozialdemokratische Parteiblatt, das sich nicht scheut, selbst diese erschütternde Katastrophe für seine Parteiinteressen auszubeuten und von einem Zusammenstoß zweier Welten zu reden, bei dem die eine, wie auch sonst im Leben, als Amboß dienen müßte. Wir hätten keinen Anlaß, uns mit diesen Räsonnements, die hier wirklich nicht am Platze sind, und ebenso wenig mit einer ähnlichen Betrachtung, die im Tag veröffentlicht worden ist, zu beschäftigen, wenn nicht das sozialdemokratische Organ auch eine positive Behauptung brächte, die im Interesse der Wahrheit und um einer verhängnisvollen Irreführung der öffentlichen Meinung vorzubeugen, zurückgewiesen werden muß. An die erwähnte Bemerkung der Kölnischen Zeitung über die Güte der D-Zugwagen, der es zu verdanken gewesen sei, daß von den Fahrgästen des Lloydzuges niemand verletzt wurde, wird in der Rheinischen Zeitung die Frage geknüpft, warum umgekehrt die **Wagen des Soldatenzuges** jämmerlich zerdrückt worden seien, und die Antwort lautete kurz und bündig: „Weil sie aus alten Kasten bestanden! Weil der Eisenbahnfiskus kein Geld übrig hat, um auch der großen Masse anständige und lebensreiche Beförderungsmittel zu bieten!" Wie steht es nun in Wirklichkeit mit diesen „alten Kasten" des Soldatenzuges? Von seinen 10 Wagen wurden gebaut: einer im Jahre 1890, einer 1891, einer 1893, **drei 1900**, einer 1901, drei 1905; das Durchschnittsgewicht eines Wagens hat bei dem Urlauberzug 21,4 t betragen. Demnach kann von alten Kasten, aus denen die soliden D-Zugwagen zertrümmert werden mußten, nicht geredet werden. Und vor allem dürfte das Blatt wissen, daß sich nicht diese „so soliden Wagen" mit „unerhörter Wucht in die des andern Zuges hineingebohrt" haben, sondern die Maschine. Wäre das Umgekehrte der Fall gewesen, d. h. hätte sich die Maschine des Soldatenzuges in ihrer Fahrt hemmenden Lloydpreßzug hineingebohrt, dann hätten wohl auch dessen Wagen dem Anprall ebensowenig widerstanden, und ihre Fahrgäste hätten dasselbe Schicksal gehabt, wie es diesmal die Insassen des Soldatenzuges getroffen hat.

■ Die »Kölnische Zeitung« wies darauf hin, dass der Soldatenzug aus »alten Kasten« der Baujahre 1890 bis 1905 bestand, die durch solide D-Zugwagen zertrümmert werden mussten.

Die Presse des Rheinlandes und die »Westfälische Zeitung« veröffentlichte mehrere Artikel, die sich mit dem Unfall beschäftigten, darunter zur Frage, ob es angeht, dem Zugführer aus Sparsamkeitsgründen die Aufgaben des Packmeisters zu übertragen, sodass dieser sich nicht mehr an der Signalbeobachtung beteiligen kann. »Zur Psychologie der Eisenbahnkatastrophen« waren zwei Beiträge überschrieben, die sich mit der »Fahrlässigkeit einzelner Individuen« und mit jener Erscheinung beschäftigten, die man später »dynamischer Stereotyp« nennen wird. Die Abweichung vom Gewohnten wurde als gefährlich bezeichnet, was auch zutrifft. Denn auffällig ist, wie oft verspätete Züge an einem Unfall beteiligt sind.

Am 7. April 1910 hatte der Minister im preußischen Abgeordnetenhaus zum Unfall Stellung zu nehmen, auch zu Vorkehrungen, bei denen der Zug automatisch angehalten wird, sofern er unzulässig an einem Haltsignal vorbeifährt. »Wir lehnen sie zur Zeit ab, weil die unabhängig

Die in Bielefeld erscheinende Westfälische Zeitung illustrierte die schreckliche Nachricht mit Skizzen, »welche unmittelbar nach dem Unglück angefertigt sind.«

vom Willen des Führers vollziehende Bremsung nur dazu führt, seine Aufmerksamkeit zu mindern.« Eine solche Einrichtung sei die Gefahrsteigerung statt Gefahrminderung. Eher sei ein akustisches Signal geeignet, dem Führer eine Hilfe zu geben, meinte von Breitenbach. Die Staatsbahnverwaltung lege »entscheidenden und großen Wert auf die Auswahl und die Heranbildung des im Betriebe tätigen, insbesondere des Lokomotivpersonals, wobei es nicht notwendig sein wird, die fachwissenschaftliche Bildung dieses Personals weiter zu vertiefen, als dieses heute geschieht. Im Betriebe kommt es auch ganz überwiegend auf moralische Qualitäten an, wie Ruhe, Besonnenheit, ausgeprägte Pflichttreue.« Eben die preußischen Tugenden.

Schlafend nach Müllheim

An Trinker unter den Lokomotivführer hatte der Minister gewiss nicht gedacht, aber die Entgleisung eines Eilzuges am 17. Juli 1911 auf dem im Großherzogtum Baden gelegenen Bahnhof Müllheim warf grundsätzliche die Fragen auf, wie viel Alkohol im Dienst könnten hingenommen werden. Dies sei vorweg genommen: Einig wurde man sich nicht.

Am Montag, dem 17. Juli 1911, vormittags um 8.32 Uhr entgleiste ein aus Basel kommender Eilzug bei der Einfahrt in den Bahnhof Müllheim. 14 Personen wurden getötet, 10 schwer und viele andere leicht verletzt. Auch der durch das Unglück hervorgerufene finanzielle Schaden war bedeutend, der technische belief sich auf 130.500 Mark, und für die Ansprüche der Verletzten und Hinterbliebenen mussten innerhalb eines Jahres fast eine Million Mark aufgewendet werden.

Das »Oberbadische Volksblatt« schrieb am 20. Juli: »Die Toten- und Verletztenliste lässt erkennen, mit welch harter Hand das Unglück in einige Familien eingegriffen hat. Besonders schwer heimgesucht wurde die Familie des Bahnschaffners Warthmann aus Basel. Der 14jäh-

■ Die ungebremste Fahrt eines Lokomotivführers führte zum Trümmerhaufen auf dem Bahnhof Müllheim. Dieser Unfall im Großherzogtum Baden war für Jahrzehnte das Schulbeispiel für überhöhte Geschwindigkeit und Alkohol im Dienst. Foto: Slg. Preuß

rige Sohn und die 13jährige Tochter wurden auf den Bahnsteig geschleudert und waren sofort tot, ein Fräulein Warthmann wurde schwer verletzt, die Mutter nur leicht.« Die Berichterstattung dieser in Lörrach erscheinenden Zeitung erschöpfte sich an diesem Tage in der detaillierten Schilderung von Schicksalen, denn über die Ursache der Zugentgleisung gab es nur Vermutungen, die von den Journalisten bezweifelt wurden.

Der ungenannte Berichterstatter erinnerte an frühere Eisenbahnkatastrophen in Hugstetten 1882 (70 Tote) und Heidelberg 1882 (26 Tote); mit der Bahn zu verreisen, konnte gefährlich sein. »Über das Unglück selbst, wie über das Bild der Unfallstelle«, die vom Militär abgesperrt worden war, »gingen die Berichte oft recht auseinander. Übereifrige Berichterstatter sahen weit mehr als sich wirklich zugetragen und wußten über Dinge zu berichten, die keineswegs der Wirklichkeit entsprachen.« Lokomotivführer Platten soll immer wieder betont haben, die Bremsen hätten nicht funktioniert. »In bahntechnischen Kreisen begreift man nicht, warum der Lokomotivführer, als er merkte, daß die Bremse nicht in Tätigkeit trat, keine Warnsignale gegeben hat. Nach Art der Sachlage hätte das schon weit vor Einfahrt in die Station geschehen müssen. Denn dort hätte der Führer die Pflicht gehabt die Bremsen zu ziehen. In dieser Hinsicht, ob die Bremse wirklich versagte herrscht noch Ungewissheit, die Bahnbehörden bezweifeln es. Ob es sich aber bei dem trümmerhaften Zustand des Unglückszuges jemals feststellen lässt, erscheint fast unwahrscheinlich.«

Mit der Behauptung, die Bremsen versagten, ist man schnell zur Hand, schon um das eigene Unvermögen zu bemänteln. Zu der Entgleisung kam es beim Befahren einer Umbaustelle (der Bahnhof erhielt einen Bahnsteigtunnel zum Zwischenbahnsteig). Deswegen war das

■ In großer Aufmachung erschien der Bericht vom Unfall im Oberbadischen Volksblatt.

■ Der umgestürzte Gepäckwagen des Schnellzuges 9. Die Männer stehen auf den Resten des ersten Personenwagens, die in der Baugrube liegen.
Foto: Slg. Preuß

durchgehende Hauptgleis der Richtung Basel – Freiburg unbefahrbar, und die Züge mussten auf das Mittelgleis ausweichen, dabei die Baustelle nur mit höchstens 20 km/h befahren. Der Unfallzug fuhr aber mit 100 km/h, nicht weil die Bremsen versagten, sondern weil der Lokomotivführer nicht rechtzeitig gebremst hatte. Er war von der letzten Station an, in Schliengen, fest eingeschlafen. Das bei der polizeilichen Vernehmung nicht einzugestehen, sondern die Schuld dem Bremsversagen zu geben, war sein Recht als Beschuldigter.

Die Polizei ermittelte aber in eine andere Richtung. Sie meinte, das Versagen des Lokomotivführers Platten habe am Alkoholgenuss gelegen, und wurde in dieser Vermutung von Zeugen bestätigt. Platten vertrug erhebliche Mengen, er muss eine an Alkohol gewöhnte Person, wenn nicht sogar ein Gewohnheitstrinker gewesen sein.

Wein und Bier

Am Vortage fuhr er Züge von Offenburg nach Basel und zurück und benutzte die Mittagspause, um 1 Liter Bier und 0,4 Liter badischen Weißwein zu trinken. Am Abend, gegen 18 Uhr, trank er nochmals 1,8 Liter Bier und ging gegen 22.30 Uhr ins Bett. Er stand gegen 2 Uhr nachts wieder auf, nach nur rund 4 Stunden Schlaf, denn er hatte einen Luxuszug nach Basel mit Abfahrt 2.42 Uhr zu führen. Dort kam er gegen 4.28 Uhr an. Nachdem er den Bahnhof verlassen hatte, trank er, ohne etwas zu essen, 0,4 Liter französischen Rotwein, 0,2 Liter badischen Weißwein und ein Gläschen Hefeschnaps. Um 8.02 Uhr fuhr er mit dem Unglückszug in Basel ab. Es war warm, Platten litt unter der Hitze auf dem Führerstand, sodass ihn die Müdigkeit

■ War das nun die Wirkung des genossenen Alkohols? Slg. Preuß

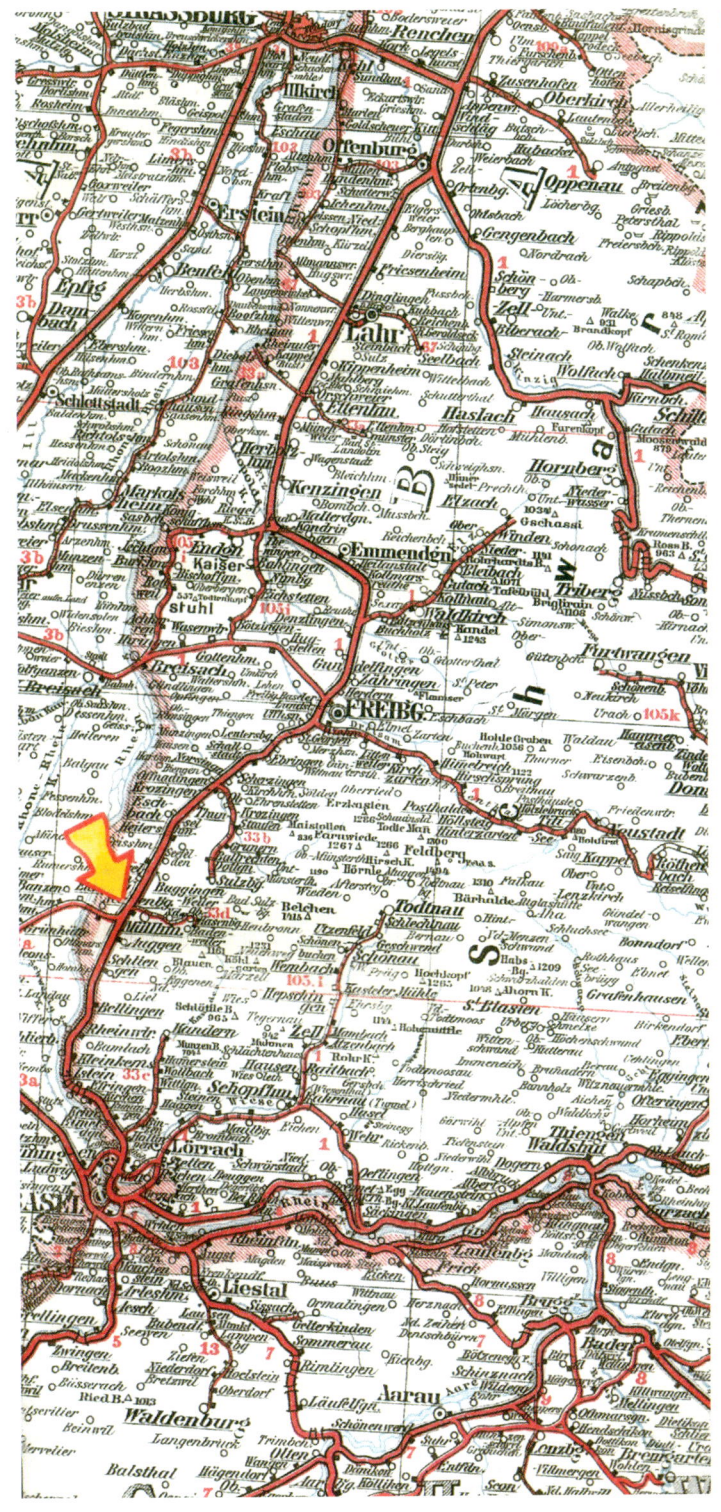

■ Die gewundene Strecke zwischen Basel und Müllheim gab eigentlich schon früher Anlass zu einer Entgleisung.
Entnommen: Koch's Eisenbahn- und Vekrehrsatlas, Leipzig 1901

übermannte. Dazu trug sicherlich auch seine Erkrankung an Arteriosklerose bei, durch die er eigentlich nicht mehr für den anstrengenden Dienst auf den Lokomotiven geeignet gewesen ist. Ohnehin war er vor dem Müllheimer Unfall durch verschiedene Unregelmäßigkeiten aufgefallen. Trotzdem zogen ihn die Vorgesetzten aus Mitleid nicht aus dem Schnellzugdienst zurück. So streng, wie oft behauptet, ging es zu Kaisers Zeiten gar nicht zu.

Im Verfahren vor dem Landgericht Freiburg erstatteten Prof. Dr. Marbe das psychologische und Prof. Dr. Bumke das neurologisch-psychiatrische Gutachten. Nach den damals möglichen Berechnungen (vor der Zeit der Blutalkoholfeststellung in Promillegrenzen) hatte der Lokomotivführer am Vortage (16. Juli) in Offenbach und in Basel 12,8 Gramm und am Unfalltag (17. Juli) 53,5 Gramm Alkohol getrunken. Eine Umrechnung auf die uns geläufigeren Blutalkoholwerte und deren Resorption ist schlecht möglich, aber Prof. Dr. Marbe erklärte bereits damals, dass der Lokomotivführer in den 18 Stunden vom 16. Juli, 14 Uhr, bis zur Abfahrt des Unfallzuges mindestens 178,3 Gramm Alkohol getrunken habe, davon am Morgen vor dem Unfall 53,5 Gramm.

Kraepelin und seine Schüler, die sich als erste systematisch in Laborversuchen mit der Alkoholwirkung befassten, stellten fest, dass verschiedene geistige Leistungen nur erschwert oder überhaupt nicht mehr ausgeführt werden konnten. Als größere Dosis Alkohol werden Mengen von 30 bis 40 Gramm Alkohol bezeichnet. Obwohl der Alkoholgehalt der Biere, Weine und Branntweine sehr schwankt, blieb der Gutachter der Auffassung, dass der Alkoholgenuss den Schlaf des Lokomotivführers gefördert habe. Besonders wichtig sei auch der Umstand, dass unter Alkohol die psychischen Hemmungen wegfallen oder reduziert sind und dass sich bei der Aufnahme von etwa 60 Gramm Alkohol ein mehr oder weniger starkes Ermüdungsgefühl einstellt. Außerdem macht Alkohol unvorsichtig, reduziert Pflichtgefühl und die Aufmerksamkeit. Der Angeklagte gab infolge des Alkoholgenusses im Dienst bei schlechtem Pausenregime seinem Schlafbedürfnis nach.

Die Ausführungen des Gutachters Marbe zum Alkohol und seinen Wirkungen waren die ersten vor Gericht im Zusammenhang mit einem Eisenbahnunfall. Bis dahin und auch später war der Einfluss von Alkohol auf die Dienstfähigkeit umstritten. Bier, wenn auch in der leichten Variante, war das vorherrschende Erfrischungsgetränk, Mineralwasser oder ähnliche Durstlöscher ohne Alkoholzusatz unbekannt. Man konnte dann höchstens Wasser trinken, dessen Güte jedoch vielfach zu wünschen übrig ließ. Deshalb war es überhaupt nicht seltsam, wenn Eisenbahner vor dem Dienst oder während des Dienstes sich in Gaststätten niederließen, um ihren Durst zu löschen. Noch bis 1960 wurde in den Kantinen Bier angeboten, das die Rangierer wie selbstverständlich zum Frühstück tranken. Nach schlimmen Vorfällen wurde dieser Verkauf eingestellt.

Streit der Gutachter über den Alkohol

Beim verhandelten Unfall von Müllheim folgte nicht jeder Marbes Ausführungen. Sie wurden als »nur seine Überzeugung« dargestellt, denn es war doch auch möglich, dass der Angeklagte auch ohne Alkohol eingeschlafen wäre. Prof. Bumke stellte fest, dass Lokführer Platten an leichter Arteriosklerose litt und deshalb die Widerstandsfähigkeit gegenüber seinem Schlafbedürfnis herabgesetzt war. Man muss berücksichtigen, dass Marbe Psychologe und Bumke Psychiater war. Der Psychologe prüft und bewertet Teilleistungen, der Psychiater versucht, die ganze Persönlichkeit zu übersehen. Immerhin sah das Gericht den Alkoholgenuss als Hauptursache der Schläfrigkeit des Lokomotivführers an. Es verurteilte den Angeklagten Platten wegen fahrlässiger Tötung und fahrlässiger Körperverletzung mit Gefährdung eines Eisenbahntransportes zu einer Gefängnisstrafe von zwei Jahren und vier Monaten unter Anrechnung der Untersuchungshaft. Der Zugführer musste ein halbes Jahr ins Gefängnis, denn er sah von seinem erhöhten Sitz im Gepäckwagen spätestens ab Idstein, dass der Lokomotivführer schlief. Er hielt mit Hilfe des Notbremsventils den Zug auch nicht an, als der immer schneller wurde (schon auf der Strecke), auch nicht bei der Bahnhofseinfahrt.

Was hat denn der Heizer getan? War es nicht seine Aufgabe, alles zu tun, um Gefahren während der Fahrt zu erkennen und abzuwenden? Erst unmittelbar vor dem Bahnhof Müllheim rief er dem Lokomotivführer zu, er soll bremsen, und im allerletzten Augenblick vor der Entgleisung stellte er, ohne zu bremsen, den Dampf ab.

Der Staatsanwalt wollte vom Gutachter Prof. Marbe wissen:
Wie viel Sekunden brauchte er,
1. um das Versäumnis des Lokomotivführers sich vorzustellen,
2. seiner Verantwortung klar zu werden, dass auch er Gefahren abzuwenden hat,
3. sich zum Notbremsen zu entschließen,
4. diesen Entschluss auszuführen?

Die von Marbe angestellten Versuche ergaben, dass dem Heizer keineswegs mehr als 4 Sekunden zur Verfügung standen für die Zeit, das Versagen des Lokomotivführers zu erkennen, zu überlegen, wie er eingreifen könne und diesen Entschluss auch auszuführen. Anfangs erhob die Verteidigung Einspruch gegen die im Laborversuch errechneten Werte, musste sich aber dann nach einer Versuchsreihe auf den Lokomotiven von der Richtigkeit dieser Weg-Zeit-Berechnungen überzeugen lassen. Der Heizer hatte nur 4 Sekunden Zeit, das Unglück zu verhüten. Er wurde als nicht überführt freigesprochen.

Der nun kriminalisierte Alkoholgenuss beim Führen eines schienengebundenen Fahrzeuges war nicht die einzige Besonderheit im Prozess nach dem Unfall von Müllheim. Erstmals wurde der Tathergang in seinen Weg-Zeit-Beziehungen rekonstruiert und wahrscheinlich auch der Begriff der »Schrecksekunde« eingeführt. Mit ihr wird seitdem auch im Straßenverkehr erklärt, warum es in einem Moment zur Handlungsunfähigkeit kommt. Obwohl ein Schreck nicht eine Sekunde dauert. Der unbekannt gebliebene Heizer brauchte zu lange Zeit, um zu handeln und das Drama zu verhindern.

Das Bremsversagen

Wenden wir uns drei weniger schwerwiegenden Unfällen zu – wenn auch nicht mehr in der Kaiserzeit, sondern in der Weimarer Republik –, die verdeutlichen, wie unterschiedlich ihre Ursachen sein können. Immer wieder wird in der Öffentlichkeit wie von den betroffenen Eisenbahnern mit dem Bremsversagen argumentiert. Nicht jedes Mal ist das eine Schutzbehauptung, wie es die Katastrophe von Elsterwerda 1997 zeigte, um von der wirklichen Ursache abzulenken.[1] Da funktionierende Bremsen für den Eisenbahnbetrieb unabdingbar sind, darf (und durfte) man eine Behauptung, die Bremsen hätten versagt, nicht auf die leichte Schulter nehmen, sondern muss prüfen, ob das tatsächlich der Fall ist und, wenn ja, warum. Der Vorstand des Maschinenamtes Aachen hatte 1922 Anlass dazu. Noch dazu in einer Zeit, als alle Reisezüge mit der Druckluftbremse fuhren, Güterzüge aber noch handgebremst oder nur teilweise luft-

---
[1] Mehr dazu im 8. Abschnitt

■ Bis zum 27. Mai 1995 fuhren die Personen von Neuß auf einem Stumpfgleis vor der Stirnseite des Bahnhofsgebäudes ein (2007). Die Lokomotive traf die Wand dort, wo es jetzt eine helle Verkleidung gibt.   Foto: Preuß

■ Am 8. Februar 1922 nannte die »Dürener Zeitung« in ihrem Bericht die Namen der Getöteten und Schwerverletzten.

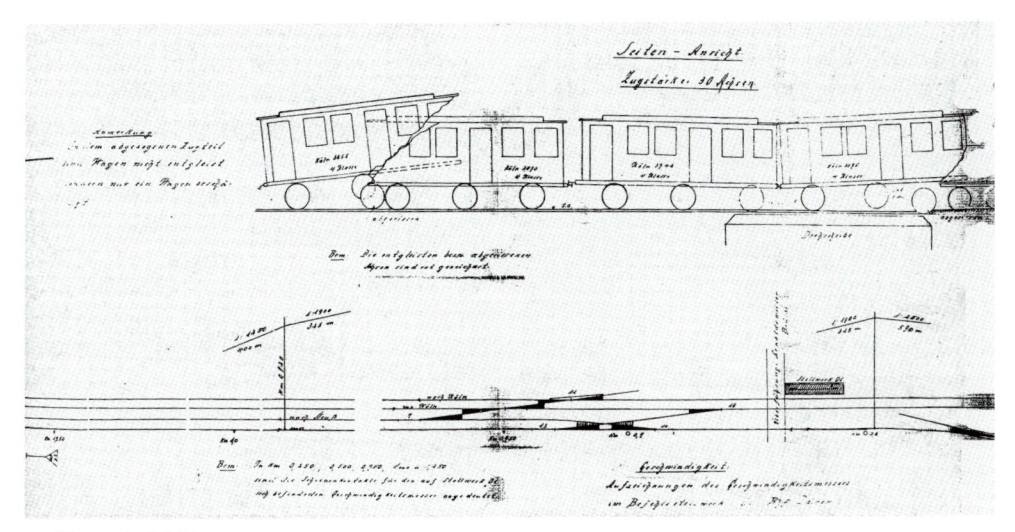

■ Skizze aus der Unfallakte.

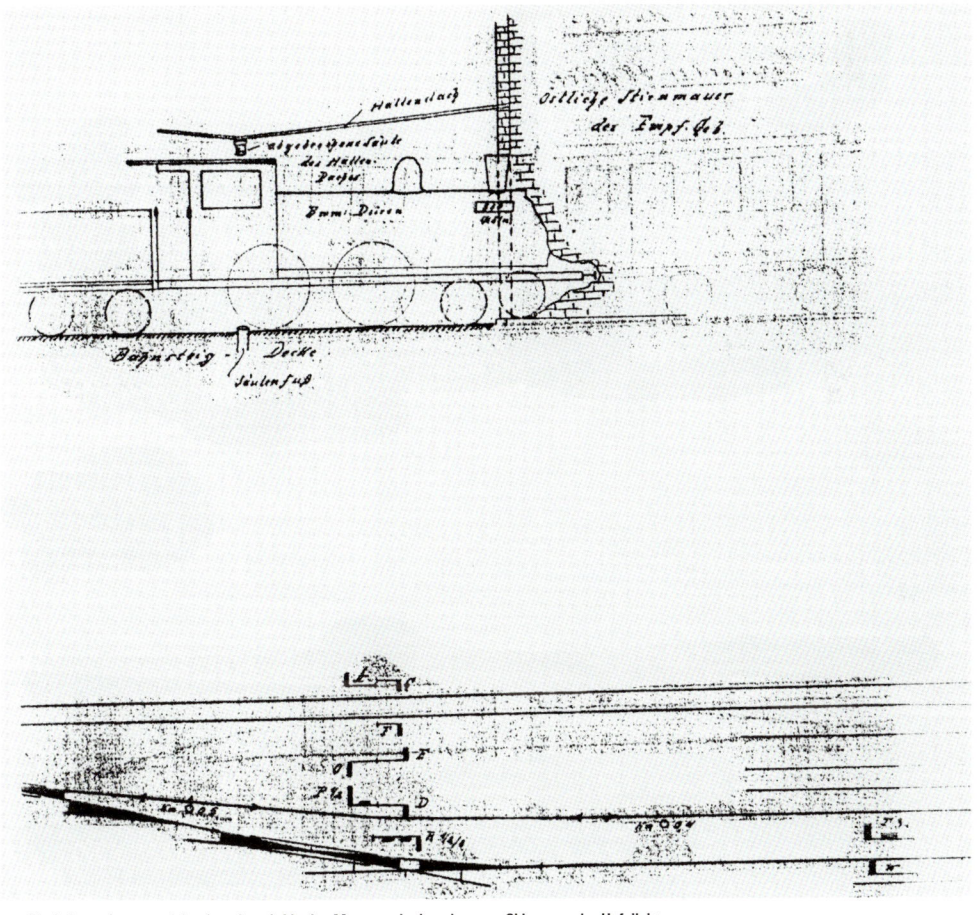

■ Die Lokomotive war nicht einmal so tief in das Mauerwerk eingedrungen. Skizze aus der Unfallakte.

gebremst und unter den Eisenbahnern einige Vorbehalte gegen diese technische Neuerung bestanden.

In Düren fuhr am 7. Februar 1922, um 1.42 Uhr, der Personenzug 298 von Neuß ein. Er überfuhr »infolge Versagens der Luftdruckbremse die für sein Einfahrgleis richtig liegende Drehscheibe sowie den anschließenden Kopfbahnsteig und kam erst zum Halten, nachdem die Lokomotive die Außenwand des Empfangsgebäudes eingedrückt hatte und in den sich auftürmenden Mauerwerksmassen stecken geblieben war«, berichtete das Betriebsamt Köln im Unfallbericht vom 8. Februar 1922. [23]

Im Stellwerk »Ot« maß ein Apparat die Geschwindigkeit der in die Stumpfgleise fahrenden Züge. Danach ermäßigte sich die Geschwindigkeit des Personenzuges einen Kilometer vor dem Gleisende von 43 km/h auf 30 km/h. Vermutlich donnerte die Lokomotive »Köln 530« mit dieser Geschwindigkeit in die Hauswand, wobei sie stark beschädigt wurde. Aus den Trümmern der Wagen 4. Klasse 3855 und 3070 Köln barg man vier Tote und sechs Schwerverletzte. Ob das Lokomotivpersonal unter den Getöteten war, lässt sich den überlieferten Akten nicht entnehmen. Wohl der Untersuchungsbericht des Oberregierungsbaurats Frank, Vorstand des Maschinenamtes Aachen, der versuchte, der Unfallursache auf den Grund zu gehen. Man kann sein Herangehen und seine Niederschrift als mustergültig bezeichnen.

Der Maschinenvorstand untersuchte

»An der Lokomotive war die Kupplung der Luftschläuche zwischen Lokomotive und Tender bereits gelöst. Die Lösung der Kuppelung hatte bald nach dem Unfall durch den Lokomotivführer Viehöver der Betriebswerkstätte Düren, der sich als Vertreter des Beamtenrats an der Unter-

■ Ziemlich überrascht müssen die Gäste im Wartesaal I. Klasse von Frankfurt (Main) gewesen sein, als am 6. Dezember 1901 ein Zug einfuhr. Slg. Heym

■ Stumpfgleise vor und in Bahnhofsgebäude waren immer heikel, wie diese Aufnahme von Paris-Montpartnasse am 23. Oktober 1895 zeigt. Foto: Slg. Preuß

■ Unaufmerksam soll der Lokomotivführer gewesen sein, der am 14. Februar 1900 mit einem Viehzug auf dem irischen Bahnhof Harcourt einfuhr und den Prellbock auf die Straße drückte.

suchung des Unfalls beteiligte, stattgefunden. In der an der Lokomotive befindlichen Schlauchhälfte war im Kuppelungskopf der Durchströmquerschnitt vereist, während im Kupplungskopf der am Tender befindlichen Schlauchhälfte der Durchströmungsquerschnitt durch einen Eispfropfen völlig geschlossen war. Nach Abnahme dieser Schlauchhälfte wurde durch Abtasten des Schlauchinnern mittels eines Holzstabes von der Rohranschlussseite aus festgestellt, dass sich in dem nach dem Kuppelungskopf zu gelegenen Schlauchende etwa auf 1/3 der Schlauchlänge Eis gebildet hatte.

Diese Eisbildung hatte, soweit durch Abtasten ermittelt werden konnte, zunächst porösen, trichterförmigen Charakter und verdichtete sich schließlich in dem metallischen Kuppelungskopf zu einer dichten Eismasse, die offenbar das ganze Kuppelungsstück ausfüllte. Durch Auftauen gelang es, außer dem Schmelzwasser und kleiner Eisstückchen zwei Eisstücke von je etwa 2 bis 3 cm Länge und Fingerdicke zu entfernen.

Hierauf war der Schlauchdurchgang völlig frei. Verschmutzungen irgendwelcher Art fanden sich in dem Schlauche nicht vor. Das an die Hauptluftleitung des Tenders angeschlossene Schlauchende sowie diese Rohrleitung selbst waren eisfrei.

Etwa 75 cm von der Schlauchanschlussstelle entfernt befand sich in der Tenderluftleitung der gusseiserne Tropfbecher. Beim Lösen der Entwässerungsschraube des Tropfbechers trat kein Wasser aus, weil die ganze Öffnung durch Eis verschlossen war. Durch Einführen eines Eisendrahtes durch die Rohranschlussöffnung in den oberen Teil des Tropfbechers wurde festgestellt, dass die in der inneren Scheidewand des Tropfbechers befindliche Öffnung durch Eisbildung verschlossen war.

In dem etwa ³/₄ m langen Eisenrohrstück zwischen Tropfbecher und Kupplungsschlauch war keine Vereisung wahrzunehmen. Nach Auftauen des Tropfbechers wurde demselben eine Wassermenge entnommen, die etwa einem Drittel seines Fassungsvermögens entsprach. Die an der Lokomotive befindliche Schlauchhälfte sowie die anschließende Rohrleitung war bis zur Abzweigung der nach dem Führerbremsventil führenden Leitung etwa zu 1/4 bis 1/3 des freien Querschnitts vereist.«

Maschinenamt-Vorstand Frank stellte in den Luftschläuchen der Wagen und an der Tenderrückseite keine Vereisung und im Hauptluftbehälter kein Wasser fest. Wie man sich denken kann, kam er zu der Schlussfolgerung, dass der starke Frost in den Kupplungsköpfen zwischen Lokomotive und Tender sowie in der anschließenden Rohrleitung der Lokomotive zu einer allmählichen Eisbildung geführt hat, worauf der Querschnitt fortschreitend vermindert bis völlig verstopft wurde. Diese Verstopfung wird aber erst unmittelbar vor der Einfahrt in den Bahnhof Düren eingetreten sein, denn auf dem vorgelegenen Bahnhof Elsdorf funktionierte die Druckluftbremse ohne Anstände. Bei der weiteren Fahrt über 15 km bzw. in 22 Minuten brauchte nicht gebremst zu werden, sodass der Lokomotivführer das Malheur nicht bemerkte. Er hat aber gebremst, weil Zeugen das Anlegen der Bremsen gehört haben. Nur wirkten die Bremsen nicht mehr.

Da der Hauptluftbehälter ohne und der Tropfbecher nur eine geringe Menge Wasser enthielt, war der vorgeschriebenen Leerung dieser Behälter von Wasser Genüge getan. Sicherlich überlegte man in der DR-Hauptverwaltung, wie man derartiger Eisbildung zuvorkommen konnte. Von konstruktiven Lösungen abgesehen, gehört dazu das regelmäßige Abblasen der Druckluft, wenn Schlauchverbindungen gekuppelt werden.

Technische Vorgänge, die man nicht beobachten kann, sind schwer zu prüfen und zu beurteilen. Was bei einer Zugfahrt zwischen Rad und Schiene geschieht, ist ein solcher Vorgang, der nach einem Unfall mitunter rätselhaft bleibt.

Uneinig über die Ursache

Am 24. Juni 1926 entgleiste in km 88,1 der Strecke Andernach – Gerolstein zwischen Hohenfels und Pelm der Personenzug 1008. Die Lokomotive und ein Wagen stürzten eine 8 m hohe Böschung hinunter, andere Wagen entgleisten. 20 Personen wurden verletzt, darunter das Zugpersonal.

Dr. Sarter, Präsident der Reichsbahndirektion Trier, hatte an der Unfallstelle der Ursache auf den Grund zu gehen. Lag es am Oberbau, lag es an der Lokomotivkonstruktion oder an beidem? Hatte der Lokomotivführer auf der geneigten Strecke die zulässige Höchstgeschwindigkeit von 40 km/h überschritten? Der Oberbau der preußischen Form 6 e mit 15 m langen Schienen war erst 1922 verlegt worden und befand sich in einem guten Zustand. Im Gleisbogen von 250 m Halbmesser hielt sich die Spurerweiterung in den zulässigen Grenzen, aber an der Entgleisungsstelle war die Spur über das zugelassene Maß um 3 mm verengt und anschließend um 1 mm erweitert. Ursache oder die Folge der Entgleisung? »An der Entgleisungsstelle befindet sich eine Senke von 20 mm (das ist 10 mm tiefer als die vorgeschriebene Überhöhung)«, mussten die Baufachleute einräumen. [24]

Die Lokomotive der Gattung T 14 (Baureihe 93) entgleiste mit der ersten Laufachse. »Als weitere Folge der Entgleisung trat durch die zwischen Lauf- und 1. Treibachse bestehende Spannung eine seitliche Verschiebung des in der anschließenden Geraden liegenden Gleises ein, die zu dem Unfall führte. Durch das plötzliche verdrückte Gleis entgleisten auch die ande-

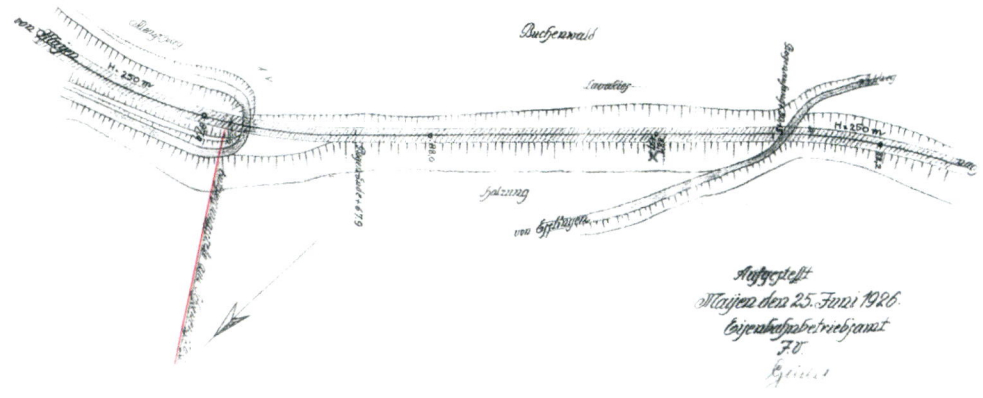

■ Ein Auszug aus der Unfallakte.

ren Achsen der Lokomotive.« Die Lokomotive hatte eine Achslast von 17,3 t, befuhr aber eine Strecke, die nur auf 16 t Achslast ausgelegt war. Die Seitenverschiebbarkeit der vorderen Laufachse betrug 50 mm, vorgeschrieben waren 80 mm.

Auf eine Ursache des Unfalls konnte man sich in der Reichsbahndirektion nicht einigen und fand deshalb den Kompromiss: »die schwere Kurvenläufigkeit, ein ungünstiges Nicken oder Schlingern der Lokomotive und die Senke im Oberbau an der Entgleisungsstelle haben bei der Entgleisung zusammengewirkt.«

Wem galt das »Oben raus!«?

Wie erlebt ein Reisender den Augenblick, wenn es zum Unfall, zum Zusammenstoß mit einem anderen Zug kommt? Die »Magdeburger Zeitung« druckte am 27. März 1926 eine solche Schilderung ab: »Ich fuhr am Freitag morgen im vorletzten Wagen des Zuges, der von Staßfurt um 6.30 Uhr im Magdeburger Hauptbahnhof eintreffen soll. Der Wagen war einer der früheren Durchgangswagen mit Plattformen vorn und hinten. Die Bänke zum Sitzen sind an den Längswänden aufgestellt. [um viel Platz für Stehplätze zu schaffen – ein Wagen 4. Klasse, E. P.] Ich saß auf der Bank linkerhand, also auf der Seite, von der aus im Hauptbahnhof die Lokomotive in den Zug fuhr.

Wie das meistens der Fall ist, waren wir unterwegs noch ein bisschen eingeschlafen. Als der Zug über die ersten Weichen vor dem Hauptbahnhof ratterte, wurden wir munter. Immerhin waren wir noch etwas verschlafen, als der Wagen plötzlich einen Stoß erhielt.

Bei diesem ersten Stoß hatte ich das Gefühl, als ob die Notbremse gezogen worden sei. Dabei fuhr mir der Gedanke durch den Kopf, dass vielleicht das Einfahrsignal noch geschlossen sei. An die Möglichkeit eines Unglücks dachte ich nicht.

Wenige Sekunden später gab es einen zweiten Stoß, der jetzt viel heftiger war. Mein Blick fiel durch das Fenster der Türe, die auf die Plattform in der Fahrtrichtung hinausführt. Da merkte ich zu meinem Schrecken, wie die Rückwand dieses Wagens auf uns zurückte.

Alles war das Werk weniger Sekunden. Ein furchtbares Krachen und Splittern folgt. Ein Ruck

Schweres Eisenbahnunglück auf dem Magdeburger Hauptbahnhof.

Zusammenstoß einer Lokomotive mit einem Lokalzuge. — 31 Personen verletzt.

Drahtbericht unseres Korrespondenten.

.l. Magdeburg, 26. März. Auf dem hiesigen Hauptbahnhof ereignete sich heute morgen ein **verhängnisvoller Zusammenstoß.** Eine leerfahrende Lokomotive fuhr in den von **Blumenberg** kommenden **Lokalzug** hinein und zertrümmerte vier Wagen vierter Klasse, die von **Arbeitern**, die aus der Gegend kamen, dicht besetzt waren. 31 Personen wurden verletzt, darunter **sechs schwer.** Todesopfer sind glücklicherweise keine zu verzeichnen. Vier Hauptgleise waren mehrere Stunden hindurch vollkommen verbogen, so daß der Verkehr eingestellt werden mußte. Erst gegen ½9 Uhr vormittags konnte er wieder eröffnet werden.

Der aus Blumenberg kommende Lokalzug 801B. ist auf dem Magdeburger Hauptbahnhof um 6.30 Uhr morgens fällig. Mit diesem Zuge treffen gewöhnlich die in der Umgebung wohnhaften Arbeiter ein, die in den verschiedenen Magdeburger Betrieben beschäftigt sind. Der Zug hatte heute morgen einige Minuten Verspätung, und als er signalisiert wurde, war der Hauptbahnhof nicht frei, so daß der Lokalzug bei der letzten Weiche einige Minuten anhalten mußte. Plötzlich kam eine leerlaufende Lokomotive vom Rangierbahnhofe her und fuhr mit voller Geschwindigkeit

in den stehenden Lokalzug hinein.

Der Führer der Lokomotive, der die Gefahr im letzten Augenblick bemerkt hatte, gab zwar **Gegendampf**, konnte jedoch die Maschine nicht mehr aufhalten.

Die Wirkung des Zusammenstoßes war 6½ Uhr erhielt der Führer der einen Lokomotive vom Stellwerk aus das Signal zur Einfahrt. Bezüglich hat gleichzeitig der Führer der **anderen** Lokomotive das Signal auf sich bezogen und setzte die Lokomotive in Fahrt, die dann dem

Personenzug in die Flanke gefahren ist.

Von einer Dienstüberlastung des schuldigen Lokomotivführers kann keine Rede sein, da er nach einer 28stündigen **Ruhepause** erst heute morgen um 5 Uhr seinen Dienst angetreten hatte. Der Magdeburger Bahnhofsvorsteher erklärt, daß es sich lediglich um ein unglückliches Zusammentreffen verschiedener Momente handele, der Lokomotivführer sei einer der besten und zuverlässigsten Beamten.

Der Bericht eines Augenzeugen.

Einer der unverletzten Passagiere des Zuges machte Ihrem Korrespondenten über den Zusammenstoß folgende Mitteilung:

„Ich fuhr in dem vorletzten Wagen des Zuges, der auf dem Magdeburger Hauptbahnhof von dem schrecklichen Unfall betroffen wurde. Es war einer von den alten Wagen, die vorn und hinten Plattformen haben und deren Bänke entlang der Längswand aufgestellt sind. Bis kurz vor Magdeburg hatten wir, wie gewöhnlich, geschlafen. Von dem Rattern über die Weichen des Hauptbahnhofs wachten wir auf. Wir waren noch halb verschlafen, als wir einen **heftigen Stoß** verspürten; es war, als sei eine Notbremse gezogen worden. An eine andere Möglichkeit dachten wir gar nicht. Gleich darauf gab es einen **zweiten, viel heftigeren Stoß.** Zufällig blickte ich durch das Fenster

■ War das Ausmaß der Flankenfahrt wirklich so schlimm, wie in der »Magdeburger Zeitung« dargestellt?

wirft mich und die anderen, die auf der linken Bank sitzen, zu der entgegengesetzten Seite des Wagens. Hinter uns verschwindet die Seitenwand, verschwindet die Bank, auf der wir eben gesessen haben, verschwindet noch ein Teil des Bodens und der Decke. Große und kleine Splitter wirbeln durch die Luft. [...] Mir schien, als währte der Zusammenprall eine halbe Ewigkeit.

Als ich die Wand des vorherfahrenden Wagens auf uns zu rücken sah, hatte ich das Gefühl, als wenn der Tod auf uns zu käme, als wenn ich erdrückt werden sollte. Blitzschnell kam mir die Erinnerung an eine ähnliche Lage im Felde, als ein Volltreffer unseren Unterstand zusammendrückte. Als ich in diesem Augenblick den Stoß erhielt, der mich auf die rechte Seite des Wagens warf, dachte ich eigentlich gar nichts, sondern achtete nur darauf, möglichst ungefährlich zu fallen. Zugleich erblickte ich hinter mir eine gähnende Leere, und ich hatte sofort das Bewußtsein, dass das Unglück für mich und die anderen im Wagen glimpflich abgelaufen war.«

Begeben wir uns in die nüchterne Welt der Beamten von der Reichsbahndirektion Magdeburg, die sich den Hergang dieses Ereignisses zu erklären und es für die Berichte zu Papier zu bringen hatten. So viel stand fest: Um 6.30 Uhr des 26. März 1926 war im Stellwerksbezirk »Mm« auf dem Hauptbahnhof Magdeburg dem einfahrenden Zug 241 eine Lokomotive in die Flanke gefahren. Vier Personenwagen, die übrigens infolge ihrer Holzaufbauten den Reisenden keinerlei Schutz vor solchen Zusammenstößen boten, wurden erheblich beschädigt und dabei 36 Personen verletzt.

Wenige Minuten vor dem Zug 801 aus Staßfurt kam Zug 432 von Cöthen (später Köthen) am Bahnsteig I auf Gleis 4 O an.[2] Jemand hängte die Lokomotive ab, und man fuhr bis zum Stell-

---

[2] Die Ostseite war der Teil, den die Berlin-Potsdam-Magdeburger und die Magdeburg-Halle-Leipziger Eisenbahn zum Zentralbahnhof beigesteuert hatten.

werk »Mno«, um hier die Einfahrt des Zuges 241 von Oebisfelde abzuwarten, der nach Gleis 1 O an den Bahnsteig III fuhr. Anschließend sollte, wie jeden Morgen, die Lokomotive des Köthener Zuges in nun umgekehrter Richtung und Tender voran durch Gleis 2 O zum Stellwerk »Mm« und nach mündlichem Auftrag des Weichenwärters in den Lokomotivschuppen fahren.

Die Lokomotive des Oebisfelder Zuges wurde ebenfalls abgehängt und fuhr im Gleis 1 O weiter zum Stellwerk »Mm«, um dort, wie es bei der Köthener Lokomotive vorgesehen war, den mündlichen Auftrag zur Weiterfahrt in den Lokomotivschuppen zu erhalten. Häufig kam es vor, dass die beiden Lokomotiven auf den Gleisen 1 O und 2 O nebeneinander hielten. Deshalb war es selbstverständlich, dass der Wärter den Auftrag zur Weiterfahrt mündlich geben musste, um Missverständnisse auszuschließen.

Nicht ganz so war es an diesem Morgen, denn die Oebisfelder Lokomotive stand zuerst am Stellwerk »Mm« und durfte nach einem Augenblick weiterfahren. Da sie aber nicht über die Weiche 152, den kürzeren Weg, sondern über die Weiche 216 zum Schuppen fahren sollte, rief der Wärter dem Lokomotivpersonal nach: »Oben raus!« In diesem Moment näherte sich die Köthener Lokomotive dem Stellwerk, Lokomotivführer Reinhart sah eine Armbewegung des Wärters und hörte ebenfalls: »Oben raus!«, bezog den Zuruf auf sich und fuhr weiter. Er sah weder auf die Stellung der Weichen, noch hörte er Haltsignale, sondern fuhr über Gleis 2 O nach Gleis 5 O an den Bahnsteig I und dabei dem einfahrenden Personenzug von Staßfurt in die Flanke.

Die Reichsbahndirektion Magdeburg wusste, wer die Schuldigen sind, und teilte das auch dem Oberstaatsanwalt mit: Lokomotivführer Friedrich Reinhart und Reservelokführer Friedrich Kunze, der als Heizer fuhr, beide aus Coethen. Sie hatten den Fahrweg nicht beachtet und den Auftrag zur Weiterfahrt nicht abgewartet. »Schon bei geringer Aufmerksamkeit mußte er, [der Lokomotivführer – E. P.] zumal ihm die örtlichen Verhältnisse auf dem Hauptbfe Magdeburg genau und seit langem bekannt waren, sehen, daß das Einfahrsignal N 2 auf Fahrt stand. Dies hätte ihn unbedingt veranlassen müssen, seine Lok. anzuhalten, um sich über die Zulässigkeit der Weiterfahrt zu vergewissern. Auch standen die Weichen falsch. Es ist nicht zu verstehen, wie Reinhart trotz alledem unbekümmert weiterfahren konnte.« [25]

Weichenwärter Erdmann gab fortwährend Haltsignale mit der Mundpfeife und dem Arm, rannte die Stellwerkstreppe hinunter und nach 20 m hinter der Lokomotive her und dabei die Haltsignale gebend. Das Lokomotivpersonal achtete auf nichts, die Beamten der Direktion un-

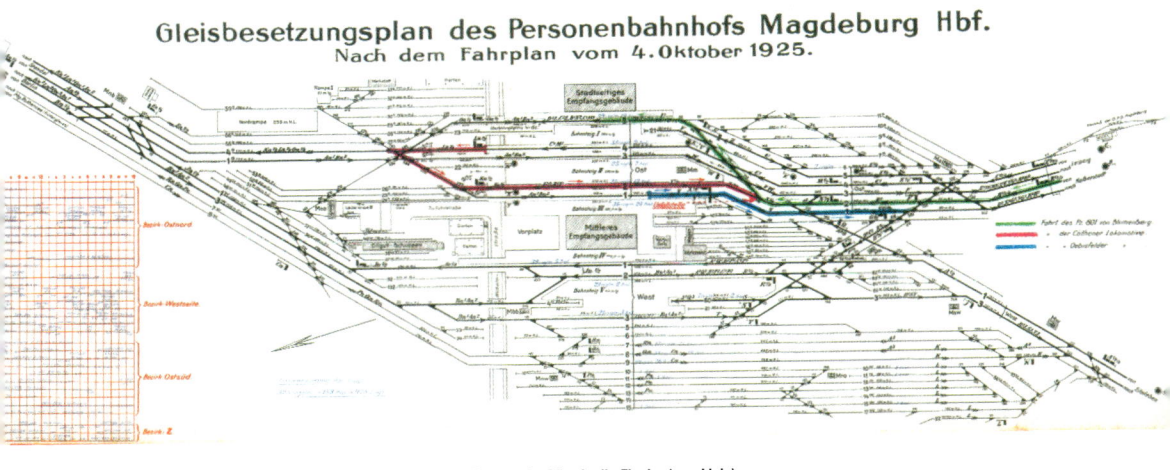

In der Weiche 116 fuhr die Lokomotive dem einfahrenden Zug von Staßfurt in die Flanke (rote Linie).

terstellten ihm das »Bestreben, möglichst schnell in den Lokschuppen zu kommen, um dienstfrei zu sein.« Hilfsweichenwärter Klodt stellte nach dem Unfall den Lokomotivheizer zur Rede, wobei er ihn unschicklich mit »Meister« ansprach, warum sie nicht die Haltsignale aufgenommen haben. Kunze: »Ich bin kein Lokführer!« Lehnte Kunze den Begriff »Meister« als Synonym für den Lokomotivführer ab, oder meinte er, was gehen mich als Heizer die Signale an? Das aufzuklären, überließ die Staatsanwaltschaft dem Ermittlungsverfahren.

Auch stand Meinung gegen Meinung, ob der Lokomotivführer den einfahrenden Zug gesehen habe. Reinhart bestritt das, ihm sei wegen der Gleiskrümmung die Sicht genommen worden. Ein Zweifel blieb: Ob vom Stellwerk »Mm« vielleicht doch aus Routine der Köthener Lokomotive ein Zeichen zur Weiterfahrt gegeben wurde? Der Vorwurf, der Lokomotivführer müsse doch an der Stellung des Einfahrsignals gesehen haben, dass ein Zug einfährt, war sicherlich unbegründet, weil ein Lokomotivführer während einer Rangierfahrt (das war die Fahrt vom Zug zum Lokomotivschuppen) nicht auf alle Signale eines Bahnhofs, schon gar nicht eines solch großen wie Magdeburg Hbf achten muss.

Es genügt bzw. ist schon einiges verlangt, wenn er darauf zu achten hatte, dass der Fahrweg frei ist, die Weichen und Gleissperren richtig gestellt sind und sich dem Fahrweg kein Fahrzeug in gefährdender Weise nähert. Weitere Vorschriften, die auf dieses Ereignis nicht zutrafen, sind hier nicht genannt. Man muss auch berücksichtigen, dass auf einer Dampflokomotive gegenüber den heute bekannten elektrischen und dieselbetriebenen Fahrzeugen die Sicht erheblich eingeschränkt ist. Entscheidend ist die klare und unmissverständliche Auftragserteilung, damals wie heute.

6. Lauffen und Dahlerau: Die schwächste Stelle

Deutsche Reichsbahn (West) wie Deutsche Reichsbahn (Ost) litten in der Nachkriegszeit unter einer miserablen Betriebssicherheit. Die einschlägige Literatur nennt viele Beispiele von Eisenbahnunfällen im Westen und Süden mit vielen Toten und noch mehr mit Dutzenden Verletzten:
- Aßling am 16. Juli 1945, 102 Tote[1];
- Neuwied am 22. Dezember 1947, 42 Tote;
- Walpertskirchen am 8. November 1951, 16 Tote;
- Dortmund Hbf am 18. Dezember 1954, 15 Tote;
- Zahnradbahn auf den Drachenfels am 14. September 1958, 18 Tote.

Die Deutsche Reichsbahn (West) und die ihr nachfolgende Deutsche Bundesbahn hatte mit dem Wiederaufbau der zerstörten Anlagen zu kämpfen, ohne dass sie dabei überragend finanziell unterstützt wurde. Manches lief, wie man den Berichten von damals entnehmen kann, chaotisch ab. Die Eisenbahner litten im harten Winter 1946/1947 wie die Bevölkerung am Mangel des Heizmaterials, bis zur Währungsreform 1948 an Hunger, sodass das Organisieren von Kohlen und Lebensmitteln wichtiger als die penible Beachtung von Vorschriften war.

■ 16 Tote forderte der Zusammenstoß zweier Züge 1951 in Walpertskirchen. Foto: Slg. Bürger

---

1 Und damit ein Toter mehr als in Eschede 1998, die Katastrophe wird als die schwerste nach 1945 bezeichnet!

■ Der Schrankenposten 47 in Lauffen, der zum Tatort eines Busunfalls wurde, besteht nicht mehr. Foto: Slg. Stadtarchiv Lauffen

Im Oberbau, an den Sicherungsanlagen, bei der Organisation des Betriebsdienstes und auch bei der Auswahl des Personals musste viel aufgeholt werden, was während des Krieges versäumt und liegengeblieben war. Auf eine Abhandlung über den Zusammenhang von Eisenbahn und veränderten gesellschaftlichen Verhältnissen insbesondere der bahnfeindlichen und autofreundlichen Verkehrspolitik soll in diesem Buch verzichtet werden. Nur so viel: Mit der Berufung Prof. Dr. Dr.-Ing. e. h. Heinz Maria Oefterings 1957 zum Ersten Präsidenten und Vorsitzer des Vorstandes der Deutschen Bundesbahn, begann die Ära, dass Bahnfremde das Unternehmen (1957 mit rund 533.000 Beschäftigten!) leiteten und nach ihrem Gusto rationalisierten.

Unter diesem Gesichtspunkt muss die Katastrophe von Lauffen an der Strecke Stuttgart – Heilbronn gesehen werden.[2] Beim Zusammenprall des Eilzuges 867 mit einem Linienbus der Deutschen Bundesbahn am 20. Juni 1959 starben 45 Menschen und 27 wurden verletzt. Seit 1954 fuhren auf der Schmalspurbahn Leonbronn – Lauffen statt der Züge fast nur Autobusse entlang der Strecke. Vor dem Bahnhof Lauffen (Neckar) mussten die Busse den Bahnübergang des Postens 47 befahren. Am Unfalltag stiegen zuvor ungewöhnlich viele Menschen in den Bahnbus, sie kamen von einem »Leichenschmaus«. Der Bus beförderte 71 Fahrgäste. Bei 59 Sitzplätzen mussten 12 Passagiere stehen. Angeblich hatte der Busfahrer weiteren Personen an der Bushaltestelle Wartenden den Zustieg verwehrt.

Als sich der Bus dem Posten 47 näherte, war der Eiltriebwagen 4864 vorbei gefahren, der Eilzug 867 der Gegenrichtung sollte folgen. Der Wärter öffnete nach dem ersten Zug die Schranken, der Bus rollte im Schritttempo weiter, als der Eilzug 867 Tübingen – Würzburg mit 80 km /h Geschwindigkeit herankam, in die Flanke des Busses fuhr und ihn 400 m weit mitschleifte. Zu den Getöteten gehörte auch der Busfahrer.

Schnell war der Schuldige gefunden und wenige Stunden nach der Katastrophe festgenommen: der 50-Jährige Schrankenwärter, der sich vor der Großen Strafkammer des Landgerichts

---

2 Ausführlich von Ritzau in: »Katastrophen der deutschen Bahnen 1945 bis 1992« [Pürgen 1992] behandelt.

Durch den Bewuchs ist der Gedenkstein ziemlich unauffällig geworden (2005). Foto: Preuß

Heilbronn zu verantworten hatte. Damals galt in West und Ost der Grundsatz: Die Schranken sind rechtzeitig zu schließen! Wann »rechtzeitig« war, blieb der mehr oder weniger großen Intelligenz des Schrankenwärters überlassen. Hauptsache, es passierte nichts. Bei zwei- und mehrgleisigen Strecken kam es keineswegs selten vor, dass nach der Vorbeifahrt des ersten Zuges der zweite Zug der Gegenrichtung vergessen und deshalb die Schranken vorzeitig geöffnet wurden. Die »Stuttgarter Zeitung« schrieb übrigens in einem Erinnerungsbeitrag am 20. Juni 1989 von Halbschranken. Das waren sie nicht; der Bahnübergang war »vollbeschrankt«.

Hatte der Schrankenwärter Schuld, oder war er durch irgendwelche Umstände gehindert worden, für den zweiten Zug die Schranken »rechtzeitig« zu schließen? War er zu spät über den Zug 867 benachrichtigt worden? Eigentlich galt doch der Streckenfahrplan. Kam der Zug zu früh? Konnten der rege Autoverkehr, die auf die im Bogen liegenden Gleise schlechte Sicht und die nachgehende Armbanduhr dazu beigetragen haben, die Schranken zur Unzeit zu öffnen oder zu spät zu schließen?

Am 27. Januar 1960 verkündete das Gericht den Freispruch. Der Schrankenwärter sei »die schwächste Stelle in einem an Fehlerquellen reichen Verkehrssystem«. Wahrscheinlich hatten die Richter (wie beim Eschede-Prozess) keine Lust, bei diesem Fahrlässigkeits-Straftatbestand der Wahrheit auf den Grund zu gehen. Das schmeckte der Staatsanwaltschaft nicht, sie legte beim Bundesgerichtshof Revision ein, der das Urteil aufhob und nach Heilbronn zurück verwies. Am 12. August 1961 wurde der Schrankenwärter zu neun Monaten Gefängnis verurteilt, ausgesetzt auf Bewährung für drei Jahre.

Das, wie es wieder hieß, »größte Eisenbahnunglück der Nachkriegszeit« belebte die Diskussion um die Schmalspurbahn. Zwar fuhren selten Züge, dafür ja die Bahnbusse, aber die Bürger meinten, die zahlreichen Bahnübergänge stellten eine Gefahr für den Straßenverkehr dar. Sie sollten beseitigt und die Strecke von 750 mm Schmal- auf Normalspur umgebaut werden. Die Zabergäubahn sollte bereits 1868 normalspurig angelegt werden, wofür das Geld nicht reichte und deshalb die schmalspurige Variante bevorzugt werden musste.

Nun wurde umgebaut, am 2. und 3. Mai 1964 der Abschied von der Zabergäubahn gefeiert. Seit 27. September 1964 brauchten die Züge auf der Normalspurstrecke von Leonbronn nach Lauffen nur noch 35 Minuten Reisezeit, die Hälfte der vorherigen. Trotzdem wurde die Einstellung des Zugverkehrs betrieben. Am 25. Juli 1986 fuhr der letzte Personenzug. Auch den Schrankenposten gibt es nicht mehr, und an das schreckliche Ereignis vor der Stadt erinnert sich kaum noch jemand, gäbe es nicht einen unauffälligen Gedenkstein, den die Arbeitsgemeinschaft Zabergäu in Höhe des Schrankenpostens aufstellen ließ.

Dahlerau: ein zweifelhafter Befehlsstab

An eine weitere Eisenbahnkatastrophe erinnern hin und wieder die Zeitungen, die eher im Gedächtnis haften bleibt, weil von ihr so viele Kinder betroffen waren, die am 27. Mai 1971 bei Radevormwald oder bei Dahlerau, je nachdem, welche Streckenkennzeichnung man als Ortsbestimmung wählt.

Bei dem schwersten Eisenbahnunfall seit Bestehen der Bundesrepublik kamen am späten Donnerstagabend 45 Menschen, in der Mehrzahl Schulkinder, ums Leben. 26 weitere Reisende eines Triebwagens erlitten schwere, zum Teil lebensgefährliche Verletzungen. Um 21.12 Uhr waren im eingleisigen Streckenabschnitt Wuppertal – Radevormwald, in einem unübersichtlichen Gleisbogen der Nahgüterzug 16856 und der mit 71 Personen besetzte Eto 42227, ein Schienenbus mit Beiwagen, frontal zusammengestoßen. Schnell wurde als Ursache dieser Tragödie der ominöse Begriff »menschliches Versagen« verwendet.

Worin bestand das? Aus der Dummheit oder einem Übereifer des Fahrdienstleiters vom Bahnhof Dahlerau. Dort hatte der Nahgüterzug aus Richtung Radevormwald zu halten, sodass der Kreuzung mit dem Sonderzug von Wuppertal-Oberbarmen nichts im Wege stand. Auf Bahnhöfen ohne Ausfahrsignale, wie sie – zumindest damals – auf Nebenbahnen mit einfachen Verhältnissen üblich waren, sahen die Fahrdienstvorschriften, egal ob die DS 408 der Bundesbahn oder die DV 408 der Reichsbahn folgende Regelung vor:

Erster Akt: Ist ein planmäßiger Halt auf dem Bahnhof vorgesehen, braucht der Zug nicht besonders verständigt und/oder am Einfahrsignal gestellt zu werden. Aus dem Buchfahrplan ist

■ Die Diesellokomotive des Nahgüterzuges zermalmte den mit 71 Personen besetzten Triebwagen.
Foto: picture-alliance/dpa/Leuschner

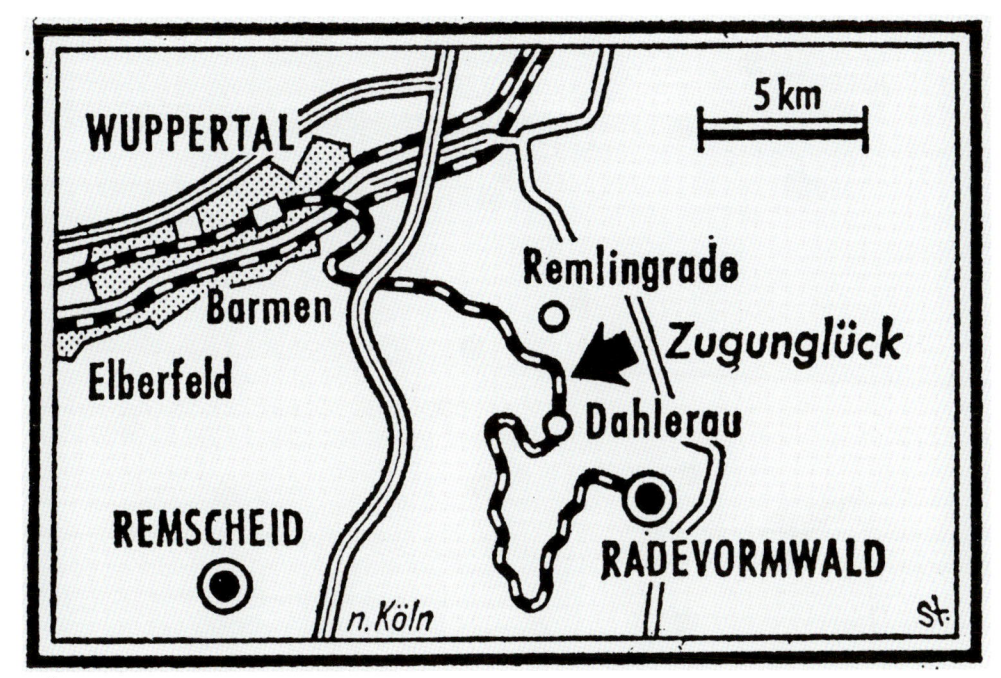

■ Über Nacht wurde die Nebenbahn im Bergischen Land durch die Tragödie von Dahlerau bekannt. Seit 1979 besteht sie nicht mehr.

der Halt ersichtlich. Dass der Nahgüterzug am Unfalltag vor dem Einfahrsignal angehalten wurde, steht mit dieser Vorschrift in keinem Zusammenhang; es kann eine Nachlässigkeit des Fahrdienstleiters gewesen sein, der das Signal nicht rechtzeitig auf Fahrt stellte.

Zweiter Akt: Soll der Zug außerplanmäßig durchfahren, erhält er das Durchfahrtsignal. Das wird am Tag mit dem Befehlsstab, bei Nacht als grünes Licht gegeben. So etwas kam in Dahlerau öfter vor, die Durchfahrt war keine Ausnahme. Das wussten auch der Lokomotivführer und der Zugführer, der sich im Führerraum der Lokomotive aufhielt.

Dritter Akt: Da der Zug wegen der beabsichtigten Kreuzung mit dem Triebwagen nicht durchfahren sollte, brauchte der Fahrdienstleiter nichts weiter zu tun. Er aber nahm den Befehlsstab und zeigte ihn dem Zugpersonal, wobei er die rote Lampe für »Halt« eingeschaltet haben will. Später stand Meinung gegen Meinung. Der Fahrdienstleiter beharrte auf das rote Licht, Lokomotiv- und Zugführer wollen grünes Licht gesehen haben. Ganz sicher sahen sie den Befehlsstab, der kaum als Haltsignal, sondern als deutliches Signal für die Abfahrt oder Durchfahrt hochgehoben wird. Zumindest war das in Dahlerau ein Missverständnis. Wer es verschuldete, hätte ermittelt werden müssen.

Hier kam aus der Verkennung der Situation (zusätzliches, aber unnötiges und untaugliches Mittel, um den Zug zum planmäßigen Anhalten zu bewegen oder ihn außerplanmäßig durchfahren zu lassen) zu einer Tragödie. Denn dem Nahgüterzug fuhren Schüler der Abschlussklassen 9 a und 9 b der Geschwister-Scholl-Hauptschule von Radevormwald entgegen. Für sie sollten es die letzten Minuten einer Schulabschlussfahrt nach Bremen sein.

Der Fahrdienstleiter war fassungslos, als er bemerkte, dass der Güterzug nicht anhielt. Was konnte er bei seinem Schreck tun? Panisch lief er dem Zug nach und gab Kreissignale. Sie blieben unbeachtet. Er rief den Bahnhof Wuppertal-Beyenburg an. Doch dort war der Sonderzug schon vorbeigefahren. Nun konnte er nur noch Rettungskräfte alarmieren.

Nur einer blieb unverletzt

An einer unübersichtlichen Stelle drückte der Nahgüterzug den Triebwagen fast völlig zusammen und warf den Beiwagen aus dem Gleis. Die meisten der Todesopfer wurden erschlagen, einige der Fahrgäste in das Tal der Wupper geschleudert. Der Lokomotivführer des Güterzuges erlitt leichte Verletzungen. Nur ein Reisender blieb unverletzt, der 14-Jährige Ralf, der benommen vom Erlebten Hals über Kopf zum 5 km entfernten Elternhaus rannte.

Bereits wenige Minuten nach der Katastrophe waren die ersten Krankenwagen und Helfer zur Stelle. Aus den Trümmern des Schienenbusses bargen sie die um Hilfe schreienden Kinder und jene, denen sie nicht mehr helfen konnten. Gegen Mitternacht waren fast alle Opfer geborgen. 19 Mädchen, 22 Jungen, 2 Lehrer, 2 Eisenbahner und die Mutter, die mitgefahren war, waren getötet worden. Die Verletzten kamen in die Krankenhäuser nach Wuppertal, Remscheid, Radevormwald, Hückeswagen und Wermelskirchen. Während der ganzen Nacht operierten Ärzte, für viele kam ärztliche Hilfe zu spät.

An dem Unfallabend, kurz nach 21 Uhr, warteten auf dem Bahnhof von Radevormwald zahlreiche Eltern auf ihre Kinder. Als sie von dem Zugzusammenstoß erfuhren, fuhren viele sofort mit ihren Privatautos zu der Unglücksstelle. Doch dort war ein großer Teil der Kinder bereits unmittelbar nach dem Zusammenstoß gestorben. Der Triebwagen hatte der kinetischen Energie des Güterzuges kaum widerstanden, und man fragt sich, wieso nach 1994 wieder der Leichtbau bei Bahnfahrzeugen gefordert wurde; jede Versteifung bezeichneten sowohl Journalisten als auch Bahnbeamte als überflüssige Maßnahme. Zum Glück folgten die Konstrukteure solchen Stimmungen nicht.

■ Trümmerteile des Triebwagens werden angehoben.   Foto: Foto: picture-alliance/dpa/Scheidemann

■ 41 Schüler und 5 Erwachsene kamen bei diesem Zusammenstoß ums Leben. Foto: picture-alliance/dpa/Scheidemann

Die Leichen wurden in der Turnhalle von Radevormwald aufgebahrt, wo sich erschütternde Szenen abspielten. Auf eine große schwarze Tafel schrieben Helfer die Namen der Toten und der Verletzten mit Kreide. Mehrmals musste ein zunächst für lebend Erklärter auf der Seite der Toten notiert werden.

Daneben begann die nüchterne Tätigkeit der Bahnpolizei, der Staatsanwaltschaft und der Eisenbahnfachleute, die ermitteln sollten, wieso es zu dem Unfassbaren gekommen und wer dafür verantwortlich zu machen war. Voreilig erklärte ein Sprecher der Bundesbahndirektion Wuppertal am nächsten Tag, nach dem Ergebnis der bisherigen Ermittlungen sei der Führer des Güterzuges entgegen der Anweisung vom Bahnhof Dahlerau in den Streckenabschnitt eingefahren. Der Wuppertaler Staatsanwalt Heinz-Jürgen Sievering begründete damit auch den Journalisten, warum ihm »sicherheitshalber« eine Blutprobe entnommen worden sei. Ein Alkoholtest beim Fahrdienstleiter des Bahnhofs Radevormwald-Dahlerau sei negativ ausgefallen. Mehrere Eisenbahner, die noch in der Nacht vernommen worden seien, hätten unterschiedliche Aussagen zu dem Unglück gemacht.

Es ist verständlich, dass nach dem Geschehen niemand für eine Fehlleistung einstehen wollte, der Lokomotivführer Kurt Pique nicht und der Fahrdienstleiter Gottfried Sengbart nicht. Deswegen die gegenteiligen Meinungen, ob es einen Durchfahrauftrag gegeben habe. Immerhin stand dem Lokomotivführer der Zugführer zur Seite, der ebenfalls den Befehlsstab mit dem grünen Licht gesehen haben will. Zu einer endgültigen Klärung kam es nicht. Der Fahrdienstleiter verunglückte tödlich im Pkw, den sein Schwiegersohn gefahren hatte. Schnell hieß es, der Fahrdienstleiter habe sich das Leben genommen. Doch am Verkehrsunfall trugen er und der Schwiegersohn keine Schuld. Sengbart war überzeugt davon, der Prozess werde ihm Genugtuung bringen, ihm bescheinigen, er habe sich korrekt verhalten. Einen Tag nach dem tödli-

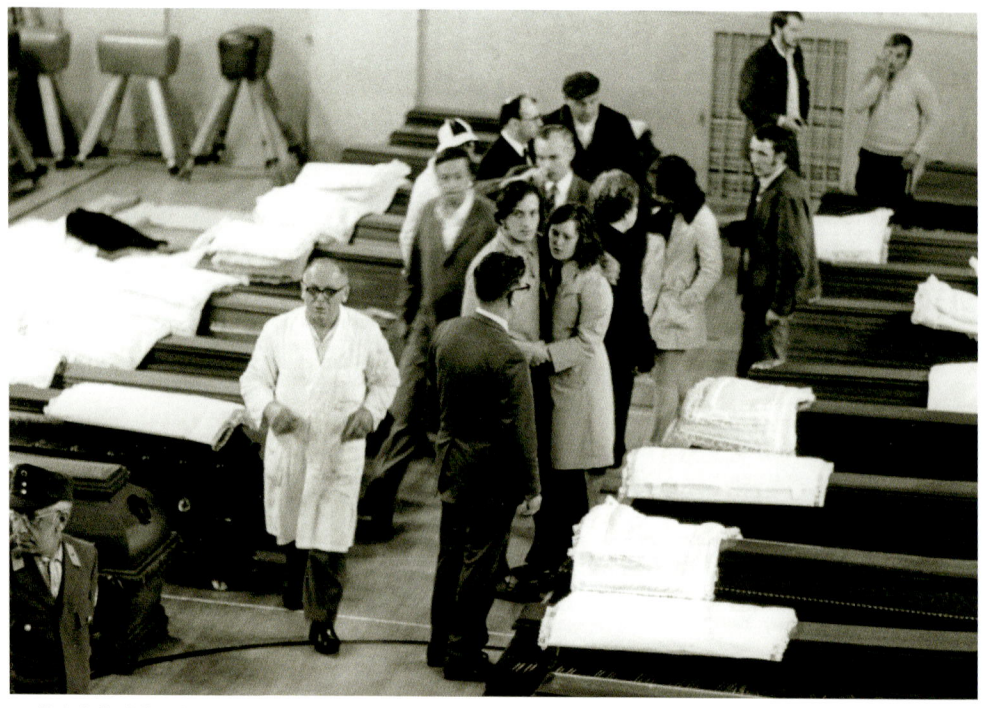

■ Die in der Turnhalle aufgestellten Särge erschütterten die Hinterbliebenen ein zweites Mal. Foto: picture-alliance/dpa/Leuschner

chen Autounfall schloss die Wuppertaler Staatsanwaltschaft die Ermittlungsakten. Offensichtlich sollte nur der Fahrdienstleiter angeklagt werden. Man glaubte den Beteuerungen des Lokomotivführers.

Der mit 46 Toten vorläufig schwerste Eisenbahnunfall der Nachkriegszeit veranlasste Bundesverkehrsminister Georg Leber, mit dem Hubschrauber zur Unfallstelle zu fliegen. An der Trauerfeier am 1. Juni 1971 nahm auch Bundeskanzler Willy Brandt teil. Unterdessen forderte der Bundestagsausschuss für Verkehr unter Leitung von Hans Apel (SPD) einen Bericht des Bundesverkehrsministeriums und des Vorstands der Deutschen Bundesbahn. Sie sollten die Frage beantworten, ob die Sicherheitsvorschriften und die technische Ausrüstung für den Fahrbetrieb ausreichen. Dazu gab es allen Grund, denn um diese Zeit stand es um die Betriebssicherheit der Bahn nicht zum Besten. Drei Monate vor dem Geschehen zwischen Dahlerau und Radevormwald, am 9. Februar 1971, war bei Aitrang der Trans-Europ-Express »Bavaria« wegen überhöhter Geschwindigkeit entgleist – 28 Tote. Im Jahr zuvor entgleisten in Celle am 5. Juni 1970 infolge eines Mangels am Gleis elf Wagen des Schnellzuges »Konsul« – fünf Tote.

Kommission zog Konsequenzen

Die von Ministerium und Bahn gebildete »Kommission Sicherheit« zog Konsequenzen aus den Unfällen, die auch befolgt wurden. Dazu gehörten das Entfernen bzw. Stilllegen des roten Lichts im Befehlsstab, Ausrüstung der Bahnhöfe an Nebenbahnen mit Ausfahrsignalen und Streckenblock, Einführen des Zugbahnfunks und auch der induktiven Zugsicherung auf Nebenbahnen, veränderte Bauform der auf Nebenbahnen eingesetzten Triebwagen (Baureihen 628/928).

■ Keine Gleisverwerfung, sondern eine Gleisverschiebung nach dem Einbau einer Weiche verursachte den Unfall in Celle.   Foto: Slg. Stadtarchiv Celle

■ Einer von elf entgleisten Wagen des Schnellzuges »Konsul«.   Foto: Slg. Stadtarchiv Celle

Nicht durch den Superlativ »größter Eisenbahnunfall« wurde der von Dahlerau/Radevormwald zum Besonderen. Während die Opfer bei anderen Unfällen meist aus den verschiedensten Gegenden sind, ging hier in einer Stadt, in einer Schule ein ganzer Klassenjahrgang verloren, und so konzentrierte sich die Trauer auf einen Ort. 46 Tote waren in Radevormwald keine anonyme Meldung wie sonst, wenn sie in der Rubrik »Vermischtes« von schrecklichen Ereignissen in aller Welt lasen. Einige ertrugen das Geräusch vorbeifahrender Züge nicht mehr.

Schließlich legte die DB die Strecke Wuppertal-Oberbarmen – Halver 1979 still, den Reiseverkehr hatte sie schon drei Jahre vorher eingestellt. Die Deutsche Bundesbahn besaß eine Nebenbahn mit Sicherheitsrisiko weniger. Ein Privatmann kaufte das versteckt gelegene Gebäude des Bahnhofs Dahlerau, von dem die Katastrophe ausging.

Werner Schlegel setzte sich in der Wochenzeitung »Die Zeit« vom 10. Juni 1988 vor allem mit dem Unheil auseinander, das über die Familien gekommen war. Die Agonie, so schrieb er, hielt bis zum Tag der Beerdigung an. »Wie sehr Verzweiflung und Schmerz vor allem in den Angehörigen wüteten, macht eine Zahl deutlich: Über hundert Menschen brachen während der Trauerfeier auf dem Friedhof zusammen. Ein 58jähriger Mann, dessen Neffe unter den Toten war, erlitt einen Herzanfall. Er starb auf dem Friedhof.«

Mehrere Väter im Alter zwischen 49 und 60 Jahren starben innerhalb von fünf Jahren nach der Katastrophe, acht an Herzinfarkt oder Krebs. Für manche ist der Zusammenhang mit der Eisenbahnkatastrophe offensichtlich. Das gemeinsame Leid brachte die Menschen nicht zusammen, im Gegenteil, es gärte zwischen den Familien sowie zwischen den Betroffenen und der Stadtverwaltung. Die ersparte sich bereits am dritten Jahrestag den Kranz für die Gedenkstätte auf dem Friedhof. Der Groll richtete sich auch dagegen, wie die Spenden behandelt wurden. Sie kamen aus der ganzen Bundesrepublik und dem Ausland auf ein Sonderkonto – bis zum 1. Juli 1971 545.000 Mark, darunter 20.000 Mark von der Deutschen Bundesbahn.

Von diesem Geld erhielten die Angehörigen der Toten je 3.000 Mark. Die Restsumme wurde an die verletzten Überlebenden verteilt. Eine Spendenkommission entschied über die Höhe der Beträge je nach der Schwere der Verletzungen und den möglichen Spätfolgen, wie sie Gutachter beurteilt hatten. Das zog sich nicht nur zwei Jahre hin, sondern wurde obendrein stillschweigend behandelt. Die Geheimniskrämerei führte zu Verdächtigungen, auch von nicht betroffenen Bürgern. Der schlimmste Vorwurf lautete: »Die Eltern sanieren sich am Elend ihrer Kinder.«

Die Deutsche Bundesbahn ließ von der Bildhauerwerkstatt des Klosters Maria Laach das Gedenkkreuz für den Kommunalfriedhof anfertigen; fast alle Betroffenen wünschten aber den anderen Entwurf eines ortsansässigen Steinmetzes, den jedoch der Stadtrat ablehnte. Dass man die Betroffenen bei solchen Entscheidungen, auch bei der Sockelinschrift (»Von den vier Winden komme Geist und hauche über diese Toten, daß sie wieder lebendig werden [Ezech. 37/9]«), und bei den Spenden nicht einbezog, kränkte sie.

7. Katastrophen bei der Deutschen Reichsbahn in der DDR

Nach der offiziellen Staatsideologie durfte es in der DDR eigentlich keine Eisenbahnunfälle, Flugzeugabstürze oder andere Havarien geben. Die vermeintlich bessere Gesellschaftsordnung ohne Ausbeutung, ohne antagonistische Gegensätze zwischen den Klassen und der »neue Mensch« schufen die Grundlagen für den störungsfreien und sicheren Umgang mit den Produktionsmitteln. Geschah dann doch etwas, wurde es, zumindest bis in die 1960er-Jahre, verheimlicht oder nicht »an die große Glocke gehängt«. Man wollte dem »Gegner« (gemeint war der »Klassenfeind im Westen«) kein Futter liefern, wie es hieß. Einzelheiten und grundsätzliche Erkenntnisse aus Eisenbahnunfällen waren nicht für die Öffentlichkeit bestimmt.

Dabei krankte die Deutsche Reichsbahn in der sowjetischen Besatzungszone genauso, wenn nicht schlimmer, an den Zuständen der Nachkriegsära. Sie musste sich mit unzuverlässigem Personal und auch mit vielen Behelfszuständen abfinden, zu denen der Krieg, aber auch der Abbau der zweiten Streckengleise für die Reparationslieferungen (zum Beispiel der Verzicht auf den Streckenblock) geführt hatte. Die Nachkriegszeit ist durch viele Unfälle infolge Vorbeifahrt an Halt zeigenden Signalen, unkontrolliertes Abrollen von Wagen und Zügen in Gefällestrecken und Zusammenstößen wegen mangelhaften Zugmeldeverfahrens gekennzeichnet. Die Zeitungen von damals berichteten kaum oder gar nicht über solche Ereignisse. Erst in letzter Zeit wird einiges davon bekannt.

So nimmt es nicht wunder, dass in den westdeutschen Zeitungen von Eisenbahnkatastrophen berichtet wurde, die gar nicht oder nicht mit dem behaupteten Ausmaß stattgefunden haben. Im Erzgebirge soll es einen solchen Unfall mit über 500 Toten gegeben haben. Gemeint war sicherlich der Zusammenstoß zweier Personenzüge am 12. Juni 1950 zwischen Fährbrücke und Hartenstein an der Strecke Zwickau (Sachs) – Johanngeorgenstadt. Das war die heiße Zeit des Uranbergbaus mit einem Berufsverkehr für Tausende Bergarbeiter und Angestellte.

In dem genannten Abschnitt war ein Gleis wegen Brückenbauarbeiten gesperrt und deshalb nur eingleisiger Betrieb möglich, der hier in der einen Richtung als »Befahren des falschen Gleises« gehandhabt wurde. Man hatte sich das aufwendige Umstellen auf eingleisigen Betrieb erspart. In Fährbrücke sollten der verspätete Personenzug 4930 und der planmäßige Zug 4932 aus Richtung Zwickau mit dem Personenzug 1957 aus Richtung Aue kreuzen. Da aber auch in Hartenstein ein Nahgüterzug rangierte, schlug der Fahrdienstleiter von Hartenstein der Zugleitung in Aue vor, den Zug 4930 mit dem Nahgüterzug 9175 bei ihm, in Hartenstein, kreuzen zu lassen. Der könne danach bis Fährbrücke fahren und dort mit Zug 4932 kreuzen. Darauf einigte man sich, und der Fahrdienstleiter verständigte den Wärter auf dem Stellwerk 2, wie man die Kreuzungen handhaben werde.

Während sich Zug 4930 dem Bahnhof Hartenstein näherte und das Einfahrsignal auf Fahrt stand, fragte der Fahrdienstleiter den Stellwerkswärter, ob das Zugpersonal des Nahgüterzuges bereits den Befehl B (für das Befahren des falschen Gleises nach Fährbrücke) habe. Als der Wärter verneinte, soll der Fahrdienstleiter gerufen haben: »Schaff den Befehl runter, der Zug muss noch fort. Schnell, schnell, der fährt noch ab!«

Das war leichtsinnig. Der Fahrdienstleiter diktierte den Befehl nicht, sondern überließ die Ausfertigung dem Wärter, beauftragte ihn obendrein mit der Aushändigung, obwohl das Gleis

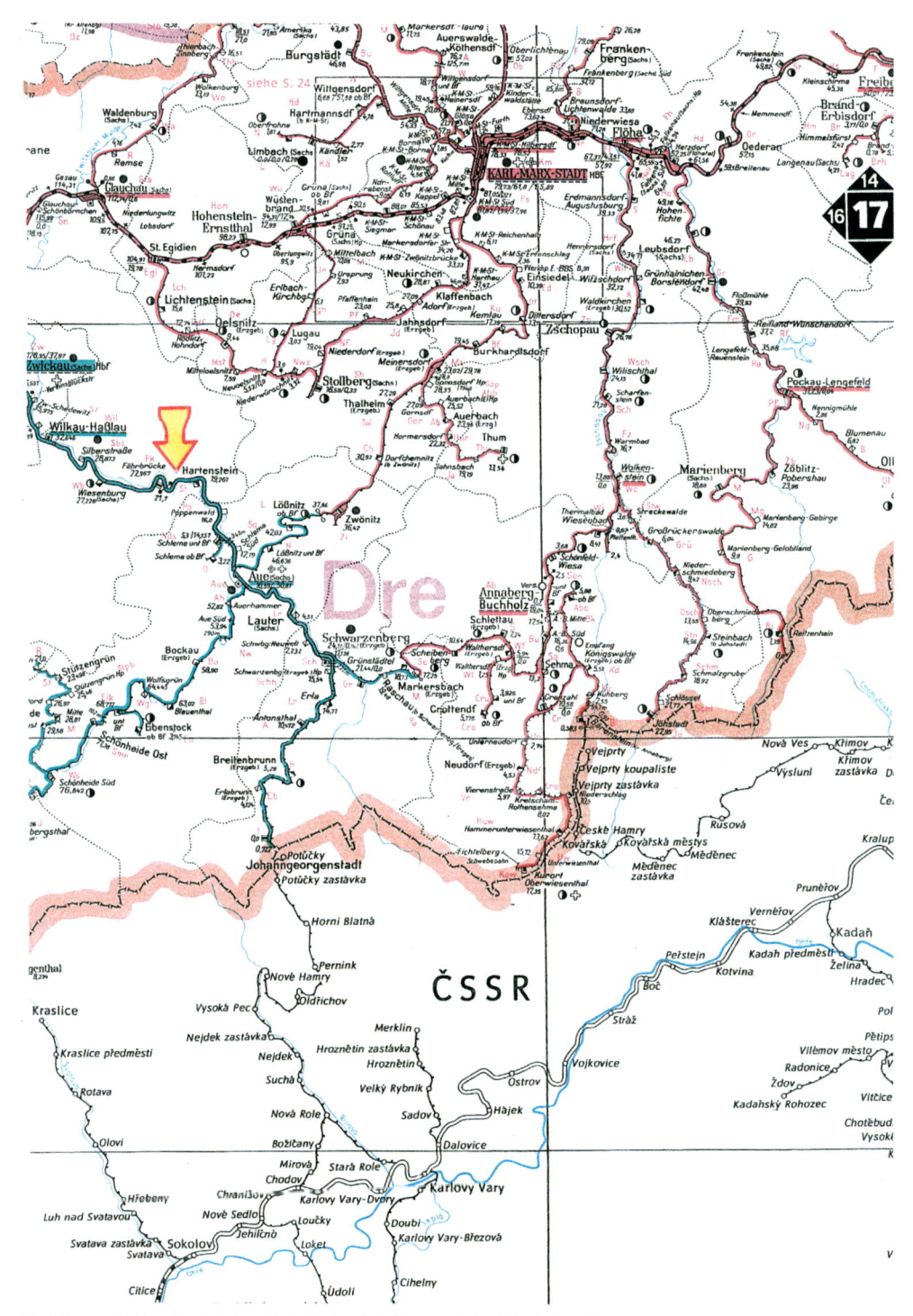

■ Auf der zweigleisigen Strecke Zwickau (Sachs) – Aue (Sachs) wurde zwischen Fährbrücke und Hartenstein wegen Brückenarbeiten in eine Richtung das falsche Gleise befahren. Entnommen: DR-Atlas von 1976

noch vom Personenzug befahren wurde und fand sich damit ab, der Wärter werde schon den richtigen Moment abpassen, wann der Zug auf die freie Strecke darf.

Die Ermittlungen nach dem Unfall ergaben, dass in Hartenstein stets, um Zeit zu sparen, die Befehle vorzeitig zugesprochen, der Fahrweg nicht gesichert und auch keine Meldung über die Fahrwegsicherung gegeben wurde. Der Dienstvorsteher wusste davon, schritt nicht ein und sollte dafür auch büßen.

Könnt abfahren – nein warten!

Das Personal des Nahgüterzuges hatte den Befehl erhalten, er durfte das falsche Gleis (also das Gleis der Gegenrichtung) befahren, und der Wärter rief aus dem Fenster: »Könnt abfahren!« Zu dieser Zeit war der Fahrdienstleiter auf dem Morsefernschreiber mit der Zugmeldung beschäftigt. Das Rückmelden des Zuges 4930 und das Anbieten des Zuges 9175 wurden allerdings vom Fahrdienstleiter in Fährbrücke unterbrochen und mit »Nein warten!« beantwortet. Der meldete nun den Zug 4932 ab. Diesen Zug hatte der Hartensteiner Fahrdienstleiter angenommen, als er sich um den Befehl B für den Nahgüterzug kümmerte. Der Zusammenstoß der beiden Züge forderte 18 Menschenleben, 52 Verletzte, neun davon schwer.

Ohne den Hartensteiner Fahrdienstleiter von der Änderung zu verständigen, hatte der Zugleiter die mit ihm vereinbarte Regelung zu den Zugkreuzungen aufgehoben. Ihn traf an dem Unfall keine Schuld, denn maßgebend waren die Zugmeldungen und die Freigabe der Strecke für den Nahgüterzug.

Es ist nicht so, dass in der DDR nicht über den Unfall berichtet worden wäre, wenn auch nicht in der Breite wie in der BRD üblich. Man musste auch zwischen den Zeilen lesen.

■ Der Ministerrat tagte.
Entnommen: »Der Verkehr«, Berlin 7/8/1950

Eisenbahner tragen eine hohe Verantwortung

Sitzung des Ministerrates

Der Minister für Verkehr, Professor Dr.-Ing. Reingruber, gab nach Abschluß der Untersuchung über das Eisenbahnunglück, das sich in der Nacht vom 12. zum 13. Juli auf der Strecke Aue—Johanngeorgenstadt bei Fährbrücke ereignete, dem Ministerrat folgenden Bericht:

Das Eisenbahnunglück wurde von zwei Eisenbahnangestellten durch grobe Verletzung ihrer Dienstpflichten verursacht. Sie wurden verhaftet. Der Bahnhofsvorsteher ist wegen Verletzung seiner Aufsichtspflicht sofort seines Amtes enthoben worden. Die Regierung erklärte, dafür Sorge zu tragen, daß die vom Unglücksfall Betroffenen in angemessener Weise entschädigt werden. Den Bergarbeitern, die sich im Zuge befanden und sofort tatkräftige Hilfe leisteten, sprach sie für ihr diszipliniertes und tapferes Verhalten ihre besondere Anerkennung aus.

Gleichzeitig wurde die Reichsbahn angewiesen, sofort alle Maßnahmen zur Verbesserung der Verkehrsverhältnisse auf der Strecke Aue—Johanngeorgenstadt einzuleiten.

Außerdem sah sich die Regierung veranlaßt, das Ministerium für Verkehr zu beauftragen, über die Fragen der Disziplin und der Dienstaufsicht im Eisenbahnbetrieb einer ernsten Prüfung zu unterziehen und dem Ministerrat über die zu einer Verbesserung getroffenen Maßnahmen zu berichten.

Sächsische Zeitung

ORGAN DER SOZIALISTISCHEN EINHEITSPARTEI DEUTSCHLANDS, LAND SACHSEN

5. Jahrgang Nr. 161   Freitag, 14. Juli 1950   Preis 15 Pf.

Schweres Eisenbahnunglück in Sachsen

Z w i c k a u (ADN). Ein schweres Eisenbahnunglück ereignete sich in den Abendstunden des Mittwoch auf der Strecke Zwickau — Aue. Gegen 21 Uhr fuhr bei Wildenfels an der Hartensteinbrücke ein Arbeiterzug auf einen stehenden Güterzug. 20 Tote und mehr als 50 Verletzte, darunter Schwerverletzte, sind zu beklagen. Die Rettungsarbeiten sind noch im Gange. Die Ursache des Unglücks wird untersucht. Der Stellwärter wurde verhaftet.

Wie das Amt für Information mitteilt, hat die Regierung der Deutschen Demokratischen Republik mit größter Erschütterung von dem Eisenbahnunglück Kenntnis erhalten. Sie spricht den Angehörigen der Opfer ihr tiefempfundenes Beileid aus. Die zuständigen Ministerien haben unverzüglich alle Maßnahmen zu treffen, um den Hinterbliebenen und den Verletzten die notwendige Hilfe und Unterstützung zu gewähren. Der Ministerrat ordnet gleichzeitig an, sofort eine Untersuchung über die Ursachen des Unglücks einzuleiten. Das Ergebnis der Untersuchung wird der Oeffentlichkeit bekanntgegeben.

■ Fotos vom Unfall gibt es nicht, aber Veröffentlichungen in den Zeitungen. Mit wenigen Zeilen berichtete die »Sächsische Zeitung« vom Unfall mit 20 Toten und 50 Verletzten.

Am 29. Juli 1950 hatte Verkehrsminister Hans Reingruber dem Ministerrat zu berichten. Danach schrieb das Presseamt, das Unglück sei von zwei Eisenbahnangestellten durch grobe Verletzung der Dienstpflicht verursacht worden. Beide seien in Haft. Der Bahnhofsvorsteher sei wegen Verletzung seiner Aufsichtspflicht sofort seines Amtes enthoben worden. Auch habe die Regierung die Reichsbahn zur Verbesserung der Anlagen angewiesen, Fragen der Disziplin und der Dienstaufsicht im Eisenbahnbetrieb seien einer ernsten Prüfung zu unterziehen.

In der Hauptverhandlung vor erweiterter Öffentlichkeit am 2. Oktober 1950 im Jugendklubhaus Hartenstein verurteilte die 1. Große Strafkammer des Landgerichts Zwickau (Vorsitzender Richter: Hübsch, Staatsanwalt: Piehl) den Fahrdienstleiter von Hartenstein zu 3 Jahren und 6 Monaten Gefängnis, den Stellwerkswärter zu 2 Jahren und 9 Monaten Gefängnis, die Schlussschaffnerin des Nahgüterzuges, die sich unrechtmäßig im Gepäckwagen aufgehalten und auch das Hornsignal des Wärters, der den Zug anhalten wollte, missgedeutet hatte, zu 8 Monaten Gefängnis. Die Drei verbüßten einen großen Teil der Strafe im Gefängnis, der Fahrdienstleiter musste im Bergbau schuften. Der Dienstvorsteher kam mit einem blauen Auge davon. Er blieb zwar ein freier Mann, verlor aber seinen Posten und soll dann das Heimatmuseum geleitet haben.

Bornitz – Zusammenstoß im Nebel

Sechs Jahre später geschah der nächste schwere Eisenbahnunfall: Diesmal in Bornitz, einer kleinen Gemeinde zwischen Oschatz und Riesa. Die Leipzig–Dresdner Eisenbahn richtete hier einen Haltepunkt ein, der bereits 1898 zum Bahnhof aufstieg. Aber nach dem Abriss des zweiten Gleises 1946 blieb eine unvollkommene Anlage zurück, die nun viel häufiger als früher zum Kreuzen und Überholen benutzt wurde. Bei einer solchen Kreuzung stieß am 25. Februar 1956, einem bitterkalten Morgen mit dichtem Nebel, ein Schnellzug mit einem Güterzug zusammen. 32 Tote und 40 Schwerverletzte – die schwerste Katastrophe in der noch nicht einmal siebenjährigen DDR!

■ Große Zerstörungen an der Lokomotive und den ersten Schnellzugwagen durch die Rangierfahrt. Abbildung: BStU AU 8056/Ddn

Immer waren es – nach offizieller Lesart – einige Undisziplinierte, Ausnahmen der Gesellschaft, die Schuld an solchen Ereignissen sein mussten. Die Untersuchungsgruppe des Ministeriums für Staatssicherheit, Bezirksverwaltung Leipzig, brauchte nicht viel Zeit für ihre Ermittlungen. Bereits in der ersten Juliwoche kam es zum Prozess des Bezirksgerichts Leipzig, über den die Eisenbahnerzeitung ausführlich und einigermaßen sachlich berichtete. Fünf Eisenbahner saßen auf der Anklagebank.

Der Durchgangsgüterzug 7137 sollte eigentlich in Riesa mit dem Schnellzug 94 kreuzen. Der Streckendispatcher verlegte, weil beide Züge verspätet waren, die Kreuzung nach Bornitz. Der 1.500 t schwere Zug 7137 fuhr mit der Lokomotive 52 1355 und der Vorspannlokomotive 58 1648 nach Gleis 1 ein. Da der Lokomotivführer das Ausfahrsignal nicht sehen konnte, hielt er zu früh an, 400 m vor dem Ausfahrsignal. Als er dann doch den Abstand bis zum Signal erkennen konnte, versuchte er anzufahren, was misslang. Denn die Bremsen hatten noch nicht gelöst; sie waren »überladen«. Der Druck in der Hauptluftleitung lag über 5 kp/cm^2 (bar), sodass mit der Erhöhung der Druckluft die Bremsen nicht gelöst werden konnten. Der Lokomotivführer musste, um den Regeldruck wieder herzustellen, den Druckanpasser im Führerbremsventil bedienen. Dadurch wird langsam der Luftdruck reduziert. Es hilft auch, die Lösezüge der Bremsen an den Wagen zu betätigen. Bis der Zugführer die Bremsen gelöst hatte, vergingen zehn Minuten.

Im Bahnhofsgebäude stand neben dem Fahrdienstleiter der Dienstvorsteher, der glaubte, in die Vorgänge eingreifen zu müssen. Ihn störte es, dass der Güterzug einen Bahnübergang versperrte. Eigentlich konnte er unbesorgt sein, denn der Zug stand grenzzeichenfrei und behinderte den übrigen Zugverkehr nicht. Die Reisenden erreichten durch die Unterführung den Bahnsteig, ohnehin war kein anderer Personenzug zu erwarten. Er aber schickte den Wärter vom Posten 2 zum Zug, und der rief dem Lokomotivführer zu: »Ihr sollt vorziehen!«

Dem Fahrdienstleiter, der zwischendurch Fahrkarten verkauft hatte, sagte der Dienstvorsteher, er habe veranlasst, dass der Zug vorziehe. Das war gegen die Vorschrift. Hatte ein Zug Einfahrt, galt ein Rangierverbot, weil dem Bahnhof die sogenannten Schutzstümpfe fehlten. Diese Flankenschutzeinrichtung am Ende des Einfahrgleises verhinderte, dass der Zug oder

■ Rekonstruktion am Tatort mit der Lokomotive 58 2108 im Bezirk des »Stellwerks 2«. Die Rangierfahrt des Güterzuges kam von links, der Schnellzug fuhr im durchgehenden Hauptgleis. Abbildung: BStU AU 8056/Ddn

■ Auch die Wagen hinter der Lokomotive 52 1355 blieben nicht im Gleis. Abbildung: BStU AU 8056/Ddn

■ Die entgleisten Wagen rissen das Ausfahrsignal um.   Abbildung: BStU AU 8056/Ddn

■ Die Zuglokomotive des Güterzuges schob es unter den Tender der umgestürzten Vorspannlokomotive.   Abbildung: BStU AU 8056/Ddn

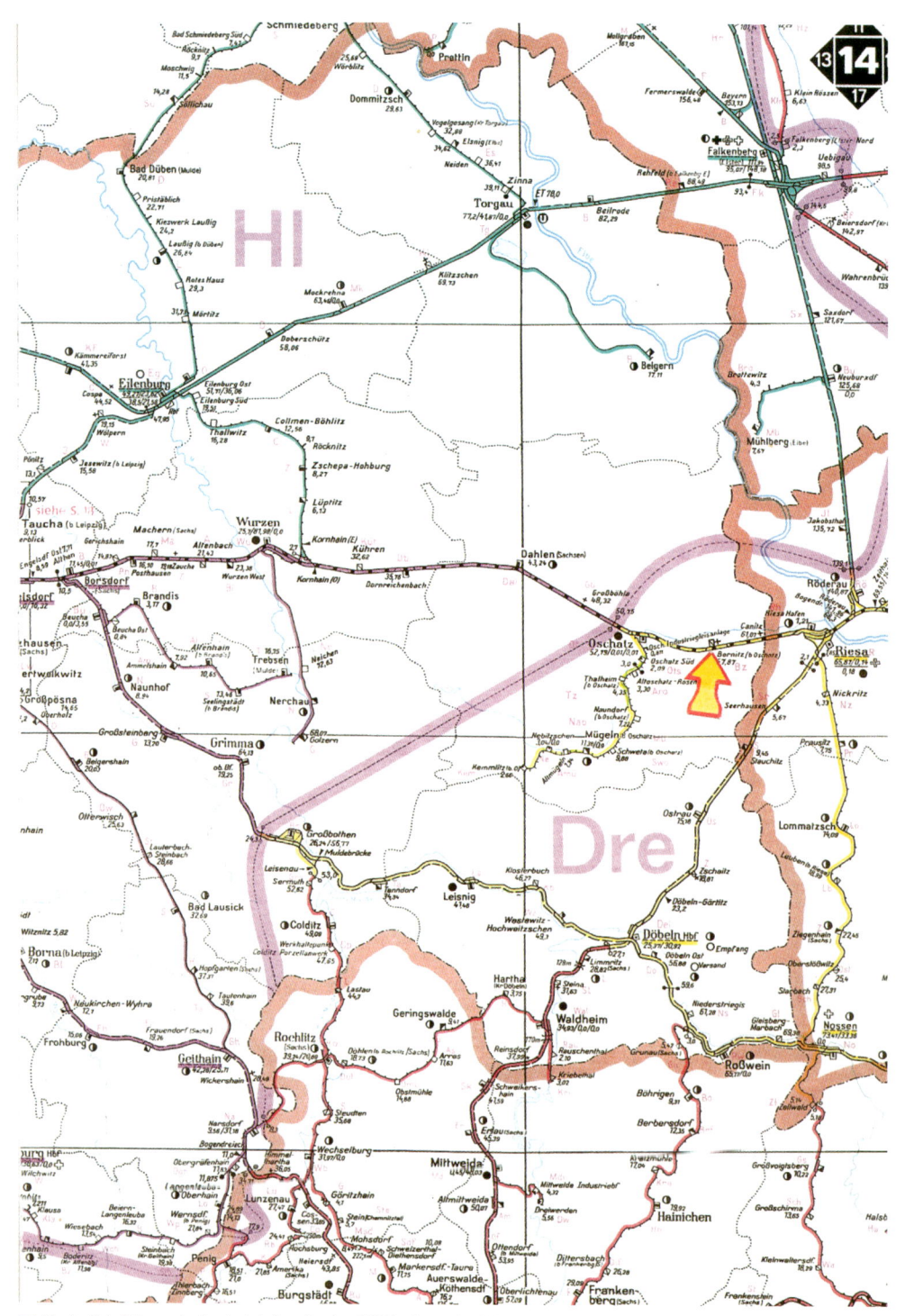

■ Vor der Elektrifizierung der Strecke Leipzig – Dresden 1970 ist das zweite Gleis verlegt worden; aus dem Bahnhof Bornitz (b Oschatz) wurde eine Haltestelle. Entnommen: DR-Atlas von 1976

die Rangierfahrt über die Weiche hinaus zum Streckengleis gelangte. Eher hätte die Fahrt am Prellbock geendet, besser als der Zusammenstoß mit einem ein- oder durchfahrenden Zug. Der Zug musste geschützt werden. Nur: Nach dem Abbau der zweiten Gleise kam man bei der Reichsbahn nicht nach, derartige Schutzstümpfe zu schaffen. Man unterließ häufig ihren Einbau und hielt das Rangierverbot für ausreichend.

Der Güterzug setzte sich in Bewegung und fuhr mit einer Geschwindigkeit von 5 bis 10 km/h am »Wartezeichen« (Kennzeichen »K 11«, später Signal »Ra 11 a«) vorbei bis in die Einfahrweiche 5. Der Nebel nahm dem Lokomotivführer die Orientierung, wo er sich befand und wo das Einfahrgleis endet. Er fuhr zur Einfahrweiche und dabei dem wegen des Beginns der Leipziger Frühjahrsmesse überfüllten D 94 in die Flanke.

Die verhängten Strafen waren hart: 5 Jahre für den Dienstvorsteher, 4 Jahre für den Fahrdienstleiter, 1 Jahre für den Zugführer, 1 Jahr für den Lokheizer. Freispruch für das Personal der Vorspannlokomotive. Der Lokomotivführer der zweiten Lokomotive lag zur Zeit des Prozesses schwer verletzt im Oschatzer Krankenhaus. Gegen ihn war das Verfahren abgetrennt worden. Über seine Verurteilung wurde nichts bekannt.

Die »Fahrt frei« verwies zwar auf den indirekten Einfluss der Verspätungen und der ungünstigen Witterungsverhältnissen, stellte aber fest: »Damit wird jedoch nichts entschuldigt!« Kein Wort zur Anlage dieses Bahnhofs. Sie hätte nach den Grundsätzen für die sicherungstechnische Ausgestaltung von Hauptbahnen mit Schutzweichen versehen sein müssen. Die Verfügung der Generaldirektion vom 11. September 1946 erlaubte die Ausnahme, der »indirekte Flankenschutz«, das Kennzeichen K 11 und das im Bahnhofsbuch ausgesprochenen Rangierverbot reichten einstweilen. Noch 1954 hatte die Abteilung Sicherungswesen in den Verfügungen und Mitteilungen des Ministeriums für Eisenbahnwesen darauf hingewiesen, dass auf den Einbau von Schutzweichen verzichtet werden kann, »wenn ein Materialmangel besteht. Es ist jedoch in jedem Fall der spätere Einbau vorzusehen und zu berücksichtigen.«

Leipzig, Langhagen, Langenweddingen, Lebus...

Die Orte der späteren Vorkommnisse, die schon wegen ihres Ausmaßes ein schlechtes Licht auf die Deutsche Reichsbahn warfen, beginnen merkwürdigerweise alle mit L: Leipzig, Langhagen, Langenweddingen, Lebus. Über sie ist bereits in »Eisenbahnunfälle in Europa« [Berlin 1991] geschrieben worden, über Lebus in: »Tragischer Irrtum« [Berlin 1993]

Leipzig Hbf am 15. Mai 1960, Zusammenstoß des Schnellgüterzuges 5556 mit dem Eilzug 234, 54 Tote, 106 Schwer- und 240 Leichtverletzte. Ursache: Mangelhafte Fahrwegsicherung.

Langhagen am 3. November 1964, Zusammenstoß des Schnellzuges 1193 mit dem über den Prellbock gefahrenen Güterzug 7913, 43 Tote, 259 Verletzte. Ursache: Der Güterzug fuhr unzulässig am Halt zeigenden Signal vorbei.

Langenweddingen am 6. Juli 1967, Zusammenprall des Personenzuges 852 mit einem Tanklastwagen, 94 Tote, 54 Verletzte (die größte Eisenbahnkatastrophe in der DDR!). Ursache: Gestörte Schranke.

Bei Lebus am 27. Juni 1977, Zusammenstoß des Schnellzuges 1918 mit dem Durchgangsgüterzug 50101, 26 Tote, 38 Verletzte. Ursache: Unterlassene Fahrwegsicherung und Fehlleitung des D 1918.

Nach all diesen Unfällen endete keine Untersuchung und Ermittlung mit »ungeklärt«, die Angeklagten wurden hart verurteilt. Beim Unfall nahe dem Leipziger Hauptbahnhof unterstellte das Bezirksgericht Leipzig sogar bedingt vorsätzliche Transportgefährdung, als hätten die

■ Leipzig Hbf 1960, neben dem VEB Wollkämmerei: Neben der Lokomotive E 17 123 wird der Rest eines Wagen des Eilzuges Halberstadt – Bad Schandau geborgen. Foto: Slg. Preuß

■ Langhagen, zwischen Neustrelitz und Rostock: Über dem B-4üp-Wagen des Städteschnellverkehr-Zuges bäumt sich ein Plattenwagen des Kieszuges auf. Abbildung: Historische Sammlung der DB/Stephan

■ Langenweddingen, zwischen Magdeburg und Halberstadt: Die Feuerwehr löscht neben dem ausgebrannten Bahnhofsgebäude Glutnester im Gleis mit Schaum. Foto: Slg. Preuß

■ Zwischen Booßen und Lebus nahe Frankfurt (Oder): Der Wucht des Zusammenstoßes widerstanden der Tender der Lokomotive 03 0078 und die ersten drei Bghw-Wagen nicht. Foto: Slg. Preuß

Angeklagten die Getöteten, Verletzten und den Sachschaden zwar nicht gewollt, aber in Kauf genommen. Das Oberste Gericht kassierte das Urteil (Freiheitsstrafen zwischen 8 und 15 Jahren Zuchthaus!) und änderte das Strafmaß in zwei bis fünf Jahre Gefängnis, weil die Begehung ein Fahrlässigkeitsstraftatbestand war.

Abgesehen davon, dass immer eine Weile nach solchen Unfällen großen Ausmaßes, die wohl alle Eisenbahner betroffen machten, sich die Deutsche Reichsbahn keine »Auswertung« entgehen ließ. An vorderster Stelle der »getroffenen Maßnahmen« stand jeweils die »politisch-ideologische Einflussnahme, die Erziehung der Eisenbahner«. Nach der Katastrophe von Leipzig wurden die von den Fahrdienstleitern und Wärtern hergerichteten Schlafgelegenheiten entfernt. Nach Langhagen fasste der Ministerrat am 20. Dezember 1964 den Beschluss 31/6 a, wonach die Deutsche Reichsbahn für ihre Schnellzüge 1.000 Ganzstahlwagen mit Fensterscheiben aus splitterfreiem Glas erhalten sollte, was jedoch 1970 immer noch nicht erledigt war.[1] Auf Langenweddingen folgten veränderte Vorschriften für den Zeitpunkt des Schrankenschließens, aber auch in der Straßenverkehrsordnung neue Regeln für das Verhalten vor und auf Bahnübergängen. Nach dem Drama von Lebus wurden auf einigen Bahnhöfen im Reichsbahndirektionsbezirk Berlin die Sicherungsanlagen verbessert in der Weise, dass Bahnhöfe, die noch mit Schlüsselwerk arbeiteten, Einrichtungen des Bahnhofsblocks erhielten.

Vieles davon gelangte nicht an die Öffentlichkeit; man fürchtete wahrscheinlich, die Bevölkerung könnte die Vorkehrungen als ein Eingeständnis werten, dass in der DDR doch nicht alles perfekt ist. Nach Lebus und Neutrebbin (wenige Tage nach dem Unfall von Lebus waren in der Nähe, bei Neutrebbin, zwei Güterzüge zusammengestoßen) gab am 12. September 1977 Minister Otto Arndt in der Dienstberatung den Beschluss des Sekretariats des Zentralkomitees der SED vom 24. August 1977 bekannt, aber nur mündlich. In den nächsten Tagen sprachen einige Funktionäre ständig davon, wie »die Partei durch ihren SZK-Beschluss« den Eisenbahnern helfe, ohne zu wissen, was dieser Parteibeschluss besagte.

In der genannten Dienstberatung wurden unter der Überschrift »Wirksamkeit der eingeleiteten Maßnahmen zur Erhöhung der Betriebssicherheit bei der Deutschen Reichsbahn« zu dem Beschluss Festlegungen vorgeschlagen. Der Beschluss war als »Vertrauliche Verschlusssache« eingestuft, den lediglich die Stellvertreter des Ministers Dr. Winkler, Dr. Schmidt, Wöstenfeld und der Staatssekretär Weiprecht erhielten. Symptomatisch für die Verhältnisse sind in Form und Inhalt zwei »Festlegungen«:

»3. Es ist eine zentrale Weisung zu erarbeiten, um die Belange der Betriebssicherheit im Dienstunterricht und bei allen Aus- und Weiterbildungsmaßnahmen *besser als bisher* [Hervorhebung vom Autor] zu berücksichtigen. [...]

6. Dem Minister ist ein Vorschlag zu unterbreiten, welche konkreten Maßnahmen in Zusammenarbeit mit dem Vorsitzenden der SPK [= Staatliche Plankommission] zur Versorgung der DR mit Ausrüstungen der Sicherungstechnik in Durchführung der Schlussfolgerungen der SZK-Vorlage [SZK = Sekretariat des Zentralkomitees] eingeleitet werden müssen.« [26]

Tatsächlich wurde die Reichsbahn etwas besser mit Sicherungstechnik (Stellwerke, induktive Zugsicherung) versorgt, aber kontrollfähig war das nicht; auch keiner der DDR-Journalisten wäre auf die Idee gekommen, solchen Beschlüssen auf den Grund zu gehen.

---

1 Von 11.000 Reisezugwagen sind 1.240 für den Einsatz im Schnellzugverkehr geeignet, stellte die Regierungskommission in ihrem Bericht zum Unfall fest.

Schweinsburg-Culten – wieder im Nebel

Gerade die fehlende Technik, um die Lokomotivführer vor der unzulässigen Vorbeifahrt an Halt zeigenden Signalen zu bewahren, führte wieder bzw. immer noch zu schwersten Unfällen. Am 30. Oktober 1972 stießen der Schnellzug 273 Aue (Sachs) – Berlin und der Ext 348 »Karola« Leipzig – Karlovy Vary (Karlsbad) in Schweinsburg-Culten zusammen, wobei 25 Menschen getötet und 70 verletzt wurden. Bei dieser Katastrophe erkennen wir das Muster des Unfalls von Bornitz wieder.

Der Abschnitt Crimmitschau – Werdau (Sachs) der Strecke Leipzig – Hof war immer noch eingleisig, sodass der Haltepunkt Schweinsburg-Culten als Bahnhof eingerichtet werden musste. Und am Unfalltag herrschte ebenfalls Nebel mit Sichtweiten zwischen 40 und 100 m. Auch begünstigte die Verspätung des Expresstriebwagens den Unfall, denn der Dispatcher verlegte die Kreuzung mit dem Schnellzug zu diesem Bahnhof mit den zwei Gleisen.

Der aus zwei Doppelstock-Gliederzügen bestehende und mit rund 1.000 Reisenden besetzte Schnellzug fuhr mit einer Geschwindigkeit von etwa 40 km/h in den Bahnhof, das Einfahrsignal hatte »Fahrt frei mit Geschwindigkeitsbegrenzung« gezeigt, das am Einfahrsignal stehende Ausfahrvorsignal zeigte die Warnstellung, da der Triebwagen aus der Gegenrichtung die Ausfahrt verhinderte.

Der kam in diesem Augenblick mit einer geschätzten Geschwindigkeit zwischen 70 km/h und 100 km/h auf dem durchgehenden Hauptgleis, fuhr am Halt zeigenden Ausfahrsignal vorbei und dem Schnellzug in die Flanke. Auf der Spitzenweiche stießen die Lokomotive 211 038 und der Triebkopf 175 004 zusammen. Für die Unfalluntersuchungskommission unter der Leitung Hermann Demmlers (1924 - 2003), des Vizepräsidenten der Reichsbahndirektion Dresden, stand schnell fest, dass bei der gleichzeitigen Einfahrt der Züge der Triebwagenführer sowohl das Ausfahrvorsignal in Warnstellung als auch das Ausfahrsignal in »Halt« unbeachtet ließ und so fuhr, als sollte er in Schweinsburg-Culten durchfahren.

Die Theorie zur Ursache stützten bei Reichsbahn-Unfällen, anders als heute oder damals im Westen, keine Aufzeichnungen eines Geschwindigkeitsmessers oder eines Geräts der indukti-

■ Über dem Schnelltriebwagen liegt die Lokomotive 211 038.   Foto: Slg. Preuß

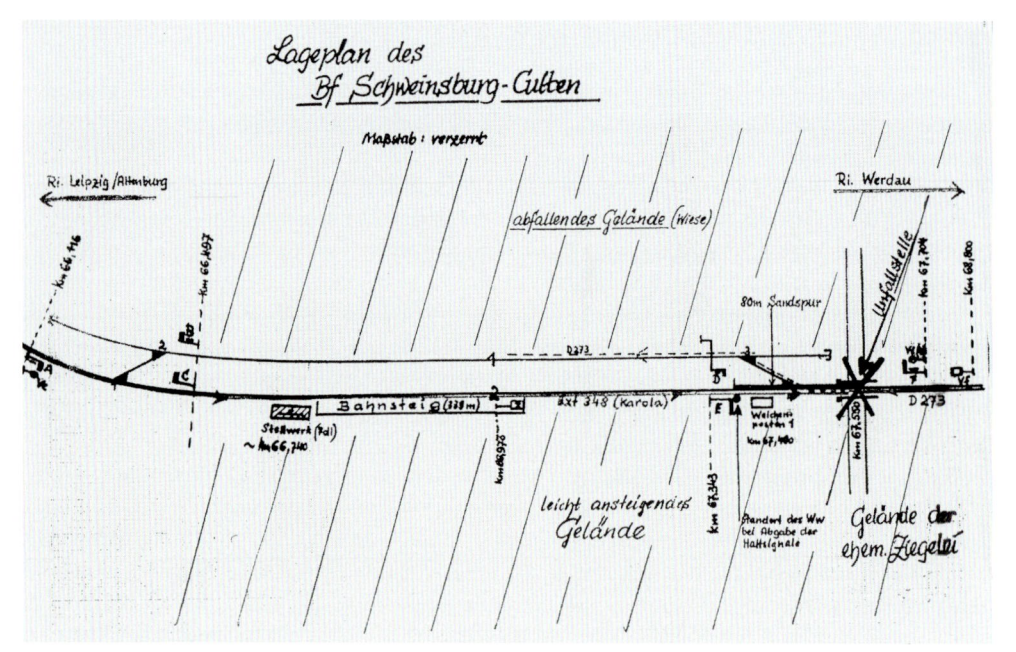

■ Die Lageplanskizze für den Unfallbericht an die Hauptverwaltung des Betriebs- und Verkehrsdienstes. Quelle: Reichsbahndirektion Dresden

ven Zugsicherung. Man war auf die objektiven Gegebenheiten wie der Zustand der Sicherungsanlagen und auf Zeugenaussagen angewiesen.

Eigentlich fuhr der Triebwagenführer mit einem Beimann, ebenfalls ein Triebwagenführer. Doch der lief ausgerechnet zehn Minuten vor dem Zusammenstoß zum rückwärtigen Führerraum und kam, gestützt auf die Aussage des Koches der MITROPA, erst unmittelbar vor dem Zusammenstoß wieder in den Führerraum. Der Beimann war demnach bei der Signalbeobachtung keine Hilfe. Der Triebwagenführer sah allein auf die Signale und übersah sie.

Die Untersuchungskommission des Ministeriums für Staatssicherheit, die stets bei schweren Unfällen allein oder mit ermittelte, veranlasste eine Blutalkoholuntersuchung. Nach der hatte der Triebwagenführer 0,2 Promille Alkohol im Blut, die Folgen eines kleinen Gelages, das es bis nach Mitternacht in den Übernachtungsräumen in Leipzig gegeben haben soll. Allerdings halten Kollegen vom Bahnbetriebswerk Berlin-Karlshorst diese Feststellungen als falsch, weil der Triebwagenführer als Allergiker keinen Alkohol vertrug. Auch Demmler wusste nichts von einem alkoholisierten Führer, vermutete eher, er sei von einer Beschäftigten der MITROPA abgelenkt worden. Sie soll in der Schlafkabine hinter dem Führerraum gelegen haben...

All diese Feststellungen und Vermutungen änderten nichts an der Ursache und Schuldfrage. Der oder die Triebwagenführer konnten nicht zur Verantwortung gezogen werden, weil sie ebenfalls ums Leben kamen. Das Ministerium für Staatssicherheit empfahl dem Ministerium für Verkehrswesen, die Fahrdienstvorschriften auf ihre Zuverlässigkeit zu prüfen, etwa ob bei verhinderter Durchfahrt der Zug bereits am Einfahrsignal angehalten werden sollte. Der Fahrdienstausschuss lehnte das unter Hinweis auf das Vorsignal ab, das dann an Bedeutung verlöre.

Auch sollte der Einsatz technischer Hilfsmittel, zum Beispiel Zugfunk, geprüft werden und die Einhaltung der Arbeitsschutzanordnung hinsichtlich des Alkoholgenusses. Kein Wort verloren die Genossen »von der Sicherheit« zur induktiven Zugsicherung, die diese Katastrophe abgewendet hätte. Das Thema kam in keinem Dokument vor. Sollte durch den Hinweis auf den Alkoholgenuss

■ Der Leichtbau setzte der Verformung und Zerstörung des Doppelstock-Gliederzuges kaum Widerstand entgegen.   Foto: Slg. Preuß

■ Die Fahrzeug-Wracks wurden vom Gleis gezogen und angezündet.   Foto: Slg. Preuß

■ Gaffer kommen zu jedem Unfall, Helfer weniger. Foto: Slg. Preuß

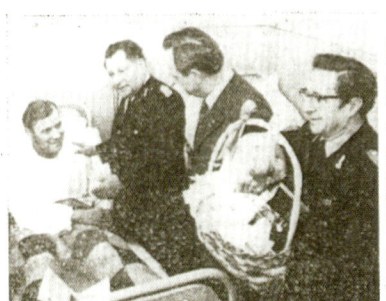

Leitende Staatsfunktionäre besuchten Betroffene des Eisenbahnunglückes
Den Verletzten wird alle Hilfe zuteil
25 Todesopfer sind zu beklagen – Gespräch mit Genossen Heinz Arnold, Vorsitzender der Bezirkskatastrophenkommission

„FP"-Mitarbeiter bei Ärzten und Verletzten in Crimmitschau und Zwickau

KARL-MARX-STADT (FP/ADN). Dank hoher Einsatzbereitschaft der Eisenbahner und vieler anderer Helfer konnte am Dienstagmittag der durch das Eisenbahnunglück bei Schweinsburg-Culten gesperrte Streckenabschnitt Werdau–Crimmitschau für den Verkehr wieder freigegeben werden.

In den Vormittagsstunden hatten leitende Vertreter zentraler und örtlicher staatlicher Organe bei dem Unglück verletzte Bürger in den Krankenhäusern aufgesucht. So überzeugten sich das Mitglied des ZK der SED und Stellvertreter des Ministers für Verkehrswesen, Genosse Robert Menzel, und das Mitglied des Sekretariats der SED-Bezirksleitung und Vorsitzenden des Rates des Bezirkes Karl-Marx-Stadt, Genosse Heinz Arnold, im Krankenhaus Werdau davon, daß den Verletzten jegliche Fürsorge und fachärztliche Betreuung zuteil wird. Sie sprachen den Ärzten, Schwestern und Krankenpflegern den Dank für ihre aufopferungsvolle Arbeit aus.

Die bisherigen Ermittlungen haben ergeben, daß das folgenschwere Eisenbahnunglück auf das Überfahren eines Haltesignals durch den Karola-Expreß zurückzuführen ist. Dabei kam der Triebwagenfahrer dieses Zuges selbst ums Leben. Die Zahl der Todesopfer hat sich auf 25 erhöht.

Gestern mittag sprach „FP" mit Genossen Heinz Arnold. Der Vorsitzende der Bezirkskatastrophenkommission informierte uns in Werdau ausführlich über die Maßnahmen, die getroffen wurden zur Rettung und Betreuung der von dem folgenschweren Eisenbahnunglück Betroffenen.

Sofort nach Bekanntwerden des Unglücks waren bereits von seiten der Kreiskatastrophenkommission die ersten Hilfsmaßnahmen eingeleitet worden. Von der ersten Minute an, so betonte Heinz Arnold, gab es bei einer großen Einsatzbereitschaft aller an den Bergungs- und Aufräumungsarbeiten Beteiligten, besonders aus den Betrieben, Genossenschaften, Einrichtungen, des Deutschen Roten Kreuzes und der Reichsbahn, der Volkspolizei und der Nationalen Volksarmee im Kreis Werdau sowie Einrichtungen benachbarter Kreise. So konnten in kürzester Frist alle

(Fortsetzung auf Seite 2)

Alle Fürsorge wird den Verletzten zuteil. Davon überzeugten sich gestern der Stellvertreter des Ministers für Verkehrswesen, Robert Menzel, und der Vorsitzende des Rates des Bezirkes, Heinz Arnold (2. und 3. von links), im Werdauer Krankenhaus. Hier im herzlichen Gespräch mit dem Patienten Günter Pfeil. Foto: ZB/Thieme

■ Polit-Chef Menzel übernahm die Aufgabe, in den Krankenhäusern »mit herzlichen Worten« Trost zu spenden. Quelle: »Freie Presse« Karl-Marx-Stadt

vor dem Dienst versucht werden, diesem Übel die Ursache und Schuld zu geben? Der Bürger fand nichts von solchen Gedankengängen in seiner Zeitung. Die Medienarbeit lief nach Schema F ab. Überschriften der Art: »Den Verletzten wird jede Hilfe zuteil«. »Wir werden liebevoll umsorgt«, als genösse man es, verletzt worden zu sein. »Aufopferungsvolle Hilfe in den Krankenhäusern«.

Auch durfte das obligate Foto vom Besuch der Funktionäre mit dem Präsentkorb am Krankenbett nicht fehlen. Im Krankenhaus Werdau erschien Robert Menzel, Stellvertreter des Ministers für Verkehrswesen und Leiter der Politischen Verwaltung der Deutschen Reichsbahn. Demmler, Leiter an der Unfallstelle, sah ihn nicht, denn Menzel hielt sich vorzugsweise in der SED-Kreisleitung Werdau auf, wo man das Mitglied des Zentralkomitees bewirtete. Die Bevöl-

Den Verletzten wird alle Hilfe zuteil

Verletzten in ärztliche Obhut gelangen.

Durch die enge Zusammenarbeit mit dem Minister für Verkehrswesen, Genossen Otto Arndt, und weiteren Verantwortlichen der Reichsbahn, den Genossen des Sekretariats der SED-Kreisleitung Werdau mit ihrem 1. Sekretär Hans Wlhan und des Rates des Kreises Werdau mit seinem amtierenden Vorsitzenden Horst Walther sowie vielen gesellschaftlichen Kräften wurde alle erdenkliche Hilfe den Verletzten zuteil. Gleichzeitig wurde alles getan, um den Verkehr wieder zu normalisieren.

Genosse Arnold informierte unsere Redaktion, daß ein direkter Kontakt zu den Gesundheitseinrichtungen in Werdau, Crimmitschau und Zwickau vorhanden ist, so daß Kenntnis über den Zustand der Verunglückten besteht und eventuell weitere Maßnahmen zur ärztlichen Betreuung eingeleitet werden können. Er versicherte, daß die Ärzte und das gesamte medizinische Personal sowie die Kräfte des DRK der DDR alles menschenmögliche getan haben und tun. Davon konnten sich die leitenden Genossen auch im Kreiskrankenhaus Werdau überzeugen, wo sie Verletzten beste Genesungswünsche überbrachten und mit ihnen auch persönliche Angelegenheiten besprachen. Den Verletzten wurden bis zu ihrer völligen Genesung ständige Betreuer von der Reichsbahn und den staatlichen Organen zur Seite gegeben. Auch den Angehörigen der vom Unglück so schmerzlich Betroffenen wird in vertrauensvoller Zusammenarbeit jegliche Hilfe und Unterstützung unseres sozialistischen Staates gewährt.

Für die liebevolle Anteilnahme der Öffentlichkeit an dem bedauerlichen Unglück spricht auch die Tatsache, daß sich Werktätige aus mehreren Betrieben, so z. B. 20 Arbeiter der Abteilung Vorrichtungsbau des Kfz.-Werkes „Ernst Grube" Werdau als freiwillige Blutspender zur Verfügung stellten.

Heinz Arnold sprach abschließend im Namen der Bezirksleitung unserer Partei, des Rates des Bezirkes und des Rates des Kreises Werdau allen an der Rettungsaktion Beteiligten den aufrichtigen Dank für ihre hohe Einsatzbereitschaft aus.

Herr Geppert aus Werdau im Krankenhaus Crimmitschau:

Wir werden liebevoll umsorgt

CRIMMITSCHAU. Großes Vertrauen zu unserem Staat und der Dank für die aufopferungsvolle Pflege, die im Crimmitschauer Krankenhaus betreut wird.

So sagte u. a. Herr Geppert, er ist in Werdau zu Hause und studiert in Leipzig: „Man kann nur immer wieder unterstreichen: Wir werden liebevoll und bestens gepflegt." Herr Arndt aus Oelsnitz/Vogtland äußerte sich ähnlich und fügte hinzu: „Allen, die uns so schnell geholfen haben, bin ich sehr dankbar."

Der Ärztliche Direktor des Krankenhauses Crimmitschau, Medizinalrat Dr. Papenberg, versicherte: „In diesen schweren Stunden hat in unserem Krankenhaus keiner auf die Uhr geschaut. Alle halfen, wie und wo sie nur konnten. Die Schwerverletzten werden ständig von Ärzten betreut, die Schwestern lösen sich gegenseitig ab, so daß immer jemand zu ihrer Versorgung anwesend ist. Selbstverständlich setzen wir auch weiterhin gemeinsam alle Kräfte ein, um die Verunglückten das „Miteinander" und „Füreinander". Bereits unmittelbar nach dem schweren Zugunglück gab es bewegende Beispiele selbstloser Hilfsbereitschaft. Wismut-Kumpel, die mit ihren Schichtbussen die Unglücksstelle passierten, leisteten sofort Erste Hilfe. Die Mitglieder der Baubrigade der LPG „Ernst Thälmann" Neukirchen gehörten mit zu den ersten, die in die zertrümmerten Waggons eindrangen und Verunglückte bargen. Hohe Einsatzbereitschaft zeigten auch die Kameraden der Freiwilligen Feuerwehr Neukirchen sowie Arbeiter der Neukirchener Betriebe Zwirnerei Sachsenring, Metallverarbeitung, Anzugstoffe sowie zahlreiche Bürger des Ortes, die schon kurz nach dem Zusammenprall mit den Rettungsarbeiten begannen.

Ärzte und Schwestern im Bezirkskrankenhaus „Heinrich Braun" Zwickau:

Über 24 Stunden unermüdlich im Einsatz

ZWICKAU. „Seit dem tragischen Eisenbahnunglück sind etwa 130 Ärzte, Schwestern und weiteres medizinisches und anderes Personal aus allen Abteilungen ununterbrochen im Einsatz." Das sagte uns gestern der Ärztliche Direktor des Bezirkskrankenhauses „Heinrich Braun" in Zwickau, Medizinalrat Prof. Dr. med. habil. Klaus Rösner. Seinen besonderen Dank für ihre selbstlose Hilfeleistung sprach er den Ärzten und Schwestern im chirurgischen Dienst aus, die 24 Stunden und noch länger ununterbrochen ihre Arbeit verrichteten. „Heute morgen, 5.30 Uhr war die letzte Operation beendet", sagte Prof. Rösner, „und wenn die Chirurgen und Anästhesisten ihre Aufgaben so gut erfüllen konnten, dann gilt nicht zuletzt auch unser Dank der Hilfeleistung aus anderen medizinischen Einrichtungen. So übernahm die chirurgische Abteilung des Wismut-Krankenhauses in Zwickau sofort den chirurgischen Bereitschaftsdienst, und aus den Krankenhäusern Erlabrunn, Aue und Greiz stellten sich medizinische Kräfte zur Verfügung, um unsere Ärzte und Schwestern zu unterstützen. Das verdient volle Hochachtung und Anerkennung", sagte Prof. Rösner abschließend.

■ Das Credo der Medien nach Katastrophen (»der Staat hilft«) erinnerte in fataler Weise, wie man im Zweiten Weltkrieg auf Luftangriffe reagierte.

kerung wurde mit der versteckt angeordneten Nachricht abgespeist, bei sehr dichtem Nebel sei ein Signal überfahren worden. Mehr brauchte man nicht mitzuteilen. Viele waren froh, dass es zu keinem Strafverfahren und keinem Prozess kam, denn dadurch, dass die vermeintlich Schuldigen ums Leben gekommen waren, brauchte man an einem Vorkommnis, das es eigentlich in der DDR nicht geben durfte, nicht weiter zu rühren.

Unter den Eisenbahnern wurde noch Monate über »Schweinsburg-Culten« diskutiert, auch wenn die »Fahrt frei« sich diesmal mit Informationen zurückhielt. Man sprach von einem Glück, dass sich beide Zugspitzen auf der Weiche trafen und nicht ein paar Sekunden später; eine Flankenfahrt des Triebwagens in den Doppelstockzug hätte womöglich viel schlimmere Folgen gezeigt. Lokomotivführer Gunter Seufzer vom Bahnbetriebswerk Zwickau fuhr den Schnellzug als Sonderschicht, er beendete wegen Personalmangels vorzeitig seinen Urlaub. Er lebte noch einige Stunden eingeklemmt auf der Lokomotive. Die Frau des getöteten Triebwagenführers, der die Signale übersah, war hochschwanger.

Am 8. April 1976 ging das zweite Gleis in Betrieb, Kreuzungen waren auf dem Bahnhof kaum noch nötig. Am 30. Oktober 2002 gedachte man in Schweinsburg-Culten und in Zwickau der Opfer; die 1973 im Bahnbetriebswerk aufgehängte Gedenktafel hatte ein Unbekannter 1990 entfernt. Aber nun wurde eine neue im Empfangsgebäude angebracht, und an der Unfallstelle erinnert eine Tafel an das Unfassbare.

Erfurt-Bischleben – verleumderische Angriffe?

Weitgehend unterdrückt wurden die aufklärenden Hinweise über einen weiteren schweren Unfall, den vom 11. Juni 1981 in Erfurt-Bischleben.

Am Nachmittag eines heißen Tages rauschte Schnellzug 1453 Düsseldorf – Karl-Marx-Stadt durch das Tal am Steigerwald. Plötzlich eine ungewöhnliche Stille, nach Sekunden Schreie. Etwas Schlimmes musste passiert sein. Acht Wagen des Zuges waren entgleist, zwei eine 5 m tiefe Böschung hinabgestürzt. Völlig zerstört war der Wagen, der mit aller Wucht das Stellwerk traf. 14 Reisende kamen ums Leben, 102 wurden verletzt, davon 18 schwer. Der Sachschaden belief sich auf über 1,5 Millionen Mark.

Auch bei diesem Unfall der übliche Bericht, der das Unangenehme verschwieg. In der Zeitung »Das Volk« erfuhr man wieder von der grandiosen Hilfeleistung durch Eisenbahner und Bürger der Umgebung, wie alles bestens funktionierte in solchen Fällen und von zufriedenen BRD-Bürgern, die als Reisende von dem Unfall betroffen waren. Franz Lanzendörfer aus Düsseldorf wurde zitiert: »Mehr Hilfe kann man gar nicht bekommen. Wir sind bestens versorgt.«

Recht versteckt erfuhr der Leser etwas von der Ursache: Gleisverwerfung. »Als der D 1453 von Düsseldorf nach Karl-Marx-Stadt mit der zulässigen und vorgesehenen Reisegeschwindigkeit von 120 km/h gegen 16.50 Uhr Bischleben erreichte, bemerkte Lokführer Alois Radkowski eine Gleisverwerfung. Er leitete reaktionsschnell sofort eine Schnellbremsung ein. Dennoch war nicht zu vermeiden, dass der vierte und fünfte Wagen des Zuges aus dem Gleis geschleudert wurden...«

■ Entgleiste Wagen des Schnellzuges stießen gegen das Stellwerk, wobei 14 Reisende getötet wurden. Abbildung: BStU HA IX 378 Bd. 2

■ Die Hilfszugmannschaft birgt aus umgestürzten Wagen das Reisegepäck. Abbildung: BStU HA IX 378 Bd. 2

Kein Naturereignis

Ob die 120 km/h Geschwindigkeit zulässig waren, darüber konnte man streiten. Auf dem Papier, nach dem Fahrplan waren sie es, aber sie hätten nach dem Zustand des Oberbaus niemals genehmigt werden dürfen. Zur Gleisverwerfung kommt es an heißen Tagen und dort, wo die Sonne auf das Gleis brennt. Sie ist jedoch kein Naturereignis, sondern entsteht bei Fehlern der Gleisverlegung und durch mangelhafte Instandhaltung des Oberbaus. Hier konnte die Untersuchung ansetzen.

Eine für das Ministerium für Staatssicherheit tätige Sachverständigenkommission erklärte: »Gleisverwerfungen sind generell vermeidbar, wenn man die in der Oberbauvorschrift ›DV 820 der Deutschen Reichsbahn‹ aus dem Jahre 1977 und in weiteren Dienstvorschriften enthaltenen Bestimmungen über den Bau, die Überwachung und Erhaltung von lückenlosen Gleisen einhält. Es ist insbesondere zur Vorbeugung von Gleisverwerfungen stets für den geforderten Bettungsquerschnitt (Verschotterung) sowie für eine ständige Verspannung der Schienen mit den Schwellen zu sorgen.« [27]

Die Kommission stellte außerdem fest, »dass im Unfallbereich die Schwellen ca. 30 mm unter der Schwellenoberkante frei ohne Schotter lagen und ca. 25 % der Befestigungsschrauben der Schienen locker waren oder fehlten.« Jemand hätte »in regelmäßigen Abständen mindestens alle 6 Monate« die Längsverschiebung der Schienen messen müssen, »um ein mögliches Schienenwandern zu erfassen und Gegenmaßnahmen einleiten zu können, wie Nachschotterung des Gleises, Nachspannen der Befestigungsmittel und Einbau zusätzlicher Wanderschutzklemmen.« All diese Vorkehrungen gegen Gleisverwerfungen hatte man in Erfurt-Bischleben unterlassen, weshalb die Kriminalpolizei bei der Bezirksbehörde der Volkspolizei ein Ermittlungsverfahren gegen Unbekannt einleitete.

■ Panzer der Nationalen Volksarmee ziehen die umgestürzten Wagen aus dem Gleisbereich.   Abbildung: BStU HA IX 378 Bd. 2

Aus dem Bericht der Hauptabteilung IX/V des Ministeriums für Staatssicherheit vom 6. Juli 1981: »Die bis zu einer planmäßigen Schienenauswechslung des im Unfallbereich liegenden Gleisabschnittes im Jahre 1978 regelmäßig ausgeführten Messungen der Schienenverschiebungen zeigten unzulässig große Schienenwanderung an. Gegenüber der zulässigen Verschiebung um 10 mm auf 500 m Schienenlänge wurden 60 bis 78 mm gemessen. Bei der Erneuerung des Gleisabschnittes hätte deshalb gemäß Oberbauvorschrift vom Gleisbaubetrieb Naumburg der Deutschen Reichsbahn die Strecke mit verstärktem Wanderschutz versehen werden müssen. Diese Maßnahme erfolgte nicht. Weiterhin wurden durch den Gleisbaubetrieb Naumburg nicht alle geforderten Messpunkte zur Längenverschiebung eingerichtet und an die zuständige Bahnmeisterei der Reichsbahndirektion Erfurt übergeben.

Entgegen den Oberbauvorschriften der Deutschen Reichsbahn wurde darüber hinaus das Gleis im Dezember 1978 dem Verkehr übergeben, ohne die Ausgangslage (Nullmessung) des Gleises exakt zu vermessen. Diese erfolgte erst im März 1979. Dadurch waren zu diesem Zeitpunkt schon mit hoher Wahrscheinlichkeit eingetretene Längsverschiebungen nicht erkennbar. Die Bahnmeisterei übernahm die Gleisanlage am 30. 4. 1979, ohne wie gefordert die Vollzähligkeit der Unterlagen und der Messpunkte zu überprüfen und die fehlenden Messpunkte zu ersetzen und zu vervollständigen.«

Aber die der Bahnmeisterei Erfurt unterstellte Streckenmeisterei war säumig. »So wurden erste Längsverschiebemessungen am 7. 9. 1979 nicht genutzt, fehlende Messpunkte im späteren Unfallbereich zu ergänzen und zu vermessen.« Innerhalb von fünf Monaten verschob sich die linke Schiene um 22 mm und erzeugte einen Spannungsstau vor den Weichen.

1981 maß die Streckenmeisterei die Längsverschiebung überhaupt nicht. Das Technische Büro in der Bahnmeisterei fand sich mit dem Zustand des Gleises ab, erfasste nicht einmal die Messungen, um durch Vergleich die Schienenwanderungen zu kontrollieren.

Die Sachverständigen resümierten: »... daß der im Unfallbereich vorhandene mangelhafte Oberbau nicht in der Lage war, aufgetretene Längskräfte der Schienen, die neben Temperatureinwirkungen zusätzlich durch die im Unfallbereich vorhandene Gefällestrecke von 0 bis 7 Promille und den Bremsabschnitt Bahnhof Erfurt-Bischleben auftraten, aufzunehmen.«

Nun konnten die Kriminalisten gegen Bekannt ermitteln. Die Argumente der Sachverständigenkommission lieferten den Zusammenhang zwischen den Pflichtverletzungen und der Gleisverwerfung. Und die Staatssicherheit schrieb dann auch, dass der Leiter des Technischen Büros der Bahnmeisterei (»operativ nicht erfaßt, parteilos«) und der unterstellte Streckenmeister (»operativ nicht erfaßt, Mitglied der SED«) »in der Durchführung ihrer dienstlichen Tätigkeit gegen für sie gültige Dienstvorschriften der Deutschen Reichsbahn verstoßen haben und dabei die Bedingungen für das Eintreten des folgenschweren Bahnbetriebsunfalles setzten.«

Geheimnisvolle Andeutungen

Hier konnten ein Prozess, ein Urteil, eine Strafe Normverstöße, die zu großem Leid und erheblichen Sachschaden führten, gesellschaftlich ächten. Anders als bei einigen in diesem Buch beschriebenen Unfällen verhinderte das nicht der beim Unfall ums Leben gekommene Verdächtige oder die Bagatelle seiner Schuld. Für die Nachlässigkeit der Dienstausführung obendrein an einer dicht befahrenen Hauptbahn, einer wichtigen Ost-West-Ader, gab es keine Entschuldigung. Was folgte? Ein Prozess? Verurteilung der Schuldigen? Wenn man beim Reichsbahnamt oder bei der Reichsbahndirektion Erfurt danach fragte, sah man Schulterzucken und hörte geheimnisvolle Andeutungen: »Da passiert nichts! Da stecken ganz Andere im Dreck!« Wer das sein sollte, sagte niemand.

Wäre ans Licht gekommen, dass der Stab für die operative Betriebsleitung wegen der Zugdichte die beantragten Sperrpausen für Nacharbeiten am Oberbau verweigerte? Setzte sich niemand, auch kein Vizepräsident Bahnanlagen dafür ein, dass am Gleis gearbeitet werden konnte? Warum wurde keine Langsamfahrstelle eingerichtet? Wegen der Kapazitätseinschränkungen, die dann auf der Strecke folgten? Bestanden gestörte Beziehungen zwischen dem der Reichsbahnbaudirektion unterstellten Gleisbaubetrieb und der Reichsbahndirektion, sodass es zu der mangelnden Qualität im Gleisbau kam? Das musste doch aufgeklärt werden!

Die Gerüchte wurden nicht aufgeklärt und geistern 25 Jahre nach dem Ereignis noch umher. Da es am 13. Juni, zwei Tage nach dem Unfall in Erfurt-Bischleben, abermals zu einem schweren Unfall mit zwei Güterzügen bei Saalfeld (Saale) kam, an dem ein betrunkener Fahrdienstleiter beteiligt war, beratschlagte ein ratloser Minister Otto Arndt (es war ein Tag vor dem »Tag des Eisenbahners«) im Dresdner Kulturpalast mit »führenden Genossen«, ob es richtig sei, Herbert Marktscheffel, Präsident der Reichsbahndirektion Erfurt, als Verdienten Eisenbahner auszuzeichnen.

Aber man wollte kein Aufsehen. Mit einem Präsidenten nicht, der ohne die Auszeichnung nach Hause kam, und nicht mit dem Erfurter Unfall. »Obwohl [...] eine strafrechtliche Relevanz der fahrlässigen Herbeiführung eines schweren Verkehrsunfalles nach § 196 StGB [...] gegeben ist, wird vorgeschlagen, von der Einleitung eines Ermittlungsverfahrens gegen beide Personen abzusehen, um zu verhindern, daß der Gegner diskriminierende und verleumderische Angriffe gegen die DDR einschließlich die Deutsche Reichsbahn hinsichtlich der sicheren Abwicklung des Transitverkehrs zwischen der BRD und Westberlin führen kann«, schrieb Hauptmann Kunze seinem Hauptabteilungsleiter, Oberst Griebner. Also halfen die neugierigen West-Journalisten, dass die Verantwortlichen für die Gleisverwerfung mit einem blauen Auge davon kamen. Die beiden Beschäftigten der Bahnmeisterei erhielten einen Verweis, der Technische Leiter verließ die Deutsche Reichsbahn.

■ Unfälle, die kaum bekannt und auch schnell vergessen werden, gestern – heute – morgen:
Entgleisung einer vermutlich ungebremsten Rangierabteilung auf der Verbindungsbahn zum früheren Bahnhof Flensburg am 4. Juni 1957.
Abbildung: Slg. Stadtarchiv Flensburg

Offensichtlich fand sich auch der Bezirksstaatsanwalt Geyer mit der Einstellung des Ermittlungsverfahrens ab. Coburger und Skiba schrieben in dem Wälzer »Die Sicherheit«, Band 2, Seite 454 [Berlin 2002]: »Von verschiedener Seite – nicht zuletzt durch die BStU-Behörde – wird behauptet, der Staatsanwalt sei in der DDR lediglich ‚Statist zur Durchführung der MfS-Linie' gewesen. Der Staatsanwalt war zu keiner Zeit - weder im Prüfungs- und Einleitungsstadium noch im Verlaufe des Ermittlungsverfahrens oder dessen Abschlusses an die Auffassungen und Vorschläge des Untersuchungsorgans gebunden.« Gebunden nicht, aber man akzeptierte solche Vorschläge als »politische Entscheidung«.

Minister und DR-Generaldirektor Otto Arndt holte am 17. Juli 1981 die Präsidenten zusammen, um den Genossen des Ministeriums für Staatssicherheit Gelegenheit zu geben, den Unfall von Erfurt-Bischleben auszuwerten. Die Präsidenten hörten dann auch, dass die Gleisverwerfung »generell vermeidbar gewesen wäre«, wenn die Verantwortlichen ihre Pflichten erfüllt hätten. Die Bahnbetriebsunfälle im Jahre 1980/1981 waren »nicht durch mangelnde Grundfonds bedingt«. Die Mängel und Unzulänglichkeiten sind »insbesondere in der mangelhaften Führungs- und Leitungstätigkeit zu suchen.«

Arndts Stellvertreter, Günther Knobloch, nannte die Beispiele aus anderen Direktionsbezirken der Jahre 1980 und 1981 und sah als Ursachen mangelnde Kontrolltätigkeit und auch vernachlässigte Unterhaltungsarbeiten, weil man die vorgesehenen Investitionen erwartete. Knobloch zählte auf: 1979 kam es zu 489 »bedeutenden Schadensfällen«, 1980 zu 412. Im Jahr dieser Auswertung sollten es 404 werden, bei denen 19 Personen getötet wurden. Allein die die Behebung der Sachschäden der beiden Unfälle von Erfurt-Bischleben und Saalfeld kosteten 11 Millionen Mark.

Knobloch nannte den Zusammenstoß von Gex 2527 und Sonderzug 83961 am 21. März 1981 in Nassenheide wegen mangelhafter Fahrwegprüfung, ein Lokomotivführer getötet,

■ 17 Wagen eines Kohlenzuges entgleisten am 3. Januar 1987 wegen eines Schienenbruchs zwischen Neupetershain und Senftenberg.
Foto: ADN-ZB/Wawro

■ Zwischen Gera und Greiz entgleiste am 15. Mai 1992 wegen einer Gleisverwerfung ein Nahverkehrszug. Foto: Reichenbecher

■ Ein Schienenbruch warf den Güterzug am 20. Dezember 2007 bei Raubling, Strecke München – Salzburg, aus der Bahn. Foto: Fährmann

1,5 Millionen Mark Sachschaden. Am 16. Mai entgleiste zwischen Gößnitz und Crimmitschau Dg 51627 wegen eines Mangels am Wagen, 1,1 Millionen Sachschaden. Am 28. Juni entgleiste in Köthen der Gag 89006 wegen eines Weichenmangels, 1,6 Millionen Mark Schaden.

Geringere Sachschäden entstanden 1981 durch 14 Unfälle I. Grades[2], aber sie störten den Betriebsablauf. Am 9. Februar stieß auf dem Bahnhof Zoologischer ein Dienstsonderzug mit einem S-Bahn-Zug zusammen, weil der Sonderzug in ein für Bauarbeiten gesperrtes Gleis eingelassen worden war. In Marksuhl entgleisten am 23. Februar sechs Wagen des Dg 54411 infolge mangelhaften Oberbaus in einer Schlammstelle. In Magdeburg-Buckau kam es am 10. März zu einer Flankenfahrt, unsachgemäße Behandlung eines Vorsichtswagens. Entgleisungen:
– wegen Oberbaumängeln am 16. März in Ribnitz-Damgarten West neun Kesselwagen des Dg 58869;
– wegen Oberbaumängeln am 9. April der ausfahrende Dg 55190 in Hennigsdorf;
– wegen Mängel an Wagen am 25. März in Neubrandenburg beim einfahrenden TDe 45480;
– am 9. April bei einem einfahrenden Güterzug in Stralsund.

Eine mangelhafte Weiche führte am 8. Mai in Wustermark zur Entgleisung des Lg 89787. Eine Gleisverwerfung ließ am 2. Juni den P 7942 in Jacobsdorf entgleisen. Flankenfahrt zwischen den Zügen 88789 und 44425 und Entgleisung am 3. Juli am Biesdorfer Kreuz.

Das war eine Vielzahl von Unfällen, die öffentlich kaum oder nicht bekannt wurden. Auch heute sind Ereignisse, von denen nur Güterzüge betroffen sind, selten auffällige Veröffentlichungen wert. Aber auch sie kennzeichnen den technischen und Sicherheitsstandard einer Bahn.

---

2   Die Unfälle wurden nach der DR-Bahnbetriebsunfallvorschrift in solche I. bis IV. Grades eingeteilt. I. Grades: Tödliche Verletzungen, über 200.000 Mark Sachschaden, Gleissperrungen auf allen Gleisen über 12 Stunden oder eines Gleises einer mehrgleisigen Hauptbahn über 24 Stunden.

8. Voreilige Behauptung: die Bremsen versagten

Nicht selten erklären die Medien ihren Lesern, Hörern oder Zuschauern nach einem Zugunglück, es hätten die Bremsen versagt. Der gemeine Bürger mag denken: So ist das nun mal, wo Technik ist, ist auch ihr Versagen. Oder er fragt sich, ob es nicht an der Zeit ist, die Bremsen so zu verbessern, dass sie nicht versagen. Tatsächlich aber ist das von den Eisenbahnen verwendete Bremssystem derart perfekt, dass nur die menschliche Fehlarbeit zu ihrem »Versagen« führen kann. Fehler und Unterlassungen bei der Prüfung der Bremsen gehören – neben der unzulässigen Vorbeifahrt am Halt zeigenden Signal – zu den schwersten, zu den »Todsünden« der Eisenbahner.

Am Morgen des 20. Novembers 1997 hatte der Interregio 2328 Dresden–Berlin gegen 6.30 Uhr im Bahnhof Elsterwerda gehalten. Während die wenigen Reisenden den Hausbahnsteig verließen, empfing der Fahrdienstleiter vom Zugfunk den Notruf des Lokomotivführers Hagen T., der sich mit dem Sonderzug 71153, einem Kesselwagenzug Stendell–Nossen, dem Bahnhof näherte. Er meldete das Versagen der Bremsen.

Eigentlich sollte der Zug bis Riesa durchfahren, und erst dort die Lokomotiven wechseln, weil die Strecke nach Nossen nicht elektrifiziert ist. Aber der Zug war um 100 Minuten verspätet, sodass die Betriebsleitung bestimmte, den Zug nicht in Riesa, sondern bereits in Elsterwerda umzuspannen. Deshalb gab der Fahrdienstleiter die Einfahrt nach Gleis 5 frei, wofür eine Geschwindigkeitsbeschränkung von 40 km/h galt.

Hagen T. hatte den Zug mit der Lokomotive 155 103 in Berlin-Grünau übernommen. Er war bereits 0.49 Uhr eingetroffen und hatte auf Gleis 18 auf den Zug von Stendell gewartet. Der

■ Blick auf das Inferno von Elsterwerda. Der Unfallzug steht auf Gleis 5, und die in die Ablenkung gestellte Weiche 15 ist zu erkennen. Foto: Preuß

Hergang

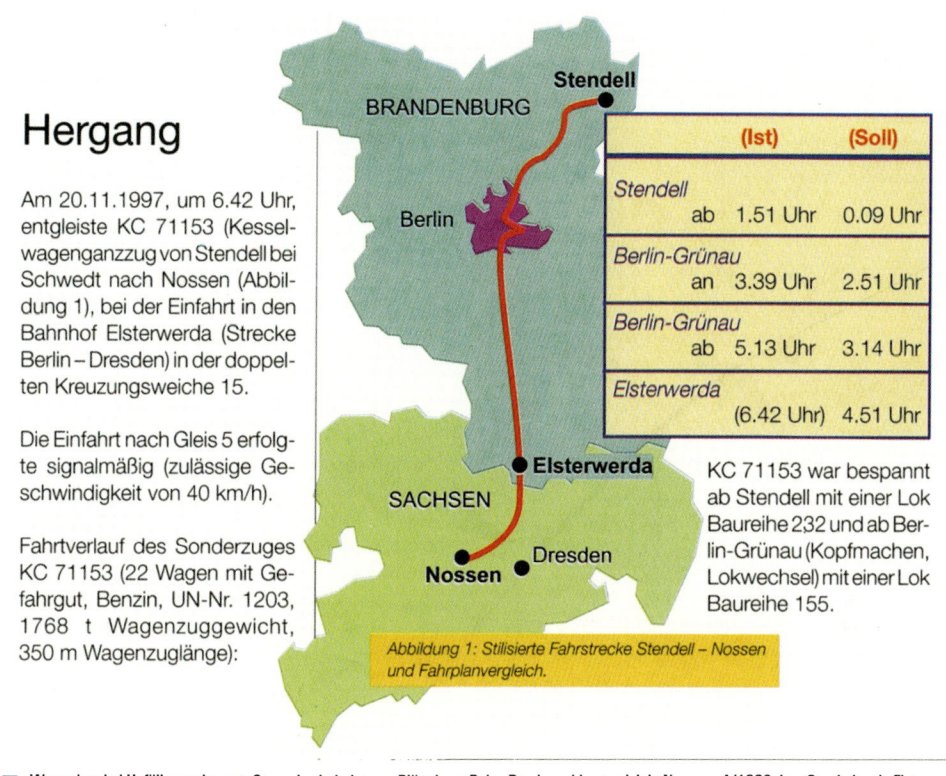

Am 20.11.1997, um 6.42 Uhr, entgleiste KC 71153 (Kesselwagenganzzug von Stendell bei Schwedt nach Nossen (Abbildung 1), bei der Einfahrt in den Bahnhof Elsterwerda (Strecke Berlin – Dresden) in der doppelten Kreuzungsweiche 15.

Die Einfahrt nach Gleis 5 erfolgte signalmäßig (zulässige Geschwindigkeit von 40 km/h).

Fahrtverlauf des Sonderzuges KC 71153 (22 Wagen mit Gefahrgut, Benzin, UN-Nr. 1203, 1768 t Wagenzuggewicht, 350 m Wagenzuglänge):

	(Ist)	(Soll)
Stendell ab	1.51 Uhr	0.09 Uhr
Berlin-Grünau an	3.39 Uhr	2.51 Uhr
Berlin-Grünau ab	5.13 Uhr	3.14 Uhr
Elsterwerda	(6.42 Uhr)	4.51 Uhr

KC 71153 war bespannt ab Stendell mit einer Lok Baureihe 232 und ab Berlin-Grünau (Kopfmachen, Lokwechsel) mit einer Lok Baureihe 155.

Abbildung 1: Stilisierte Fahrstrecke Stendell – Nossen und Fahrplanvergleich.

■ Was selten bei Unfällen vorkommt: Sogar das bahninterne Blättchen »Bahn-Praxis« widmete sich in Nummer 4/1998 dem Geschehen in Elsterwerda. Noch vor dem Prozess wurde das Thema Bremsprobe damit in Zusammenhang gebracht.

Fahrplan sah hier einen Aufenthalt von 2.51 Uhr bis 3.14 Uhr für den Lokomotivwechsel vor, die Änderung der Fahrtrichtung und die Bremsprobe. Als der Zug angekommen war, fuhr T. an den Schluss des eingefahrenen Zuges. Abgesehen davon, dass der Zugvorbereiter dem Lokomotivführer die Begleitpapiere und einen Bremszettel, der die Bremsverhältnisse im Zuge beschreibt, übergeben musste, war hier eine Bremsprobe fällig.
Die ist vorgeschrieben, wenn ein Luftabsperrhahn geöffnet wird, und zwar:
- Luftabsperrhahn geöffnet ohne Fahrtrichtungswechsel – Vereinfachte Bremsprobe hinter der (letzten) Kuppelstelle;
- Luftabsperrhahn geöffnet mit Fahrtrichtungswechsel – Vereinfachte Bremsprobe am letzten Fahrzeug des Zuges;
- Führerbremsventil gewechselt – Wendebremsprobe (Manometerprobe ohne Kontrolle der Bremsen).

Der Lokomotivführer kann nur sicher sein, dass die Bremsen funktionieren, wenn sich ein befähigter Eisenbahner an den Wagen überzeugt hat, dass die Bremsen lösten und anlegten. Er bestätigt das dem Lokomotivführer mit dem Signal oder der Meldung »Bremsen in Ordnung«. Das ist eine Voraussetzung dafür, dass der Zug auf die Strecke fahren darf.
Die Eisenbahnbau- und Betriebsordnung verlangt: *»Bevor ein Zug den Anfangsbahnhof verlässt, ist eine Bremsprobe vorzunehmen. Die Bremsprobe ist zu wiederholen, so oft der Führerstand gewechselt, der Zug ergänzt oder getrennt wird.«*

Die Bremsprobe ist schon deshalb nötig, weil
- sich ein Zug aus vielen Fahrzeugen zusammensetzt, die alle bremstechnisch miteinander verbunden sind;
- die Bremsen im Zugverbund miteinander abgestimmt sein müssen;
- unterschiedliche Zuggewichte und Zuglängen mit verschiedenen Geschwindigkeiten gefahren und somit auch unterschiedliche Längskräfte innerhalb des Wagenzuges sicher beherrscht werden müssen.

Damit ist eigentlich alles zum »Fall Elsterwerda« gesagt, doch von den Vorgängen in Berlin-Grünau wusste fast niemand etwas unmittelbar vor der Katastrophe und auch danach nicht. Nur einer: der Zugvorbereiter Andreas N. Der hatte wegen der Verspätung des Kesselwagenzuges die Bremsprobe bei drei Zügen auszuführen. Im Gleis 12 war um 3.49 Uhr Zug 71153 bespannt worden. Daneben, im Gleis 13, stand Zug 49411, der um 4.16 Uhr bespannt wurde. Vorher, um 3.58 Uhr, hatte sich im Gleis 101 die Lokomotive an den Zug 58851 gesetzt. In einer ruhigen Nachtschicht hatte N. plötzlich viel zu tun.

Bremsprobe in Berlin-Grünau

Lokomotivführer T. kuppelte die Lokomotive mit dem ersten Wagen. Der Zug war vom angekommenen Lokomotivführer gebremst abgestellt worden. Er hängte dazu die Schraubenkupplung des Wagens in den Zughaken der Lokomotive und hatte anschließend die Bremsleitungen zu verbinden und die Luftabsperrhähne zu öffnen. Im Führerraum füllt er die Leitung unter Beobachtung des Manometers der Hauptluftleitung auf. Dabei könnte er durch die Füllzeit sofort merken, ob die Luftabsperrhähne geöffnet oder geschlossen sind. Der Druck in den Bremszylindern sinkt auf 0 bar, und die Bremsklötze lösen.

Der Zugvorbereiter hatte zu prüfen, ob die Fahrzeuge gekuppelt sind (hier besonders: Lokomotive und erster Wagen) und bei der Vollen Bremsprobe, ob alle Bremsen gelöst haben. Da der Güterzug nicht in Berlin-Grünau gebildet worden war, sondern von Stendell ankam und es hier zu keinerlei Veränderungen an der Zusammensetzung der Wagen gekommen war, durfte der Zugvorbereiter auf den so genannten Zustandsgang verzichten. Außerdem brauchte er nur die Vereinfachte Bremsprobe auszuführen, also nur am letzten Wagen den Lösezustand, dann das richtige Anlegen und Lösen der Bremsen zu kontrollieren.

Danach gibt er das Signal »Bremse anlegen«. Er prüft, an einer beliebigen mehrlösigen Bremse des Zuges hinter der Kuppelstelle, ob die Bremsklötze anliegen. Nach dem Signal »Bremse lösen« prüft er, ob die Bremsklötze gelöst haben. Dann erst darf er dem Lokomotivführer »Bremse in Ordnung« und dem Fahrdienstleiter den Zug »Fertig!« melden. Selbstverständlich musste am Zugschluss auch das Schlusssignal angebracht sein.

Bei diesem Zug konnte das Verfahren gar nicht funktionieren, hatte doch der Lokomotivführer vergessen, die Bremskupplungen zu verbinden und die Luftabsperrhähne zu öffnen. Zwar schreibt das keine Vorschrift vor, ein aufmerksamer Lokomotivführer hätte aber im Führerraum bemerkt, dass der Kompressor nicht anläuft, und – das verlangt wieder die Bremsvorschrift – auf dem Manometer festgestellt, dass beim Lösen der Bremsen die Füllzeit viel zu kurz war.

Aber es war in einer Nachtschicht, und die beiden an der Bremsprobe Beteiligten waren wahrscheinlich müde. Dass sich die Bremsen am letzten Wagen nicht lösten, überzeugte Zugvorbereiter N., hier sei wieder einmal die Hauptluftleitung »überladen«. Das heißt, in der

Hauptluftleitung herrschte bei der vorangegangenen Zugfahrt ein Druck von mehr als 5 bar, dadurch wurden die Hilfsluftbehälter/A-Behälter des Wagenzugs auch auf mehr als 5 bar aufgefüllt. Ein Lösen der Bremsen durch die neue Lokomotive, deren Führerbremsventil einen geringfügig niedrigeren Druck als das der vorherigen Lokomotive lieferte, war nicht möglich. Der Lokomotivführer muss in solchem Fall, um den Regeldruck herzustellen, den Druckangleicher im Führerbremsventil bedienen. Damit erhöht er den Luftdruck auf den Wert, den die vorangegangene Lokomotive hatte. Wenn das keinen Erfolg hat – und auch erst dann – darf sich der Lokomotivführer mit dem Zugvorbereiter darüber verständigen, dass dieser durch Betätigen der Lösezüge der Bremsen an den Wagen die überschüssige Luft aus den Hilfsluftbehältern/A-Behältern ins Freie entweichen lässt.

Zu einer derartigen Verständigung war es aber in Berlin-Grünau gar nicht gekommen. Der Zugvorbereiter stand weit von der Lokomotive entfernt, und nur ihm war aufgefallen, dass die Bremsen nicht lösten. Er hatte gar keine Lust, zur Lokomotive zu gehen, um den Lokomotivführer auf den »überladenen« Zug aufmerksam zu machen. N. vereinfachte sich die Arbeit, indem er von einem Zug zum anderen sprang und die Bremsproben an den drei Zügen gleichzeitig erledigte. So zog er beim Zug 71153 die Lösevorrichtung der Wagen, bis sich die Bremsen lösten. Danach lief er zum Befehlsstellwerk, um den Fahrplan für den Sonderzug zu holen.

Als er zurück kam, hatte der Lokomotivführer den Zug 100 m bis zum Ausfahrsignal vorgezogen. Nun war die Lokomotive noch weiter vom Zugvorbereiter entfernt. Das Signal zeigte »Fahrt frei«, und der Zug fuhr ab, dem Inferno in Elsterwerda entgegen.

Fünf Jahre später, im Landgericht Cottbus, stand Aussage gegen Aussage: Der Lokomotivführer will die Meldung »Bremse in Ordnung« erhalten haben (sonst hätte er ja nicht abfahren dürfen); der Zugvorbereiter bestritt das. Sicher war er sich nicht, denn er hatte drei Züge auf einmal bedient. Oder hatte der Lokomotivführer das für den Zug im Nachbargleis bestimmte Signal »Bremsen in Ordnung« auf sich bezogen?

Wer hatte dem Fahrdienstleiter den Zug »fertig« gemeldet? Das konnte doch nur der Zugvorbereiter N. gewesen sein. Wenn er den Zug fahren sah und wusste, dass die Bremsprobe nicht beendet worden war, warum sorgte er nicht dafür, dass der Zug angehalten wurde? Rund 11 Stunden nach der Katastrophe, gegen 17.30 Uhr, war es dem Mitarbeiter des Eisenbahn-Bundesamtes, Wolfgang Lips, möglich, an den ausgebrannten Wagen zu gehen. Er besichtigte das Kopfstück und sah, dass beide Luftabsperrhähne geschlossen waren. Der Schlauch (die Bremsleitung) steckte noch in der Halterung.

In der Nacht war die Strecke frei, kein Signal zwang Hagen T., die Geschwindigkeit zu ermäßigen oder den 1851 t schweren Zug anzuhalten. Nur hinter dem »Gehrener Berg« bremste er einmal und bemerkte, »dass der Zug schlecht bremst.« Nach Hohenleipisch zeigte ihm das Vorsignal, das er den Zug am Hauptsignal auf 40 km/h abbremsen musste. Er konnte das Führerbremsventil bedienen wie er wollte, es gab keine Bremswirkung im Zug. Lediglich die Lokomotive bremste. Mit knapp 90 km/h fuhr er über die in den abzweigenden Strang gestellte Weiche 15. Die Lokomotive entgleiste nicht, aber 15 der 22 Kesselwagen. Die Lokomotive riss sich infolge des gebrochenen Zughakens vom Zug ab und blieb infolge der Zwangsbremsung 177 m danach stehen. Dabei kam es, so der Bericht des Eisenbahn-Bundesamtes, »zu erheblichen Perforierungen der Tankwandung mit Austritt von Benzin.« Der Treibstoff entzündete sich, das Feuer breitete sich auf 13 Wagen aus.

Elsterwerdas dritter Großbrand

In Elsterwerda, brandenburgische Stadt an der Grenze zu Sachsen[1], wurde die Freiwillige Feuerwehr innerhalb von zwei Jahren zum dritten Mal zu einem Großbrand gerufen. Bereits 1995 hatte das Rathaus in Flammen gestanden, Ende September 1997 war die Lagerhalle einer Recyclingfirma niedergebrannt. Jetzt fuhren sechs Fahrzeuge zu dem brennenden Benzinzug. Das Löschen verzögerte sich, weil es an Löschwasser fehlte. Ohnehin hatten die Feuerwehrmänner nicht daran gedacht, die Wagen mit Wasser zu löschen. Sie wussten ja nicht, was da brannte, und konnten sich nicht festlegen, wie sie den Brand bekämpfen sollten. Plötzlich war ein starkes Pfeifen zu hören. Instinktiv suchten sie hinter einer Gebäudewand Deckung. Kurz darauf gab es eine Explosion, 20 Sekunden später eine zweite. Neun Feuerwehrleute und Polizisten wurden durch Verbrennungen und Knochenbrüche verletzt. Den Stadtbrandmeister Horst Mechelk begruben die Mauern eines einstürzenden Gebäudes tödlich. Fünf Tage später erlag Horst Gautsch im Krankenhaus seinen schweren Verletzungen.

Nicht das Bahnhofsgebäude, wie die Zeitungen schrieben, stürzte zusammen, sondern das daneben stehende Wirtschaftsgebäude, und der Lokomotivschuppen des Bahnbetriebswerks brannte ab. 170 Feuerwehrleute brauchten acht Stunden, ehe der Großbrand unter Kontrolle war. Das Erdreich war vom auslaufenden Benzin verseucht. Der Sachschaden und der Aufwand für die mehrere Tage um den Eisenbahnknoten herumzuleitenden Züge war groß.

Die Spekulationen der Medien wucherten, zumal der Pressesprecher der Polizei selbst harmlose Fragen ungenügend beantwortete. Da mussten die Journalisten für ihre Exklusivberichte Augenzeugen suchen. Die hatten glühende Bremsen gesehen, und so stand bald fest, dass die Bremsen entweder versagten, blockiert oder Heißläufer waren.

Über den Begriff Bremsversagen kann man sich streiten. Eine falsche Bremsprobe kann man auch als »Störung« ansehen, die sich nicht zur sicheren Seite auswirkt. Und es mag im Einzelfall auch Bremsversagen gegeben haben, wenn zum Beispiel ein Gegenstand die Luftleitung blockierte. So oft aber in den Zeitungen Bremsversagen gemeldet wird, müssten sich die Eisenbahnen überlegen, wie das Bremssystem zu verändern ist. Bisher gingen sie bei der selbsttätig wirkenden, durchgehenden Druckluftbremse davon aus, dass sich deren Störung zur sicheren Seiten hin auswirkt.

Nach der Explosion in Elsterwerda meinten die Ermittler, dass nicht am Unfallort, sondern am Beginn der Zugfahrt in Berlin-Grünau die Ursache zu suchen ist. Nach meinen, wenn auch unmittelbar nach dem Ereignis eingeschränkten Recherchen (»Keiner will etwas sagen!«) verfasste ich für das »eisenbahn magazin« eine dementsprechende Nachricht. Ursache und Hergang hielt der Lokomotivführer Jochen Feeder aus Worpswede für derart unglaubwürdig, dass er meinte, den Autor des Schwachsinns bezichtigen zu müssen. »Unser Amtslehrer würde gleich drei Herzinfarkte bekommen.« Er konnte sich nicht vorstellen, dass ein Lokomotivführer ohne Bremsprobe abfährt. Dabei lehrt die Geschichte der Eisenbahnunfälle, dass nichts unmöglich ist und dass es immer wieder Zugunfälle infolge unterlassener oder mangelhafter Bremsprobe gegeben hat, wie wir noch sehen werden.

Warum brauchte die Justiz fünf Jahre, um den Sachverhalt justiziabel zu machen? Am Eisenbahn-Bundesamt und seinem Gutachter Lips lag es nicht. Die Staatsanwaltschaft wartete auf das Gutachten eines Dresdner Professors, der den Zustand der Fahrzeuge beschreiben

---

[1] Der Bahnhof Elsterwerda war einmal Grenzbahnhof der Königlich Preußischen und der Königlich Sächsischen Staatseisenbahnen.

■ Stundenlang kühlten die Feuerwehrleute die Kesselwagen, um eine weitere Explosion zu verhindern. Foto: Preuß

■ Ein Gedenkstein auf dem Bahnhofsvorplatz erinnert an die beim Einsatz ums Leben gekommenen Feuerwehrleute. Foto: Preuß

■ Der Lokomotivschuppen ist abgebrannt, das Bahnbetriebswerk wurde ohnehin stillgelegt. Der Bahnhof musste monatelang saniert werden. Es blieb das ehemalige Übernachtungs- und spätere Verwaltungsgebäude   Foto: Preuß

■ Das Wirtschaftsgebäude und nicht, wie gemeldet, das Bahnhofsgebäude (ganz rechts) brannte ab.   Foto: Preuß

Blockierte Bremsen könnten Explosion ausgelöst haben

Nach der Brandkatastrophe in Elsterwerda schweben noch zwei Feuerwehrleute in Lebensgefahr

VON KATRIN ZIMMERMANN

Auch einen Tag nach dem schweren Explosionsunglück am Bahnhof von Elsterwerda (Kreis Elbe-Elster) ist die Unglücksursache noch unklar. Nach ersten Untersuchungen am Brandort hält Kreisbrandmeister Günter Keil es für unwahrscheinlich, daß Funkenflug die Explosion der beiden mit je 45 Tonnen Benzin gefüllten Kesselwagen ausgelöst hat. Keil sagte, Auslöser der Katastrophe sei wahrscheinlich ein sogenannter Heißläufer gewesen: ein Kesselwagen, bei dem sich bei der Fahrt die Bremsen festgefressen hätten. Dadurch könne es zur Entgleisung des mit 1,3 Millionen Liter Benzin und Heizöl beladenen Tankzuges gekommen sein. Darauf deute auch die abgerissene E-Lok hin, sagte der Kreisbrandmeister. Diese sei noch etwa 200 Meter weiter gerollt. Zudem fanden Ermittler Hinweise auf ein überhitztes Fahrgestell. Bei der Entgleisung waren zwei Kesselwagen aufgerissen worden. „Das daraufhin auslaufende Benzin hat sich entzündet", so Staatsanwalt Christoph Otto.

Nach Erkenntnissen des Eisenbahn-Bundesamtes sei der Güterzug mindestens 20 Kilometer pro Stunde zu schnell in den Bahnhof eingefahren. Nähere Hinweise erhoffen sich die Beamten von der

Tempo 60 statt mit den vorgeschriebenen 40 Kilometer pro Stunde über die Weichen gefahren wäre.

Bei der Explosion der Kesselwagen war am Donnerstag morgen in der südbrandenburgischen Stadt der 66jährige ehemalige Stadtbrandmeister Horst Mechelk ums Leben gekommen. Mechelk war unter einer eingestürzten Mauer gefunden worden. „Die Druckwelle hat dem Mann die inneren Organe zerrissen. Er war schon tot, als ihn die Mauer unter sich begrub", sagte Staatsanwalt Christoph Otto.

Nach Angaben des Staatsanwaltes befinden sich von den insgesamt neun Verletzten noch immer zwei Feuerwehrmänner in Lebensgefahr. „Sie wurden mit Rettungshubschraubern in eine Spezialklinik nach Riesa geflogen", so Otto. „Bei einem der Männer ist die Haut weit über 60 Prozent verbrannt", sagte der Chefarzt des Riesaer Kreiskrankenhauses, Günter Schröfel, der Berliner Zeitung. Der Verletzte sei in ein künstliches Koma versetzt worden, damit er die Schmerzen nicht spüren müsse. Sein Sohn, der beim Einsatz nicht so schwer verletzt wurde, liegt mit Knochenbrüchen im Krankenhaus Lauchhammer.

In Elsterwerda konnten am Freitag vormittag die letzten der 120 Einwohner der evakuierten Häuser

der Nacht von der Spezialfeuerwehr der BASF Schwarzheide leergepumpt worden. „Sobald die Staatsanwaltschaft den Brandort freigibt,

Ein Feuerwehrmann klettert auf einen explodierten Tankwagen.

Die Ruine des eingestürzten Bahnhofsgebäudes wurde am Freitag nachmittag abgerissen. Die Deutsche Bahn begann damit,

■ Die »Berliner Zeitung« vom 22./23. November 1997 spekulierte mit blockierten Bremsen. Das Gegenteil war der Fall!

und erklären sollte, aus welchem Grund die Kesselwagen entgleisten. Am 14. März 2000 – zweieinhalb Jahre nach der Katastrophe – ging die Anklage gegen die beiden Eisenbahner beim Landgericht Cottbus ein. Sie wurden des »gefährliche Eingriffs in den Bahnverkehr, der fahrlässige Tötung und Körperverletzung« bezichtigt.

Lustlose Richter?

Die Richter am Landgericht schienen wenig Lust zu haben, sich mit der Sache zu befassen, was der Vorsitzende Richter Dr. Stefan Fiedler im November 2002 während der Vernehmungen durch eine locker-legere Haltung auch zeigte. Bereits zum Ende des Jahres 2000 hatte das Verfahren wegen »geringer Schuld der Angeklagten« durch eine Geldbuße erledigt werden sollen. Ohnehin kämpfte das Landgericht mit einem Verfahrensstau, der dazu führte, dass mutmaßliche Schwerkriminelle aus der Untersuchungshaft entlassen wurden, untertauchten oder anderenorts im kriminellen Milieu weiter wirken konnten. Was sollte das Gericht mit zwei rechtschaffenen Eisenbahnern, die einmal versagt hatten, anfangen, wenn sogar gegenüber Ganoven das Schwert der staatlichen Ankläger stumpf geworden war?

Im Sommer 2001, ein Jahr nach der Anklageerhebung, lehnte die 2. Große Strafkammer am Landgericht die Eröffnung der Hauptverhandlung mit der Begründung ab, der Lokomotivführer habe nicht gegen Rechtsvorschriften, sondern nur gegen bahninterne Dienstanweisung verstoßen. Eine Folge der so genannten Privatisierung der Deutschen Bahn, deren Vorstand auf Vorschriften verzichtet, stattdessen Richtlinien erlässt. Ohnehin, so das Landgericht, seien Bremsproben Routinehandlungen, deren Unterlassen keine grobe Fahrlässigkeit darstelle. Der

Lokomotivführer konnte darauf vertrauen, dass der Zugvorbereiter seine Aufgaben pflichtgemäß erfülle. Die Folgen möglicher Unterlassungen, die Entgleisung des Zuges, der Tod und die Verletzung von Menschen wären für ihn nicht absehbar gewesen. [3] Die Anklage, zumindest gegen den Lokomotivführer Hagen T., war nicht schlüssig.

Die Staatsanwaltschaft legte Beschwerde beim Oberlandesgericht ein, indem sie argumentierte, die Fahrdienstvorschrift sei sehr wohl Bestandteil eines Gesetzes, der Eisenbahn-Bau- und Betriebsordnung. Wer dagegen verstoße, könne sich nicht darauf berufen, dass die Folgen von Pflichtverletzungen nicht vorherzusehen seien. Die 2. Große Strafkammer des Landgerichts Cottbus verurteilte schließlich T. zu zehn Monaten, N. zu acht Monaten Haft – beide auf Bewährung. Dem Zugvorbereiter N. hatte die Deutsche Bahn im Januar 2003 fristlos gekündigt. Auf den Einspruch vor dem Berliner Arbeitsgericht einigten sich die Parteien auf eine reguläre Kündigung mit Abfindung und handelten ein qualifiziertes Zeugnis (sprich: Beurteilung) aus.

Bad Münder 2002

Auch zur Katastrophe von Elsterwerda gibt es Parallelen. Eine davon ist die, die sich fünf Jahre nach der von Elsterwerda auf dem Bahnhof Bad Münder (Deister) an der Strecke Hannover–Hameln ereignete. Am 9. September 2002 stießen der mit Kali beladene Zug 62848 Heringen (Werra)–Hamburg Hohe Schaar mit Zug 51219 Seelze Rbf–Mannheim Rbf zusammen.

In Bad Münder war eine Weiche wegen ihrer defekten Weichenzunge im geraden Strang gesperrt. Die Züge konnten sich nicht wie auf zweigleisigen Strecken begegnen, sondern der Kalizug musste in das durchgehende Gleis der Richtung Hannover–Hameln einfahren und der Zug von Seelze Rbf am Einfahrsignal warten. Dort hielt er aber nicht, fuhr am Haltsignal vorbei und stieß bei einem Bremsweg von 1500 m mit etwa 30 km/h – rund 50 km/h weniger als die zuvor gefahrene Geschwindigkeit – mit dem Kalizug zusammen.

Ehe wir uns mit der Unfallursache beschäftigen – sogar das Eisenbahn-Bundesamt soll vom Bremsversagen gesprochen haben – ist auf das Pech hinzuweisen, dass gerade dieser Zug Gefahrgut transportierte. Es handelte sich um einen Kesselwagen mit Epichlorhydrin, dessen Ladung nach dem Zusammenstoß zu brennen begann, explodierte und den Kurort wegen der schädlichen Wirkungen des ins Freie gelangten Ladeguts – 30 t Gift – in Schrecken versetzte, denn es führte bei der Bevölkerung zu Vergiftungssymptomen.

Mit »Bremsversagen« hatte das Eisenbahn-Bundesamt sicherlich nicht gemeint, die Bremsen hätten versagt, sondern dass der Zug nicht oder nur unzureichend gebremst worden war. Merkwürdig war, dass der Lokomotivführer gegenüber der Untersuchungsbehörde sich weigerte auszusagen (was sein Recht ist), aber einem Redakteur der »Hannoverschen Allgemeinen Zeitung« mitgeteilt haben soll, an der Abzweigstelle Hannover-Empelde sei es bereits schwierig gewesen, den Zug am Halt zeigenden Signal anzuhalten. Er wäre mit einem Regionalexpress fast zusammengestoßen. Der Lokomotivführer will über Zugfunk der Fahrdienstleiterin gesagt haben, sein Zug bremse schlecht.

Die Unregelmäßigkeit war der Deutschen Bahn bekannt, nicht aber, dass es einen solchen Dialog gegeben hatte. Die Aufzeichnungen des Zugfunks enthielten darüber nichts. Auch an der Unfallstelle gestalteten sich die Untersuchungen schwierig, nicht nur weil Brand und Explosion die Fahrzeuge verändert, sondern weil die Feuerwehren beim Löschen und Beräumen des Unfallortes an den Fahrzeugen schon viel verändert hatten. Aber so viel stand fest: Nicht alle Wagen waren an die Bremsleitung angeschlossen gewesen.

Dementsprechend konzentrierten sich die Ermittlungen darauf, wie auf dem Rangierbahnhof Seelze die Bremsprobe ausgeführt worden war. Schließlich ermittelte die Staatsanwaltschaft gegen einen Wagenmeister. Dem bereits gebildeten Zug sollen weitere Wagen zugesetzt worden sein. Man habe vergessen, die Luftabsperrhähne zu öffnen, sodass allenfalls die Druckluftbremsen von drei der 18 Wagen mit der Lokomotive verbunden waren. [7] Infolge vernachlässigter Kontrolle sollen sich die Rangierer angewöhnt haben, die Bremsprobe nicht mehr am letzten, sondern am ersten Wagen auszuführen. Die Zeitungen wollen erfahren haben, in Seelze sei mit einem »Betriebsversuch zur Zugbildung« experimentiert worden, damit die Rangierarbeiten schneller und kostengünstiger werden. Sicher hatten sie von solchen Versuchen erfahren, wie sie auf mehreren Rangierbahnhöfen mit stationären Bremsprobeanlagen angestellt worden waren. Bei den mit Hilfe dieser Anlage vorgebremsten Zügen sollte nach der Bespannung mit der Lokomotive die Vereinfachte Bremsprobe am ersten und nicht wie bislang am letzen Wagen ausgeführt werden. Allerdings nur, wenn die stationäre Anlage auf der Seite der späteren Lokbespannung arbeitet.

Professoren als Gutachter

Wie nach der Katastrophe von Elsterwerda (und nach anderen Unfällen) ziehen sich die Ermittlungen und das Strafverfahren über Jahre hin. Auch zu Münder werden »externe Expertenkommissionen« bemüht, als gäbe es bei der Deutschen Bahn und beim Eisenbahn-Bundesamt keine Fachleute. Denen, auch den vom Eisenbahn-Bundesamt vorgeschlagenen Fachleuten, wird häufig einseitige Parteinahme unterstellt, sodass die Staatsanwaltschaft, aber auch die Deutsche Bahn lieber einen »Externen«, möglichst mit Professorentitel, oder ein Institut mit einem Gutachten beauftragen. Deren Qualität steht allerdings oft im krassen Missverhältnis zu der Dauer, bis das Gutachten abgeliefert wird, und zu den Kosten.

Womöglich ist ein anderer Effekt beabsichtigt: Nach einer Weile verstummt die Berichterstattung über den Unfall, der Bürger interessiert sich mittlerweile für andere Themen. Das nachlassende Interesse der Öffentlichkeit liefert der Justiz den Vorwand, das Verfahren gegen Geld einzustellen. »Bad Münder« hat bis zum Redaktionsschluss keine Richter gefunden.

In der Schweiz ist das anders. Zwar gab auch hier die Nachrichtenagentur AP ihrer Nachricht vom 26. Oktober 2003 die Überschrift »Bremsversagen wahrscheinliche Ursache für Zugunglück in der Schweiz«. Doch bereits fünf Tage später meldete die »Neue Zürcher Zeitung«: »Ursache des Eisenbahnunglücks von Oerlikon geklärt«.

Bei Zürich-Oerlikon waren am 24. Oktober 2003 eine tschechische Touristin getötet und über 60 Reisende verletzt worden, weil der Regioexpress »Cityvogel« nach Konstanz in Oerlikon nicht angehalten hatte und nach der Vorbeifahrt am Halt zeigenden Signal mit dem Schnellzug Schaffhausen–Zürich zusammengestoßen war.

Nicht »defekte Bremsen«, wie AP meldete, hatten zum Unfall geführt, sondern die geschlossenen Luftabsperrhähne zwischen den ersten beiden und den acht folgenden Wagen. Deshalb konnten die Bremswirkung nur ungenügend sein. Defekt waren sie nicht! Wahrscheinlich war in Zürich HB die Bremsprobe unterlassen worden. Die Schweizerischen Bundesbahnen zogen ihre Konsequenz. Vor der Abfahrt jedes Zuges auf dem Abgangsbahnhof muss jemand vom Betriebspersonal (Zugbegleiter, Fahrdienstleiter zum Beispiel) am hintersten Wagen den Bremshahn öffnen und kontrollieren, ob Luft ausströmt und die Bremsen anlegen. Wird der Hahn wieder geschlossen und der Druck in der Leitung erhöht sich auf 5 bar, lösen sich die Bremsen.

Die übliche Bremsprobe entfällt damit nicht! Der Lokomotivführer hat nach der Abfahrt des Zuges vor dem ersten Regelhalt eine Betriebsbremsung einzuleiten, damit er feststellen kann, ob die Bremsen wirken. Das sind Maßnahmen, die auch bei der Deutschen Bahn Schule machen könnten. Freilich sind auch sie von den Ausführenden abhängig, etwa ob wirklich die Zusatzprüfung ausgeführt wird, obendrein bei der in Deutschland besonders scharf betriebenen Entblößung der Bahnhöfe und Züge vom Personal. Und auch der Lokomotivführer muss die Probebremsung ausführen und darf sie nicht aus Bequemlichkeit ausfallen lassen. Lieber wartet die Deutsche Bahn auf die Elektronik der Bremssysteme und das Display in den Führerräumen, damit man ganz auf die Bremsprobe verzichten kann. Personal kostet ja etwas.

Wampersdorf 2002

Ein anderer Unfall besitzt ebenfalls Parallelen zu Elsterwerda, ohne dass bekannt wurde, wer schuldig ist und welche Strafe folgte. Die »Süddeutsche Zeitung« verriet am 28. Februar 2002 ihren Lesern, defekte Bremsen seien die Ursache des Zugunglücks, das sich am 26. Februar 2002 in Wampersdorf (Strecke Wampersdorf–Gramatneusiedl in Österreich) ereignet hatte. Deswegen habe der Güterzug nicht anhalten können. Wie konnten die Bremsen defekt sein, wenn man sich ihrer Wirkung nicht bediente?

In Wampersdorf sollte Zug 46682 Sopron–Wien Zentralverschiebebahnhof Süd auf Gleis 3 die Kreuzung mit dem auf Gleis 1 einfahrenden Zug 42635 Wels–Sopron, eine so genannte »Rollende Landstraße«, abwarten. Da das Einfahrsignal des Zuges von Sopron die Geschwindigkeitsermäßigung auf 60 km/h forderte, bremste der Lokomotivführer, bemerkte aber keine Wirkung. Er rollte mit seinem Zug durch den Bahnhof und gab Notsignale. Als der Zug am Halt zeigenden Ausfahrsignal vorbeifuhr, stellte sich in der Gegenrichtung das »Fahrt« zeigende Einfahrsignal von selbst auf Halt. Dies bemerkte der Lokomotivführer des Zuges 42635. Er brachte den Zug 60 m vor dem Einfahrsignal zum Halten.

Ungeachtet dessen stieß Zug 46682 mit etwa 30 km/h Geschwindigkeit mit dem Zug der Rollenden Landstraße zusammen. Daraufhin entgleisten die Lokomotive 1044.213 und der folgende Liegewagen. Er blieb schwer beschädigt neben dem Gleis liegen. Auf ihn stürzte der erste Niederflurwagen mit den darauf befindlichen Lkw. Sechs der 21 im Liegewagen sitzenden Lkw-Fahrer wurden getötet, 15 verletzt. Die Lokomotivführer waren in das Innere ihrer Lokomotiven geflüchtet und kamen mit leichten Verletzungen davon. Die Lokomotive 1142.685 des Zuges der Gegenrichtung entgleiste nicht, wohl aber einige Güterwagen hinter ihr.

Warum hatte der Zug nicht gebremst? Von Sopron bis Ebenfurth waren die letzten beiden Güterwagen nicht an die durchgehende Hauptluftleitung angeschlossen worden. Das hätte man bei korrekter Bremsprobe bemerken müssen! In Ebenfurth wendet der Zug, sodass die beiden Wagen an der Spitze hinter der Lokomotive liefen. Jetzt reichte die Bremswirkung nur für die Lokomotive und nicht für die folgenden 26 Wagen des 1177 t schweren Zuges. Wegen des Lokomotivwechsels genügte eine Vereinfachte Bremsprobe. Sie war vom Rangierpersonal auszuführen. Das hat das Funktionieren der Bremsen vermutlich nur am ersten Wagen geprüft und nicht am letzten, wie es vorgeschrieben ist.

■ Die Bergung der Lokomotive 298 328. Foto: Barteld

Haynsburg 2002

Die Cargo-Bedienungsfahrt Greiz–Zeitz endete am 13. Mai 2002 hinter dem Prellbock des Bahnhofs Haynsburg, wo die Lokomotive 298 328 im Erdreich stecken blieb. Den ersten Wagen schob es über die Lokomotive, die Container fielen herunter.

Der Zug sollte auf der eingleisigen Strecke Leipzig–Gera mit einem Regional-Express kreuzen. Er kam jedoch nicht vor dem Ausfahrsignal zum Halten und rutschte über die Schutzweiche in das Stumpfgleis. Ursache: Der nicht geöffnete Luftabsperrhahn zwischen der Lokomotive und den 27 Wagen. Auch hier wurden weder Schuldige nach Ahndung ihres Vergehens bekannt.

Haspelmoor 2000

»Rätselhafte Ursache« titelte der Münchner Merkur den Kurzbericht zum Aufprall der Lokomotiven 27 der Westfälischen Almetalbahn und einer Leihlokomotive aus dem Adtranz-Pool auf einen Prellbock im Bahnhof Haspelmoor (Strecke München–Augsburg). Nach Angaben der Zeitung war ein Güterzug auf ein Überholungsgleis geleitet oder »auf ein nur notdürftig abgesichertes Industriegleis geleitet worden.« Hatten auch hier die Bremsen versagt?

DFG 80304, ein Zug der Eisenbahn-Betriebsgesellschaft Oberelbe (EBGO) mit Sitz in Pirna, war am 28. und 29. November 2000 von Kehl, mehrere Stunden verspätet, mit 16 PKP-Wagen nach Simbach unterwegs. Den Zug förderten die Lokomotiven WAB 27 (die ehemalige DR 118 048 vom Regierungszug der DDR) und WAB 12A (eine remotorisierte ehemalige V 100 der DR). Kurz nach Mitternacht fädelte sich der Zug, von Ulm kommend, in Augsburg in die Strecke nach München ein.

■ Hinter dem Prellbock von Haspelmoor: WAB 27 (ex DR V 180 048, eine Regierungslokomotive) und WAB 12 A, eine V 100.4 der DR. Foto: Röder

Bereits nach kurzer Zeit fielen dem Fahrdienstleiter in Mering und der Zugüberwachung auf, dass der Zug an Geschwindigkeit verlor. Sie versuchten, über Zugfunk mit dem Lokomotivführer Kontakt aufzunehmen, doch der kam weder über Einzel- noch über Sammelruf zu Stande. Sie vermuteten ein Problem mit den Lokomotiven. Der Zug sollte im Bahnhof Haspelmoor in das Überholungsgleis zu fahren, damit man dort mit dem Lokomotivführer sprechen konnte. Vielleicht war an den Lokomotiven etwas zu reparieren? Außerdem sollte ein folgender DB-Cargo-Zug nicht aufgehalten werden.

Kurze Zeit, nachdem der DFG-Zug in Haspelmoor eingefahren war, meldete sich der Meringer Fahrdienstleiter bei der Zugüberwachung. Ihn verwirrte eine Anzeige auf dem Stellpult. Im gesamten Bahnhofsbereich gab es keine Rotausleuchtung mehr, was bedeutete: Der Zug besetzte kein Bahnhofsgleis. Er war verschwunden. Aber die das Ladegleis sichernde Gleissperre meldete, dass sie aufgefahren worden sei. Man fragte den Lokomotivführer des Cargo-Zuges, der inzwischen in Haspelmoor durchgefahren war, was er gesehen habe. Der hatte sich gewundert, den DFG-Zug (von dem er über Zugfunk erfahren hatte, weil der ihn aufgehalten hatte) nicht im Überholungsgleis gesehen zu haben. Er sah aber einen Güterzug im Ladegleis. »Die Lokomotive ist tiefer als der Zug!«

Das konnte nur ein Unfall sein. Nach etwa zehn Minuten meldete sich der Lokomotivführer des Zuges im Ladegleis über Zugfunk und meldete, er sei über den Prellbock gefahren und entgleist, verletzt sei er nicht. Über Zugfunk sei er nicht zu erreichen gewesen, er habe vergessen, in Augsburg auf den anderen Funkkanal umzuschalten.

Bei Tageslicht war das Malheur in seinem Ausmaß zu sehen. Der Zug war offensichtlich ohne eine Zwangsbremsung am Ausfahrsignal vorbeigefahren. Das war nur möglich, weil der Lokomotivführer die Induktive Zugsicherung wegen eines Defektes abgeschaltet hatte. Auf die Gleissperre, die eigentlich verhindern soll, dass Fahrzeuge vom Ladegleis in Richtung Überholungsgleis abrollen, war die erste Achse der Lokomotive »stumpf« auf- und über sie hinweggefahren. Vermutlich hat das zweite Rad die 10 cm hohe eiserne Sperre beiseite geschoben, die

■ DB 113 266 zieht den Unfallzug zurück, damit die Lokomotiven geborgen werden können. Foto: Röder

somit für die folgenden Achsen kein Hindernis mehr bildete. Nach 300 m Gleislänge traf die Zugspitze auf den Gleisabschluss und überrollte ihn um anderthalb Loklängen.

Auch die Sicherheitsfahrschaltung, die wiederholt die Dienstfähigkeit des Lokomotivführers prüft, war abgeschaltet (was, wie Lokomotivführer sagen, nachts häufig geschieht, der Zwang zu ihrer Bedienung und das Piepen, wenn die Fußtaste nicht gedrückt und losgelassen wird, ist ihnen lästig). Von den Wagen brachte ein großer Teil nicht die notwendige Bremsleistung; einige Bremsen funktionierten gar nicht. Wie mag die Bremsprobe auf dem Abgangsbahnhof gewesen sein? Von einem Prozess bzw. einer Bestrafung war nichts zu erfahren. Der Lokomotivführer war noch 48 Stunden nach dem Ereignis am Unfallort. Er gab an, das Fahrt zeigende Ausfahrsignal am durchgehenden Hauptgleis als für ihn gültig angesehen und dann jedoch seinen Irrtum bemerkt zu haben.

Das könnte eine Schutzbehauptung gewesen sein. Das ihm nicht geltende Signal kann frühestens »Hp 1« (Fahrt) gezeigt haben, als der Zug mit dem letzten Wagen die Weichen am Westkopf des Bahnhofs befahren hatte. Dann erst wirkte der Selbststellbetrieb für den nachfolgenden Zug. In dem Moment wird die Zugspitze höchstens 400 m vom Ausfahrsignal entfernt gewesen sein. Auch ohne Streckenkenntnis hätte er wegen des zwischen den Gleisen befindlichen beleuchteten Bahnsteiges erkennen müssen, dass von den beiden vorhanden Ausfahrsignalen das rechte (»Hp 0« = Halt) seinem Zug galt, auf Fahrt aber das linke stand. Spätestens 200 m vor dem Ausfahrsignal war die Situation eindeutig. Hätte er jetzt die Schnellbremsung bedient, wäre der Zug vielleicht noch vor der Gleissperre zum Halten gekommen. Auf alle Fälle hätte er nicht den Prellbock überfahren.

Nein, nach der Fahrweise zu urteilen, wird er spätestens hinter dem Hauptbahnhof Augsburg eingeschlafen sein. Er hatte bereits die Fahrzeit weit überschritten. Die Strecke nach München steigt leicht an, sodass er, um die Geschwindigkeit zu halten, mehr Leistung hätte aufschalten müssen. Stattdessen wurde er immer langsamer. Erst das Rütteln beim Überfahren der Gleissperre wird ihn aufgeweckt haben.

Der Unfall war der erste größere eines Dritten auf dem Netz der Deutschen Bahn seit der Liberalisierung der Schienenwege in Deutschland. Das Eisenbahnverkehrsunternehmen EBGO war zwar gegen Sachschäden versichert, die zusätzlichen Kosten zwangen das Unternehmen im Juni 2001, Konkurs anzumelden. Dass Lokomotivführer einschlafen, ist nicht neu – als Gegenmittel waren der Beimann bzw. die Sicherheitsfahrschaltung eingeführt worden. Die Entgleisung geht, wie auch die Beispiele in diesem Buch zeigen, nicht allein auf das Regime bei den Eisenbahnverkehrsunternehmen zurück. Schadenfreude ist nicht angebracht. Sicher herrscht bei ihnen ein größerer Druck auf die Lokomotivführer als bei der Deutschen Bahn. Man kennt das von den Lastwagenfahrern der Speditionen. Die Unfall-Lokomotiven sollten in die Werkstatt der Regentalbahn in Cham gebracht werden. Die Bezirksstelle München von DB-Netz lehnte das ab, mochte auch Adtranz den Lokomotiven die Lauffähigkeit bescheinigt haben. Nein, dieser Bahngesellschaft wollte man die Fahrt nicht gestatten, weil deren Lokomotivführer den Unfall verursacht hatte. Man stelle sich vor, solche Usancen gelten nach jedem Unfall auch für die Deutsche Bahn bzw. ihre Tochtergesellschaften! Erst das Eisenbahn-Bundesamt und DB-Netz in Frankfurt am Main vermochten die Bayern davon zu überzeugen, dass die Lokomotiven fahren durften.

Bremsprobe nach Augenschein

Insbesondere nach dem Unfall von Bad Münder beschäftigten sich die Medien mit den Bremsproben bei der Eisenbahn, freilich ohne das Thema auszuloten und der fachlichen Materie einigermaßen gerecht zu werden. Schnell war von vorsintflutlichen Verfahren die Rede. Dabei wird übersehen, dass jede Methode ihre Vor- und Nachteile hat, ob sie nun manuell oder elektronisch ist. Die Bremsprobe nach Augenschein, wie sie seit 80 Jahren üblich ist (nicht »wie vor 150 Jahren«, wie die »Frankfurter Rundschau« am 24. Oktober 2002 schrieb, denn da fuhr man noch handgebremst), krankt daran, dass sie zeitaufwendig und bei Wind und Wetter am Zug unbequem ist.

Früher wurde auf den Bahnhöfen mehr aufgepasst und kontrolliert, ob jeder Eisenbahner seine Arbeit richtig machte. Nun scheint es Sitte geworden zu sein, die Bremsproben abzukürzen, indem man nicht mehr am Zug entlang läuft, die Vereinfachte Bremsprobe bevorzugt, wo die Volle Bremsprobe auszuführen ist, statt am letzten Wagen am ersten prüft.

»,Ich kenne Güterbahnhöfe, da kann ich ohne Bremsprobe rausfahren, und niemand hält mich auf.' So beschreibt ein Lokführer die teilweise sträflich nachlässigen Kontrollen: ,Früher gab es eine strengere Aufsicht. Aber wenn sich heute der Mann auf der Lok und der so genannte prüfende Bremsprobeberechtigte einig sind, dann können die tun und vor allem lassen, was sie wollen'«, schrieb Werner Balsen in der genannten Zeitung. Ein erfahrener Lokomotivführer will dem Autor gesagt haben: »Viele drücken ein Auge zu, wenn sie sehen, dass der Bremsbeamte[2] nur bis zum fünften Wagen prüft. Man will es sich mit den Männern auf den Bahnhöfen doch nicht verderben.« Er weist darauf hin, dass auf manchen Verschiebeanlagen »der Aufenthaltsraum näher an der Lok steht als am Zugende. Bei strömendem Regen schaffen es viele nur bis zu den Wagen am Schutzraum.«

Man kann es nicht glauben, weil es nicht nur um die Sicherheit anderer Menschen und des Ladeguts, sondern auch um das Leben des Lokomotivführers selbst geht. Andererseits hat die Deutsche Bahn Kontrolleure abgeschafft, und die Leiter (»Führungskräfte«) sitzen weitab vom Betriebsgeschehen. Einigen fehlt der fachliche Hintergrund, um Mängel erkennen zu können.

---

[2] Bremsbeamte gibt es seit 1. Januar 1994 nicht mehr.

Im Abschlussbericht der Arbeitsgruppe »Tank- und Fahrzeugtechnik« für den Bundesverkehrsminister nach der Untersuchung von sieben anderen Güterzugunfällen ist die Binsenweisheit enthalten, wonach »den Bremsproben eine erhöhte Bedeutung zukommt.«

Der Lokomotivführer kann durch den Blick auf den Druckmesser bereits erkennen, wie schnell die Hauptluftleitung 5 bar erreicht. Wenn er aus dem Fenster schaut, kann er demjenigen, der die Bremsprobe ausführt, »auf die Finger sehen«. Und doch hat es schon immer Verstöße gegen die Bremsvorschriften gegeben.

Bremen Rbf 1966

Wäre die Lokfahrt Lz 18429 – Lokomotive 50 1396 – etwas früher oder später abgefahren, nur wenige Beamte der Bundesbahn hätten von dem »gefährlichen Ereignis« des Vorbeifahrens am Haltsignal erfahren. Der zeitliche Ablauf führte freilich zum Zusammenstoß. Denn just in dem Moment, als die Lokfahrt am 1. März 1966 aus Gleis 163 des Rangierbahnhofs Bremen fuhr und den Fahrweg des De 5890 Bremerhaven Seehafen–Nürnberg Rbf kreuzte, war der Zug am Zwischensignal vorbeigefahren, das wegen der Ausfahrt Halt zeigte.

Warum? Der Lokomotivführer des Bananenzuges hatte bis Bremen nichts Verdächtiges bemerkt. 500 m vor dem Vorsignal schloss er bei einer Geschwindigkeit von 75 km/h den Regler, bediente am Vorsignal die Wachsamkeitstaste als Zeichen, dass er es in der Warnstellung bemerkt hatte und begann nach 200 m – die Geschwindigkeit lag jetzt bei 65 km/h – mit der Betriebsbremsung. Nach 150 m spürte er keine Bremswirkung. Nun brachte er das Führerbremsventil in die Schnellbremsstellung. Der Luftleitungsdruck fiel auf 0 kg/cm, im Bremsbarometer kletterte der Zeiger auf 4 kg/cm. Jetzt bediente der Lokomotivführer die Zusatzbremse; am Hauptsignal kam die Beeinflussung des Gleismagneten. Es half nichts. Der Zug stieß mit der Lokomotivfahrt zusammen.

■ Nach dem Zusammenstoß auf dem Rangierbahnhof in Bremen. Foto: Slg. Preuß

15 = Sicherheitsreserve hinter dem Halt zeigenden Signal gegen verspätetes oder unzureichendes Bremsen, wird von möglichen Gefahrpunkten freigehalten)

Aufgrund des Schadensbilds nach dem Unfall muss davon ausgegangen werden, dass das Triebfahrzeug und der erste Wagen nach Gleis 32 und die nachfolgenden Fahrzeuge nach Gleis 31 gefahren waren. Die Lok war nach rechts gekippt und lag zwischen Gleis 32 und 31. Der erste Wagen war auch nach rechts gekippt und lag zwischen den Gleisen 33 und 32. Der zweite Wagen war nach links umgefallen und lag auf den Gleisen 32 bis 30. Die Wagen 3 und 4 waren ebenfalls nach links gekippt und lagen jeweils auf Gleis 30. Die Wagen 5, 6 und teilweise 7 standen auf Gleis 31. Dahinter türmten sich die weiteren Fahrzeuge beginnend mit dem zweiten Teil von Wagen 7 bis zum Wagen 20, der mit dem ersten Drehgestell entgleist war, auf. Die Wagen 21 bis 35 waren äußerlich unversehrt. Das vorletzte Fahrzeug stand mittig am Zielsignal Ls 112 [II].

Bild 1 Blick in Richtung Zugspitze auf die in das Gleis 30 gestürzten Wagen 3 und 4; im Vordergrund die nicht umgestürzten Wagen 5 und 6

- Seite 11 -

■ Die Verfasser illustrierten ihren im Papierstil gehaltenen Untersuchungsbericht zum Unfall in Osnabrück am 17. März 2004 mit dem Foto der entgleisten Kesselwagen.

Die Untersuchung des Unfalls ergab, dass sich in der Hauptluftleitung der Lokomotive ein Gegenstand verklemmt hatte. So konnte es keine Bremswirkung geben, ein wirkliches Bremsversagen! Nur: Das hätte man bereits auf dem Abgangsbahnhof erkennen müssen. Dort war, wenn überhaupt, die Bremsprobe nur oberflächlich ausgeführt worden.

Dass die Beispiele keine Einzelfälle sind, wird uns auch aus Veröffentlichungen des Eisenbahn-Bundesamtes und offiziöser Druckschriften der Deutschen Bahn bekannt. Aus dem Untersuchungsbericht zur Entgleisung des Güterzuges 50002 in Osnabrück Vorbahnhof am 17. März 2004 geht hervor, dass sich der Ablauf der Elsterwerda-Katastrophe wiederholte, in Münder, am 6. März 2003 in Hamm und schließlich in Osnabrück: Vereinfachte Bremsprobe auf dem Rangierbahnhof Maschen, obgleich die Absperrventile der Druckluftbremse zwischen Lokomotive und erstem Wagen geschlossen waren, wirkungslose Bremsen, überhöhte Geschwindigkeit, Entgleisung beim Befahren einer Weiche im ablenkenden Strang, großer Sachschaden.

Das Eisenbahn-Bundesamt »sah es [...] als erforderlich an, den Prozess der Bremsprobe [...] weiter zu entwickeln.« Daraufhin ordnete der Betriebsleiter von Railion Deutschland an, dass vor der vereinfachten Bremsprobe an Güterzügen erst einmal zu prüfen ist, ob in der Hauptluftleitung ein freier Durchgang besteht. »Bahn-Praxis« 7/2005 schrieb dazu: »Die näheren Umstände der Einzelfälle deuten darauf hin, dass die vereinfachte Bremsprobe nicht ordnungsgemäß durchgeführt wurde.«

Die Vereinfachung bestand darin, dass, wie bereits bemerkt, in bestimmten Fällen nur am letzten und an den zugestellten Wagen geprüft werden musste, ob die Bremsen anlegen und lösen. Einige Eisenbahner vereinfachten sich die zugelassene Vereinfachung, indem sie gar nicht erst zum letzten Wagen liefen und dort prüften, ob es Druckluftunterschiede gibt und ob die von der Lokomotive kommen.

Das Eisenbahn-Bundesamt reagierte auf diese Nachlässigkeiten 2004 mit einer »Sicherheitsempfehlung«, der die Deutsche Bahn folgte, indem sie die Richtlinie 915 »Bremsen im Betrieb bedienen und prüfen« zum 1. Oktober 2005 berichtigte.

Rätselhaftes in der Schweiz

Nicht das Versagen der Bremsen, sondern das Zerreißen des Zuges, fachmännisch als Zugtrennung bezeichnet, beschäftigte die Fachleute der Schweizerischen Bundesbahnen. Am 4. August 2003 trennten sich »in voller Fahrt« bei Dulliken (Strecke Zürich–Olten) die Doppelstockwagen 1. Klasse des Intercitys Genf–St. Gallen vom Bistro-Wagen.

Zwar setzt in solchen Fällen sofort eine Zwangsbremsung ein, weil auch die durchgehende Hauptluftleitung unterbrochen wird und schlagartig die Druckluft entweicht, doch Zugtrennungen bei Reisezügen sind nicht unproblematisch, weil sich auf den Übergängen Reisende, das Zugbegleitpersonal oder, wie hier, die Minibar aufhalten können.

Da bei den SBB – wie bei anderen Bahnen – die Doppelstockwagen in Pendelzügen mit der Lokomotive an einem, dem Wagen mit Steuerabteil am anderen Ende über längere Zeit unverändert bleiben, ist beim Personal die Versuchung groß, sich nicht um die Kupplungen zu kümmern. Auch hier hatte die Kupplung seit Monaten kein Schmierfett gesehen, sodass sich die Schraubenkupplungen versteifen können. Bremst die Lokomotive elektrisch (und nicht mit Druckluft), laufen die Wagen auf, und es kann vorkommen, dass sich die Kupplung aus dem gegenüber liegenden Haken schiebt.

Wird das hier bei Dulliken so gewesen sein? Der Bistro-Wagen war erst in der Nacht eingereiht worden. Beide Kupplungen, die des Bistro- und die des 1.-Klasse-Wagens hingen nach der Zugtrennung herunter, eine hatte auf den Schwellen Schlagspuren hinterlassen. Fest stand, dass die zweite Kupplung nicht in den Sicherungshaken eingehängt worden war. Ob mangelhafte Pflege zum Aushängen der ersten Kupplung führte, wollten die SBB nicht bestätigen.

Vollends rätselhaft wurde die Sache, als es am 5. September 2003 in Gümligen (Strecke Bern–Brig) erneut in voller Fahrt zur Trennung des doppelstöckigen Intercitys 913 Interlaken–Romanshorn kam, und zwar zwischen der schiebenden Lokomotive und dem Gepäckwagen. Bei der Schnellbremsung wurde eine Reisende verletzt.

Die SBB beeilten sich zu erklären, eine technische Ursache könne mit größter Wahrscheinlichkeit ausgeschlossen werden, die Pendelzüge werde man künftig täglich vor Betriebsbeginn kontrollieren. Man könne Sabotage nicht ausschließen, was nichts anderes bedeuten kann, dass jemand die Kupplungen zwischen den Fahrzeugen aushängt. Das würde sich aber spätestens beim ersten Halt bemerkbar machen, am 5. September wohl in Interlaken Ost und nicht erst in Gümligen.

Außerdem: Wie kann die Schraubenkupplung eines abgestellten Zuges aufgedreht und ausgehängt werden. Dazu müssten die Wagen von der Lokomotive zusammengedrückt werden, ein Vorgang, den man früher, als öfter Wagen zugesetzt oder abgehängt wurden, auch am Bahnsteig beobachten konnte. Durch das Aufdrücken wird die Kupplung gelockert, und erst dann kann sie ausgehängt werden. Früher beschäftigten die Bahnen Wagenschmierer, die in regelmäßigen Abständen die Kupplungen mit Graffitfett, Petroleum und zähem Öl schmierten und gegebenenfalls vorher reinigten. Dazu musste die Kupplung ausgehängt und mehrmals auf- und zugedreht werden, bis sie leichtgängig wurde.

Derartig gepflegte Schraubenkupplungen sind heute wohl nirgendwo mehr zu sehen, denn ihre Pflege wird, weil personal- und kostenintensiv, vernachlässigt. Die Sabotage ist sicherlich nicht unter Dritten zu suchen, sondern dort, wo auf Wartung bzw. Instandhaltung wenig Wert gelegt wird. Schon deshalb müssen wir offiziellen Verlautbarungen der Bahnverwaltungen misstrauen.

9. Die Fehler der Fahrdienstleiter

Der Dienst als Fahrdienstleiter auf einer Nebenbahn scheint leicht zu sein, wenn nur wenige Züge verkehren und die fahrdienstlichen Aufgaben überschaubar sind. Allerdings sind die technischen Hilfsmittel minimal, die vor dem Versagen schützen. Auch der Gesetzgeber erleichtert die sicherungstechnische Ausstattung der Nebenbahnen mit dem Argument, es werden keine hohen Geschwindigkeiten und nur wenige Züge gefahren.

Der Fahrdienstleiter ist auf sich allein gestellt, wenn er die Sicherheitsstandards garantieren soll, aber auch allein gelassen, wenn er sich über die Organisation des Betriebsdienstes hinwegsetzt. Das wird deutlich am schweren Unfall, der sich am 25. Dezember 2003 zwischen der Abzweigstelle Wählitz und dem Bahnhof Pörsten in Sachsen-Anhalt ereignete.

Ein kurzer Blick zurück: Am 27. September 1995 schickte DB-Vorstand Roland Heinisch den ersten Kohlenpendelzug vom Beladebahnhof Profen zum Kraftwerk Schkopau auf die Reise. Die Deutsche Bahn hatte die Nebenbahn Wählitz–Deuben stillgelegt, dafür den Bahnhof Webau zur Abzweigstelle Wählitz umgebaut und die Strecke nach Großkorbetha erneuert. Wo vorher die Ausweichanschlussstelle Wählitz lag, gab es nun die Anschlussbahn der Mitteldeutschen Braunkohlen AG MIBRAG.

Am Vormittag des ersten Weihnachtsfeiertags des Jahres 2003 kam der Leerzug 63505 wie immer vor Plan. Um 7.50 Uhr fuhr er durch Pörsten. Nach dem Fahrplan brauchte er erst 9.20 Uhr zu kommen. Um 7.58 Uhr gab die Fahrdienstleiterin der Abzweigstelle Wählitz, Ute R., die Rückmeldung, ehe sie eine Unterhaltung mit der Kollegin in Pörsten, Antje W., begann. *»Wir machen erst einmal Zugmeldung. Zug 63505 war 7.55 Uhr in Wählitz und 63510 Wählitz durch voraussichtlich 3.«* R. meinte damit 8.03 Uhr als Durchfahrtszeit.

Dann begann das Plaudern – bis 8.05 Uhr. Plötzlich war etwas auf dem Zugfunk zu hören. W. fragte R., ob sie gemeint sei. Die antwortete nicht, sondern hatte den Hörer hingelegt, so-

■ Ein Toter und drei bis vier Millionen Euro Sachschaden war das Ergebnis des Zusammenstoßes des Kohlen- und des Leerzuges auf der Nebenbahn Großkorbetha–Wählitz.

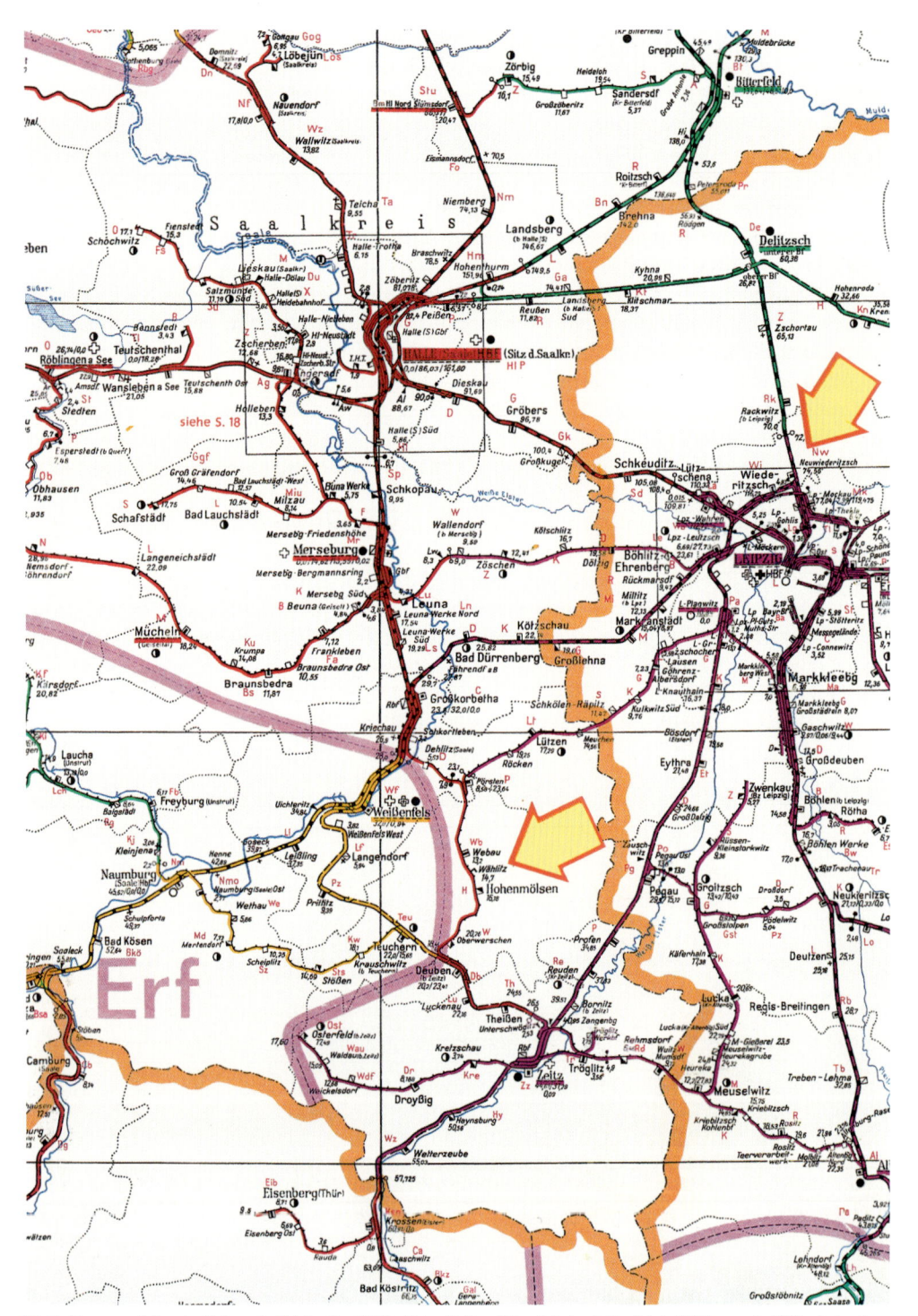

■ Der Kartenausschnitt zeigt die Lage der Unfallstellen Wählitz (linker Pfeil) und Neuwiederitzsch. Der Bahnhof Webau wurde 1995 mit dem Streckenabschnitt Wählitz–Deuben stillgelegt. Entnommen: DR-Atlas von 1976

dass W. ein Gespräch zwischen einem Lokomotivführer und R. mithören konnte. *»Wir sind zusammengestoßen!«* Antje W. dachte, der Zug sei mit einem Straßenfahrzeug zusammengeprallt, denn im Streckenabschnitt konnte nur dieser eine Zug sein. Dann hörte sie, wie R. fragte: *»Mit einem Auto?«* Danach legte R. den Hörer auf.

Der Lokomotivführer Reno N., der den Notruf bedient hatte, erlebte die Minuten dieses Vormittages so: Als er an der Abzweigstelle vorbeifuhr, stand die Fahrdienstleiterin im Raum, telefonierte und grüßte mit erhobenem Arm. Als er mit dem Zug in einen Abschnitt kam, der durch Bewuchs und Gleisbogen nicht weit zu übersehen war, gewahrte er aus 100 m Entfernung ein helles Spitzensignal, das weiße Dreilichtsignal eines stehenden Zuges. Er leitete sofort die Schnellbremsung ein, drückte die Notruftaste des Zugfunks und verließ den Führerraum. In diesem Moment kam es zum Zusammenstoß, der N. auf den Umlauf warf. »Es gab nur einen Knall und alles stand«, wird er in der polizeilichen Vernehmung sagen.

Durch den Zusammenstoß wurde der 537 t schwere, vor dem Halt zeigenden Blocksignal A wartende Leerzug 63505 um 75 m zurückgedrückt. Die ersten Wagen folgten dieser Bewegung nicht, sondern drückten in die entgegengesetzte Richtung, rissen den Führerraum ab und stürzten die Böschung hinunter. In dem abgerissenen Führerhaus wurde der 32-Jährige Lokomotivführer Jens S. getötet.

Wie konnte es zu diesem Zusammenstoß, zum Einlassen eines Zuges in den besetzten Abschnitt kommen? Hatte R. nicht den Leerzug zurückgemeldet? Wieso stand er noch vor dem Blocksignal, als der 1585 t schwere Kohlenzug aus der Gegenrichtung kam? Das fragte sich auch Antje W., die Fahrdienstleiterin von Pörsten. Der Polizei sagte sie: *»Frau R. war immer sehr gewissenhaft und wollte immer alles richtig machen. Die Zugmeldungen gab sie immer eindeutig und nach der Vorschrift, was auch den Wortlaut angeht. [...] Ich kann mir als Ursache für das Geschehen nur Überlastung vorstellen.«*

Überlastung auf der Nebenbahn? Ute R., die zwei Tage vor dem Unfall ihren 35. Geburtstag feierte, schloss 1987 die Lehre zum Facharbeiter für Eisenbahntransporttechnik mit der Spezialisierungsrichtung Stellwerks- und Zugmeldedienst mit der Note »sehr gut« ab. Sie war vorzeitig Facharbeiterin geworden, durfte die Fahrdienstleiterprüfung ablegen und wurde auf verschiedenen Bahnhöfen eingesetzt. Noch jetzt bewies sie die von einem Arbeitnehmer erwartete Flexibilität und Mobilität, indem sie der Deutschen Bahn half, den Personalmangel (!) durch viele Überstunden zu lindern.

Sicherlich durch ihren erfahrenen Anwalt taktisch beraten, sagte sie in der polizeilichen Vernehmung aus: *»Am 20. und 21. Dezember habe ich in Halle zwei Nachtschichten gemacht, den ganzen Dezember und schon im November ‚richtig durchgeklotzt', ich war zum Zeitpunkt des Unfalls regelrecht ausgepauert, dürfte die Grenze meiner Leistungsfähigkeit erreicht haben.«*

Überforderte Fahrdienstleiter?

Überforderte die Deutsche Bahn auf Kosten der Sicherheit ihr Personal? Waren die Fahrdienstleiter der Nebenbahn Großkorbetha–Wählitz überlastet, seit sich ab dem 14. Dezember 2003 die Zahl der Züge verdoppelt hatte? Die Mitteldeutsche Eisenbahn-Gesellschaft MEG (1998 gegründet, 80 Prozent Deutsche Bahn, 20 Prozent Transpetrol Internationale Eisenbahnspedition, Sitz Schkopau) verminderte die Zuglasten, fuhr dafür häufiger.

Was gibt es für eine Erklärung der Beschuldigten? *»Ich habe den Zug 63503 optisch wahrgenommen und für den 63505 gehalten.«* Also gemeint, der vorher gefahrene Leerzug sei der gewesen, der um 8 Uhr bei ihr durchfuhr. Glaubhaft? Vielleicht, zumal sich die Züge auf dieser Strecke alle in ihrem Äußeren gleichen.

Der Sachverständige V. Kirchner von der Außenstelle Halle des Eisenbahn-Bundesamtes beschäftigte sich für sein vorbildliches Gutachten mit dem Zugmeldebuch. Das gibt zwar nicht hundertprozentig die Wahrheit wieder, denn es ist ein handschriftlicher Nachweis von Ferngesprächen, mehr nicht. Ein elektrischer oder elektronischer Zugnummernmelder wäre genauer. Aber das Zugmeldebuch gibt einen Anhalt.

Daraus konnte Kirchner folgendes entnehmen: 7.44 Uhr fuhr Zug 63503 von Pörsten zur MIBRAG durch Wählitz. 7.45 Uhr bot Pörsten der Fahrdienstleiterin in Wählitz den nächsten Leerzug, den späteren Unfallzug 63505 an, voraussichtliche Durchfahrt 7.50 Uhr. 7.54 Uhr wurde dieser Zug dem Fahrdienstleiter auf Stellwerk 7 der MIBRAG angeboten, voraussichtliche Durchfahrt in Wählitz 7.55 Uhr, und 7.57 Uhr von der MIBRAG nach Wählitz zurückgemeldet.

Zur selben Zeit ist im Zugmeldebuch für den Abschnitt Wählitz–MIBRAG Zug 63510 angeboten und angenommen worden. Der Eintrag ist durchgestrichen. Im Zugmeldebuch der MIBRAG ist auch nicht die Zugmeldung des Leer- bzw. Unfallzuges 63505 enthalten, wohl aber die Abfahrt des Kohlenzuges 63510 um 7.57 Uhr, also jene Meldung, die im Wählitzer Zugmeldebuch durchgestrichen ist.

Im Zugmeldebuch Wählitz: 63510 7.57 von MIBRAG angeboten, voraussichtliche Abfahrt 7.58 Uhr, 8.03 Uhr Durchfahrt in Wählitz und Rückmeldung nach der MIBRAG, 7.58 Uhr angeboten an Fahrdienstleiterin Pörsten und von ihr angenommen. Das war nur möglich, weil die Fahrdienstleiterin in Wählitz Zug 63505 um 7.55 Uhr nach Pörsten zurückgemeldet hatte!

Nach Pörsten voraussichtliche Durchfahrt des Zuges 63510 um 8.03 Uhr. Die 8 ohne Minutenangaben vorgeschrieben als Zeit der Rückmeldung.

Der Sachverständige Kirchner interpretiert die Eintragungen: »*Die Zugmeldung 63505 an die MIBRAG hat mit großer Wahrscheinlichkeit nicht stattgefunden. [...] Auffällig ist: Der Fahrdienstleiter in Wählitz hat den Eintrag durchgestrichen und danach die Zugmeldung ‚7.54' für 63505 notiert, die nicht stattfand. Anschließend erscheint die Zugmeldung für 63510 nochmals, und der Zug wurde an Pörsten angeboten.*

Die Abgabe der Rückmeldung 63505 durch den Fahrdienstleiter Wählitz und die Annahme des Gegenzuges 63510 war nicht zulässig.« Schon deshalb nicht, weil beide Züge in Wählitz nicht kreuzen konnten. Erst musste der Leerzug zur MIBRAG und erst dann durfte bzw. konnte der Vollzug kommen.

Für Kirchner war es fraglich, warum die Fahrdienstleiterin durch die Zugmeldebücher nicht die drohende Kollision bemerkte. Sie musste doch erkennen, dass sich zwei Züge aufeinander zubewegen. Erst mit dem Streichen des Eintrages und

■ Skizze zur Unfallstelle bei der Abzweigstelle Wählitz. Zeichnung: Eisenbahn-Bundesamt

■ Durch den Zusammenstoß wurde der Leerzug (links) um 75 m zurückgedrückt. Nicht alle Wagen folgten dieser Bewegung, sondern schoben sich über die Lokomotive hinweg und stürzten den Abhang hinunter. Foto: Bundesgrenzschutz

dem Nachtragen des Zuges 63505 wurden die Einträge im Zugmeldebuch passend gemacht. *»Die Zugmeldebücher in Wählitz erweckten danach den Anschein, als wäre Zug 63505 ordnungsgemäß bis in die Anschlussbahn der MIBRAG gefahren. In Wirklichkeit stand er noch vor dem Blocksignal A der Abzweigstelle Wählitz.«*

War das eine bewusste Manipulation der Zugmeldebücher? Dann wäre der Zusammenstoß vorsätzlich herbeigeführt worden. Aufschluss gibt die Auswertung des Sprachspeichers, der die Zugmeldung vom 10. bis 14. Dezember 2003 aufzeichnete. Danach war er gestört. Wahrscheinlich kümmerte sich niemand darum, dass er wieder in Gang kam. Was die Fahrdienstleiter an den vier Tagen sprachen, offenbarte Mängel bei den Zugmeldungen, besonders beim Rückmelden.

Die Meldungen sind nach der DB-Richtlinie 408 (Fahrdienstvorschrift) innerhalb von fünf Minuten abzugeben und nachzuweisen. Hier aber wurde bis zu über einer Stunde nach der Zugfahrt zurückgemeldet, immer dann, wenn das Anbieten eines anderen Zuges fällig war. Das Zugmeldebuch war nicht der Spiegel der tatsächlichen Betriebssituation. Die hatten die Fahrdienstleiter im Kopf. Und der spielte der Fahrdienstleiterin Ute R. einen Streich, der dem Lokomotivführer Jens S. das Leben kostete.

Der lässige – und vermutlich unkontrollierte – Umgang mit dem Rückmelden sorgte für eine »verwaltungsrechtliche Maßnahme« an die Niederlassung Südost von DB-Netz. Die erinnerte dann nach alter DDR-Gewohnheit – nach schweren Unfällen wurden von den Eisenbahnern schriftliche Erklärungen eingeholt, vorschriftsmäßig zu arbeiten – ihre Fahrdienstleiter an die Bedeutung der Zugmeldungen.

Schneller noch als in der DDR handelten die Justizbehörden. Bereits einen Monat nach der Katastrophe erhob die Staatsanwaltschaft Halle beim Amtsgericht Weißenfels Anklage, das Ute R. am 4. Februar 2004 zu einer Freiheitsstrafe von sechs Monaten, ausgesetzt zur Bewährung auf zwei Jahre, verurteilte.

■ Die Lokomotive hielt den Stoß nicht ab. Das Führerhaus der MEG-Lok 214 wurde abgetrennt und vor den Wagen her zum Acker geschoben (der gelbe Punkt neben dem Feuerwehrauto). Foto: Bundesgrenzschutz

Der diplomierte Fahrdienstleiter

Welchen Streich das Gedächtnis einem Fahrdienstleiter spielen kann, soll die Katastrophe bei der Vorgängerin der Deutschen Bahn, der Deutschen Reichsbahn, am 23. April 1983 veranschaulichen. Der Zusammenprall auf dem Bahnhof Neuwiederitzsch ist noch in anderer Hinsicht bemerkenswert. Dort wurde dem Fahrdienstleiter zugemutet, nicht nur die Reihenfolge der Züge auf der Strecke zu regeln, sondern auch die Schranken zu bedienen.

Der Bahnhof lag an der zweigleisigen Hauptbahn Bitterfeld–Leipzig. In der Station begannen auch die eingleisigen Verbindungsstrecken nach Wiederitzsch und nach Leipzig-Mockau. Am Westkopf stand das Befehlsstellwerk »Nw«, und nur etwa 10 m entfernt von ihm gab es einen schienengleichen, ziemlich belebten Bahnübergang. Über diesen führte die Landstraße I. Ordnung von Wiederitzsch nach Seehausen. Wegen des regen Zugverkehrs war dem Fahrdienstleiter ein Zugmelder beigegeben. Doch die Schranken musste der Fahrdienstleiter bedienen. Zur Erleichterung dieser Aufgabe hatte die Anlage einen elektrischen Antrieb, die nach dem Hersteller, dem Reichsbahnausbesserungswerk Dresden, Dresdner Winde genannt wurde. Der Fahrdienstleiter brauchte zum Schließen und Öffnen der Schranken nur einen Druckknopf zu bedienen. Die Schlagbäume bewegte ein Motor.

Die Schranken mussten rechtzeitig geschlossen und durften nicht vorzeitig geöffnet werden. Im Bahnhofsbuch stand: »*Bevor ein Signal auf Fahrt gestellt oder eine Fahrt auf andere Weise zugelassen wird, ist die Schranke zu schließen. Ist die Schranke für eine Fahrt bereits geschlossen und wird eine weitere Fahrt zugelassen, so ist die Hilfssperre über den Bedienungsknopf ‚öffnen' zu legen. Diese Hilfssperre darf erst wieder entfernt werden, wenn alle Zug-, Rangier- oder Kleinwagenfahrten den Überweg befahren haben und sämtliche Einfahrsignale aus*

■ Die Nachricht der »Leipziger Volkszeitung« vom 24. April 1983

Schwerer Verkehrsunfall forderte 7 Todesopfer

Zusammenstoß am Bahnübergang Neuwiederitzsch

Leipzig (LVZ/ADN). Ein folgenschwerer Verkehrsunfall ereignete sich Sonnabendnachmittag am Bahnübergang Neuwiederitzsch auf der Strecke Leipzig–Bitterfeld.

Eine einzeln fahrende Elektrolokomotive stieß bei geöffneter Schranke mit einem Linienbus zusammen. Sechs Insassen des Omnibusses konnten nur noch tot geborgen werden; ein weiterer erlag seinen Verletzungen. Zehn Fahrgäste, darunter acht Schwerverletzte, befinden sich in umliegenden Krankenhäusern in ärztlicher Obhut.

Der Stellvertreter des Ministers für Verkehrswesen Günther Knobloch hatte sich unverzüglich an den Unfallort begeben, um gemeinsam mit leitenden Vertretern der örtlichen Organe jede Hilfe für die Betroffenen zu gewährleisten sowie die näheren Umstände des Unglücks zu klären.

Kurz nach dem tragischen Unfall waren Ärzte der Schnellen Medizinischen Hilfe sowie die Kreisärztin des Kreises Leipzig-Land zur Stelle. Sie sorgten für den umgehenden Transport der Verletzten in nahe gelegene Krankenhäuser und halfen dort bei der Unterbringung und Betreuung. Den Angehörigen der Todesopfer und der Verletzten wurde durch Vertreter der örtlichen Staatsorgane jede mögliche Unterstützung zuteil. Zusammen mit Mitarbeitern des Gesundheitswesen waren Eisenbahner, Kräfte der Feuerwehr, der Volkspolizei sowie Einwohner aus der Umgebung zum Unglücksort geeilt. Mit hoher Einsatzbereitschaft halfen sie bei den Bergungs- und Aufräumungsarbeiten, so daß der Zugverkehr auf dem vorübergehend gesperrten Streckenabschnitt Leipzig–Bitterfeld am Sonnabendabend wiederaufgenommen werden konnte.

(Fortsetzung auf Seite 2)

ZU EINEM TRAGISCHEN UNFALL kam es am Sonnabendnachmittag am Bahnübergang Neuwiederitzsch, als eine E-Lok bei geöffneter Schranke mit einem Linienbus zusammenstieß. Foto: ZB (Grubitzsch)

Richtung Leipzig-Mockau und Wiederitzsch sowie die Ausfahrsignale nach Leipzig-Mockau und Wiederitzsch in Haltstellung gebracht wurden.«[1]

Nichts zwang dazu, die Hilfssperre anzulegen. Sie konnte auch jederzeit entfernt werden, ohne dass es deswegen irgendwelche Schwierigkeiten im Stellwerk gab. Die Hilfssperre war mit nichts im Stellwerk abhängig, folglich kein Sicherungsmittel, sondern lediglich eine Gedächtnisstütze. Um sie regelmäßig zu gebrauchen, musste sich beim Fahrdienstleiter ein dynamischer Stereotyp herausbilden – die Macht der Gewohnheit.

Die entsteht nicht in wenigen Tagen des Einsatzes, und auch nur dann, wenn man sich das Anlegen der Hilfssperre konsequent angewöhnt. Die Erfahrung lehrt, dass derartige Handgriffe lästig sind und deshalb oft unterlassen werden. Hilfssperren schützen nicht zuverlässig vor Fehlhandlungen.

---

1 Alle Zitate aus: BAB DM-1 30577

Seit 6.10 Uhr waren Fahrdienstleiter Hans-Jürgen N. und der Zugmelder Mathias Sch. im Dienst. Zehn Stunden später kamen der Schnellzug 716 Leipzig – Stralsund von Leipzig-Mockau und aus der entgegengesetzten Richtung die einzeln fahrende Lokomotive Lzv 560 von Rackwitz. Als der Schnellzug am Stellwerk vorbeigefahren war, öffnete der Fahrdienstleiter die Schranken, und der mit 16 Fahrgästen besetzte Linienbus der Leipziger Verkehrsbetriebe aus Seehausen, der vor dem Bahnübergang gewartet hatte, setzte sich in Bewegung.

Im selben Augenblick fiel N. ein, dass er die Schranken noch gar nicht öffnen durfte, weil die Lokomotive kam. Sofort drückte er die Schließtaste und stellte das Ausfahrsignal auf Halt. Er versuchte vom Stellwerk aus, dem Busfahrer Zeichen zum Anhalten zu geben. Vergeblich! Auch der Lokomotivführer Axel G. hatte das Halt des Signals nicht mehr aufgenommen. Er fuhr mit einer Geschwindigkeit von 80 km/h und konzentrierte sich auf das folgende Einfahrsignal von Leipzig-Mockau. Erst 50 m vor dem Bahnübergang sah er den Autobus, leitete die Schnellbremsung ein, doch es half nichts.

Die Lokomotive 211 017 zertrennte den Autobus. Sie schleuderte das hintere Teil in Fahrtrichtung der Lokomotive auf das linke Nachbargleis, wo es etwa 10 m hinter dem Bahnübergang liegen blieb. Das vordere Teil wurde 210 m mitgeschleift. Sechs Personen wurden getötet, acht schwer und drei leicht verletzt. Eine Person starb auf dem Weg ins Krankenhaus.

Ehe wir uns fragen, wie ein derartiger tragischer Unfall durch »menschliches Versagen« zu verhindern ist und uns die zehn Punkte »Schlussfolgerungen« Werner Schramms, des Präsidenten der Reichsbahndirektion Halle, ansehen, gerät ein Papier in unseren Blick, das Rainer Hacker, Mitarbeiter in der Abteilung Parteiorgane der Politischen Verwaltung der Deutschen Reichsbahn, »zu einigen Fragen der Unfalluntersuchung« beschrieben hatte, um es am nächsten Tag seinem »Chef«, Günter Grohmann, Stellvertreter des Leiters der Politischen Verwaltung, zu geben. Darin denunzierte er die Genossen der Deutschen Reichsbahn und auch der Politischen Verwaltung. Zum Beispiel Günther Knobloch[2], bei dem das Persönlichkeitsbild des Genossen N., des Unfallverursachers, keine Rolle gespielt habe.

Man wundert sich. Was hatten die Genossen der Politischen Verwaltung an einer Unfallstelle verloren und zu suchen? Sie belästigten dort die Fachleute, die angesichts einer Katastrophe weiß Gott andere Sorgen hatten als im Familienleben und Werdegang eines Fahrdienstleiters herumzustöbern.

Niemand wusste etwas Negatives zu berichten

Rainer Hacker war überhaupt nicht zufrieden, als Rudolf Talkenberg[3] über N. »nichts Negatives« sagen wollte. Auch Dr. Konrad Mecke[4] wusste nur, dass N. »keine Verantwortung tragen wollte«. Das bestätigte Genosse Kandulski, Leiter der Politischen Abteilung des Reichsbahnamtes Leipzig. N. *»trat nicht in Erscheinung, wollte keine Verantwortung übernehmen und hat sich noch nicht im Kollektiv eingelebt.«* Andererseits soll er gewissenhaft und sachlich sein.

Hacker distanzierte sich sogar von Genossen Herbert Keddi[5], dem Leiter seiner Abteilung, weil der in dem Unfallverursacher einen ordentlichen und einsatzbereiten Eisenbahner gesehen hatte,

---

2 Günther Knobloch, Stellvertreter des Ministers für Verkehrswesen und Erster Stellvertreter des Generaldirektors der Deutschen Reichsbahn, hier Leiter an der Unfallstelle
3 Rudolf Talkenberg, Leiter der Fachabteilung Betriebstechnik der Deutschen Reichsbahn
4 Dr. Konrad Mecke, Leiter der Hauptinspektion Arbeits- und Produktionssicherheit
5 Herbert Keddi, später 1. Sekretär der SED-Kreisleitung Zentrale Organe des Verkehrswesens und von 1989 an Generaldirektor der Deutschen Reichsbahn

über den es nichts Schlechtes zu sagen gab. Hacker kam zu dem Schluss, »*daß ein derartig widersprüchliches Persönlichkeitsbild dazu zwingt, bei N. von einem Eisenbahner zu sprechen, der auf einem Befehlsstellwerk an einer Magistrale nicht hätte eingesetzt werden dürfen.*«

Was gab es denn so Schlimmes, dass mehrere Genossen, darunter Helga Keilitz, Leiterin des Reichsbahnamtes Leipzig, Stellungnahmen schreiben mussten, weil sie nicht verhindert hatten, N. als Fahrdienstleiter einzusetzen? Sie hatten ein Sakrileg begangen: ein Diplom-Ingenieur als Fahrdienstleiter! Angesichts heutiger Zumutbarkeitsregelungen für Arbeitslose, nach denen auch ein Professor sich nicht zu schade sein darf, Würstchen zu verkaufen, erscheinen solche Vorwürfe lächerlich.

Hans-Jürgen N. hatte das Studium an der Hochschule für Verkehrswesen »Friedrich List« Dresden als Diplom-Ingenieur abgeschlossen. Er wurde in der Oberdispatcherleitung Halle eingesetzt und wechselte 1981 auf eigenen Wunsch zum Reichsbahnamt Cottbus. Dort sollte er Leiter der Inspektion beim Leiter des Reichsbahnamtes werden. Zunächst setzte man ihn als Betriebskontrolleur ein. Vermutlich äußerte er in dieser Zeit bereits, niemals Leiter werden zu wollen. Als er in Lübbenau während einer Sonderschicht einen Rangierunfall IV. Grades mitverschuldete (vermutlich die Entgleisung eines Wagens), war das Wasser auf die Mühlen derer, die da meinten, man könne N. keine Stelle als Hochschulabsolvent anbieten.

Andererseits reagierte der Leiter des Reichsbahnamtes Cottbus fassungslos, als er erfuhr, N. habe sich im Reichsbahnamtsbezirk Frankfurt (Oder) als Fahrdienstleiter beworben. Das Cottbuser Amt hintertrieb den Wechsel, bis N. äußerte, aus persönlichen Gründen nach Leipzig umziehen zu wollen. Auch dort war er nach mehreren »Aussprachen« und Drohungen, ihn nicht bis zum Planstellendienstrang zu befördern und keine Prämienmittel zu gewähren, nicht bereit, eine Leiterfunktion zu übernehmen.

N. arbeitete als Stellwerkswärter auf dem Bahnhof Leipzig-Plagwitz, bis ihn die Leiterin des Reichsbahnamtes nach Neuwiederitzsch umsetzte, weil man dort dringend einen Fahrdienstleiter brauchte. Was war daran so schlimm, dass ein diplomierter Ingenieur Signale stellte und die Schranken schloss, statt sich über Rangierarbeiter und den Mangel an Personal und Material zu ärgern? N. beanspruchte kein Gehalt als Hochschulabsolvent. N. passte nicht zur Norm der Genossen. Das wäre vielleicht nicht aufgefallen, hätte er nicht die Lokomotivfahrt in der Gegenrichtung übersehen, als er die Schranken öffnete.

Frau Keilitz musste Buße üben in einer dreiseitigen Stellungnahme, die über den Präsidenten der Reichsbahndirektion Halle zur Politischen Verwaltung der Deutschen Reichsbahn gelangte. Angezeigt war die Zerknirschung, mochte sie auch ihr Gesicht nicht verlieren. Anders gesagt: Sie wusste nicht, was sie sich vorzuwerfen hatte. »*Der nunmehr vom Genossen N. verursachte schwere Unfall und die hierin zum Ausdruck gebrachte Pflichtvergessenheit war einerseits hinsichtlich des Grades der Pflichtvergessenheit und seiner Folgen konkret nicht voraussehbar und ist andererseits für mich als Leiter des Reichsbahnamtes Leipzig Anlaß bei künftigen Entscheidungen über den Einsatz von Kadern im Betriebsdienst noch sorgfältiger zu prüfen hinsichtlich der Geeignetheit der Kader für die jeweilige vorgesehene Funktion, wobei insbesondere zu prüfen ist, ob die Kader den Anforderungen einer hohen Disziplin, Ordnung und Sicherheit gerecht werden. In diesem speziellen Sinne wird dieser Unfall mit meiner Gruppe Kader und Bildung ausgewertet. Im Zusammenhang mit dieser Auswertung werden konkrete Festlegungen erarbeitet zur konsequenten und schnellen Durchsetzung der Prinzipien über die Anforderungen der Kader der Deutschen Reichsbahn, die sich aus der Kaderordnung aus dem Jahr 1982 ergeben*«, lautete der gewunden formulierte Absatz.

Dass einem Schrankenbediener ohne Diplom ein solcher Fehler, wie der in Neuwiederitzsch nicht unterlaufen konnte, behauptete niemand. Nach dem, was Präsident Werner Schramm

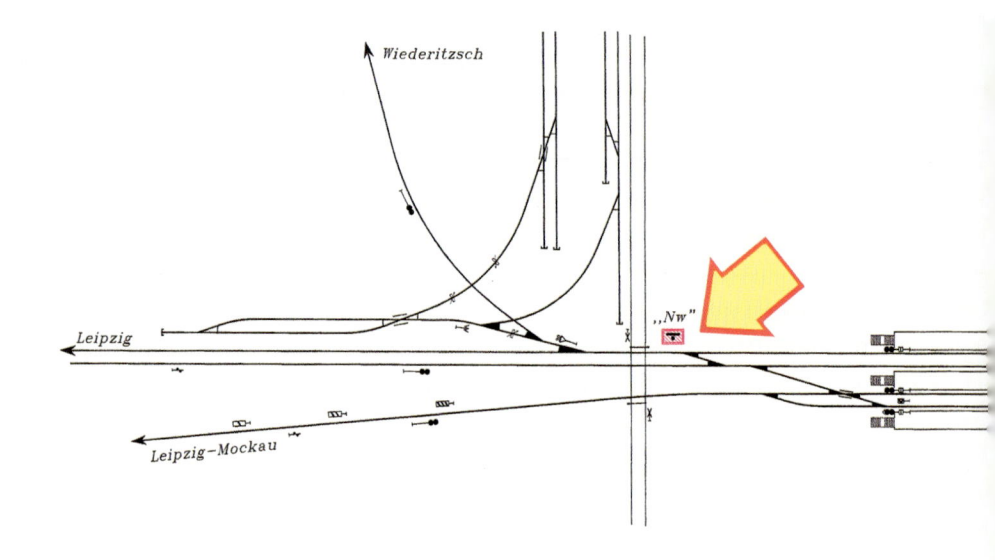

■ Gleisplan des Bahnhofs Neuwiederitzsch. Zeichnung: Pöhler

■ Feuerwehrleute räumen die Reste des zertrümmerten Linienbusses aus den Gleisen. Foto: Bundesarchiv/ZB/Grubitzsch

---

6   Derartige Berichte waren bei Unfällen 1. Grades vorgeschrieben.

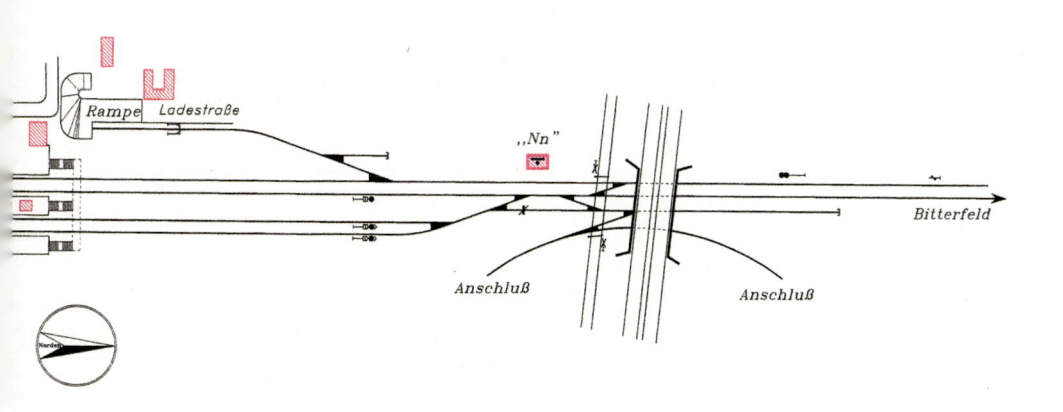

dem Minister schrieb⁶, kam es nach der Katastrophe auf eine Unfall-Losung an, die die Kreisdispatcher den Fahrdienstleitern zu übermitteln hatten »*mit dem Auftrag der strikten Einhaltung der Dienstvorschrift für den Schrankenwärterdienst und die ergänzenden Weisungen.*«

Signalabhängige Schranken

Noch war »*in Weiterführung der Arbeit mit der Konzeption der ‚Magistralen der hohen Qualität' [...] die Ist-Zustandsanalyse für den Abschnitt Neuwiederitzsch – Leipzig-Mockau – Gaschwitz – Altenburg – Nobitz fertigzustellen. [...] Schwerpunkt der Arbeit ist die Anerziehung politischer Reife und Standhaftigkeit sowie fachlicher Fähigkeiten.*« Die hatte man zum Schluss doch noch nicht vergessen!

Vier Punkte Wortgeprassel mit Aufgaben für die Betriebsparteiorganisationen und -gewerkschaftsleitungen, zu Auswertungen und ähnlichem und schließlich unter Ziffer 9.: »*Der Leiter der Verwaltung SF wurde beauftragt, bis 27. 4. 1983 die Möglichkeit zur Schaffung der Signalabhängigkeit der Schranke am Stellwerk Nw Bahnhof Neuwiederitzsch zu prüfen. Die Projektierung dieses Vorhabens ist bis 10. 5. 1983 abzuschließen. Die Herstellung der Signalabhängigkeit ist bis 14 Tage nach materieller Sicherstellung zu gewährleisten.*« Na, es geht doch!

Und der Verursacher N.? Ihn verurteilte das Bezirksgericht Leipzig am 12. August 1983 zu einer Freiheitsstrafe von drei Jahre und drei Monaten – ohne Bewährung! Nach der in der »Leipziger Volkszeitung« vom 13. August 1983 veröffentlichten Nachricht soll der Fahrdienstleiter »*seine Dienstvorschriften in mehrfacher Hinsicht nicht beachtet*« haben. Auch habe »*N. bis zuletzt einen technischen Defekt für möglich gehalten*«. Einige Eisenbahner wussten im Jahr 2004 noch, er sei wegen Haftunfähigkeit oder weil das in der DDR so üblich war, nach anderthalb Jahren wieder in die Freiheit gekommen. Anschließend soll er in Halle beschäftigt worden sein, aber nicht mehr als Fahrdienstleiter.

Den Bahnhof Neuwiederitzsch in dem Zustand von 1983 gibt es nicht mehr. An seiner Stelle wurde der Bahnhof Neuwiederitzsch Leipziger Messe errichtet und am 14. Dezember 2003

151

■ Als »Bericht« über den Prozess vor dem Bezirksgericht Leipzig verwendete die »Leipziger Volkszeitung« nur die eine steife Nachricht der staatlichen Agentur ADN.

Fahrlässigkeit führte zu tragischem Unfall

Bezirksgericht Leipzig verurteilte Fahrdienstleiter

Leipzig (ADN). Vor dem Bezirksgericht Leipzig hatte sich in dieser Woche der Fahrdienstleiter Hans-Jürgen N. zu verantworten. Er war angeklagt, am 23. April dieses Jahres im Bereich des Bahnhofes Leipzig/Neuwiederitzsch fahrlässig einen schweren Verkehrsunfall verursacht zu haben.

Eine einzeln fahrende Elektrolokomotive stieß bei geöffneter Schranke am Bahnhof Neuwiederitzsch mit einem Linienbus der Leipziger Verkehrsbetriebe zusammen. Bei dem Unglück kamen acht Menschen ums Leben, weitere acht Personen erlitten zum Teil lebensgefährliche Verletzungen. Zu dem tragischen Unfall war es gekommen, weil der Fahrdienstleiter seine Dienstvorschriften in mehrfacher Hinsicht nicht beachtete. Nachdem ein D-Zug den Bahnhof Neuwiederitzsch passiert hatte, öffnete er wieder die Schranken, obwohl ihm bekannt war, daß auf dem anderen Gleis eine einzeln fahrende Lokomotive Richtung Leipzig angemeldet war.

Zwar hatte N. bis zuletzt einen technischen Defekt für möglich gehalten, doch widerlegte das Expertengutachten diese Ansicht eindeutig.

Das Bezirksgericht Leipzig verurteilte am Freitag Hans-Jürgen N. antragsgemäß zu einer Freiheitsstrafe von drei Jahren und drei Monaten. Er ist außerdem der Deutschen Reichsbahn schadenersatzpflichtig. Das Urteil ist noch nicht rechtskräftig.

■ Aus dem Bericht der Reichsbahndirektion Halle über den Bahnbetriebsunfall I. Grades an den Minister für Verkehrswesen.
Aus: BAB DM-1 30577

legt. Dabei erhalten Wegübergänge mit Linienverkehr des Kraftverkehrs den Vorrang.

<u>Verantw.:</u>   Leiter der Verwaltung SF
<u>Termin:</u>   31. 5. 1983
<u>Kontrolle:</u> Präsident RBD Halle

9. Der Leiter der Verwaltung SF wurde beauftragt, bis 27. 4. 1983 die Möglichkeit zur Schaffung der Signalabhängigkeit der Schranke am Stellwerk Nw Bahnhof Neuwiederitzsch zu prüfen. Die Projektierung dieses Vorhabens ist bis 10. 5. 1983 abzuschließen.
Die Herstellung der Signalabhängigkeit ist bis 14 Tage nach materieller Sicherstellung zu gewährleisten.
<u>Verantwortlich:</u> Leiter der Verwaltung SF
<u>Kontrolle:</u>   Präsident RBD Halle

10. Bis 28. 4. 83 werde ich meine Bitte zur materiellen Sicherung zu Punkt 8. schriftlich dem Stellvertreter des Ministers und Ersten Stellvertreter des Generaldirektors der Deutschen Reichsbahn vortragen.

Schramm
Reichsbahn-Oberdirektor

■ Nichts erinnert mehr an den Ort der Katastrophe von 1983. Neuwiederitzsch erhielt 1995 einen neuen Bahnhof, die Straße wurde in einen Einschnitt verlegt und unter die Gleise geführt. Das Bahnhofsgebäude verschwand hinter einer Lärmschutzwand; das Stellwerk wurde abgerissen. Foto: Preuß

in Leipzig Neue Messe umbenannt. Ungefähr dort, wo der beschrankte Bahnübergang war, ist die Zufahrt zum neuen Messegelände mit einer Unterführung der Strecke Bitterfeld–Leipzig.

Das vorzeitige Öffnen wie das zu späte oder vergessene Schließen der Schranken war keine Spezialität der Deutschen Reichsbahn. Nach Mitteilung der Deutschen Bahn gehen zwei Prozent der Unfälle auf Bahnübergängen auf das Fehlverhalten von Eisenbahnern zurück. Für Bahnchef Hartmut Mehdorn ist das Thema Bahnübergänge, hauptsächlich wohl wegen der Kosten der Schrankenbediener bzw. für die technischen Anlagen, »wirklich mehr als überholungsbedürftig.« Im Jahr 2003 starben in Deutschland an Bahnübergängen 39 Menschen. »*Deshalb arbeiten wir mit Hochdruck daran, die Bahnübergänge zu beseitigen oder besser als heute zu sichern*«, sagte Mehdorn.

98 Prozent der Verkehrsteilnehmer sind schuld

Knapp die Hälfte der 23.511 Bahnübergänge der Deutschen Bahn ist technisch gesichert, davon 40 Prozent mit Vollschranken. 98 Prozent der Ereignisse an Bahnübergängen gehen auf Verkehrsteilnehmer zurück, insbesondere durch das Umfahren von geschlossenen Halbschranken. Dass sich bei diesen vorsätzlichen Verstößen gegen die Straßenverkehrsordnung und gegen jede Vernunft immer wieder »Fachleute« finden, die aus Mitleid mit den Verkehrsteilnehmern die Schuld bei der Bahn suchen, ist unverständlich.

Ihre Forderung, die Bahnübergänge mit Hilfe einer deutlicheren Ausschilderung, der Umstellung vom roten Blinklicht auf das rote Standlicht, des angeordneten Stopps vor dem Bahnübergang geht an den Unfallursachen des rücksichtslosen Verhaltens im Straßenverkehr vorbei. Wie die geforderten Verbesserungen das Umfahren der geschlossenen Schranken verhindern, die den Bahnübergang halbseitig und für jedermann erkennbar sperren, können diese Sicherheitsexperten nicht erklären.

Am 12. August 2000 befuhr ein Mähdrescher mit angehängtem Mähwerk den Bahnübergang bei Breitengüßbach (Strecke Bamberg–Lichtenfels), als der Intercity-Express »Sophie Scholl« mit einer Geschwindigkeit von 140 km/h aus München kam. Die Halbschranken senkten sich, aber der Versuch, den Gefahrenraum zu verlassen, führte nicht zum Erfolg. Der Zug erfasste die Fahrzeuge und riss sie auseinander. Sachschaden: 100.000 Mark. War es dem Kraftfahrer unmöglich, den Bahnübergang zu verlassen? Objektiv nein, subjektiv ja, denn er war betrunken. 2,24 Promille errechnete die Polizei.

Dass es der Deutschen Bahn peinlich ist, wenn Eisenbahner Unfälle auf Bahnübergängen verschulden, ist verständlich. Damit wird nicht viel Öffentlichkeitsarbeit getrieben.

Zum Zusammenprall eines Leerpersonenzuges und eines Pkw kam es am 29. Juli 1998 nahe Kolkwitz (Strecke Halle–Cottbus). Die Halbschranke war geöffnet und der Lokomotivführer erkannte die Gefahr, konnte eine Kollision aber nicht ganz verhindern. Das Fahrzeug wurde mitgeschleift, die Fahrerin verletzt. Die Halbschrankenanlage war gestört und der Fahrdienstleiter hatte die Schranken vorzeitig geöffnet.

In Elmshorn fuhr am 16. August 2000 der Lokomotivführer eines Nahverkehrstriebwagens am Halt zeigenden Ausfahrsignal vorbei. Der Zug wurde von der Indusi zwangsgebremst, fuhr aber noch auf einen ungesicherten Bahnübergang, wo ein Autobus erfasst und der Busfahrer getötet wurde. Warum die Schranke im Durchrutschweg der Fahrstraße nicht geschlossen war, wurde nicht bekannt.

Am 31. Januar 2002 verurteilte das Amtsgericht Bad Sobernheim einen Fahrdienstleiter zu einer Freiheitsstrafe von sechs Monaten, ausgesetzt zur Bewährung. Die Deutsche Bahn hatte ihn an der zweigleisigen Strecke Bingen–Türkismühle, in Martinstein, als Haltepunkt- und Schrankenwärter eingesetzt.

Am 23. April 2001 war ein Regionalzug von Saarbrücken nach Mainz abgefahren, und der Haltepunktwärter öffnete die Schranken. Wie beim geschilderten Zusammenprall in Neuwiederitzsch hatte er übersehen, dass aus der Gegenrichtung der Güterzug CB 58642 kam. Der fuhr mit einer Geschwindigkeit von 80 km/h und sah etwa 170 m vor dem Bahnübergang die geöffneten Schranken. Obwohl der Lokomotivführer sofort bremste, befuhr der Zug den Bahnübergang und prallte mit zwei Pkw zusammen.

Die Fahrzeuge wurden mitgeschleift, die Fahrerin des einen Pkw erlitt so schwere Verletzungen, dass sie noch an der Unfallstelle starb. Der andere Kraftfahrer kam mit eine Gehirnerschütterung davon; der Sachschaden belief sich auf insgesamt 11.000 Mark.

Dem Haltepunktwärter stand eine Schalttafel zur Verfügung, die ihm die Annäherung der Züge zeigt. Außerdem gab es ein akustisches Signal, aber keine technische Einrichtung, die das vorzeitige Öffnen der Schranken verhindert. Der Angeklagte konnte sich sein Fehlverhalten nur mit Unaufmerksamkeit erklären. Der Richter hatte, wie das Urteil zeigt, Verständnis dafür.

10. Die Transrapid-Katastrophe – Fahrsperre genügte

Manche ärgern sich, andere empfinden Genugtuung darüber, dass in Deutschland noch kein Magnetschwebezug, allgemein Transrapid genannt, fährt. Das Für und Wider dieses Verkehrsmittels soll hier nicht erörtert werden. Nur ein Hinweis für den, der es nicht wusste: Im niedersächsischen Emsland, zwischen Lathen und Melstrup, besteht die Transrapid-Versuchsanlage Emsland (TVE), angeblich die größte der Welt. Von 1980 bis 1987 wurde sie auf einer Länge von 31,5 km auf Stelzen gebaut mit einer Geraden und zwei Wendeschleifen, auf der die »Züge« ohne Räder und ohne Motor schnell die Geschwindigkeit von 300 km/h erreichen. Bis zu 900 km/h sollen möglich sein.

Zur Anlage kamen täglich durchschnittlich 1.000 Besucher. Die Demonstrationsfahrten für 18 Euro pro Person bezweckten offensichtlich, die Bevölkerung für das neue Verkehrssystem einzunehmen. Außerdem hoffte man augenscheinlich, mit Hilfe dieser Vorführungsfahrten die Chancen für den Export zu steigern. Diese Bemühungen wurden jäh unterbrochen, als am 22. September 2006 ein Transrapid-Fahrzeug mit einem Wartungsfahrzeug zusammenstieß, wobei 23 Menschen starben. Danach erst wurde man, auch bei der Landesregierung in Hannover und beim Eisenbahn-Bundesamt, auf allerlei Ungereimtes aufmerksam.

Zum Hergang: Am Unfalltag begann das Wartungsfahrzeug um 8 Uhr seine tägliche Inspektionsfahrt, es wurde auch über die Reinigung der Fahrbahn geschrieben, die sogenannte Besenfahrt. Das Fahrzeug blieb wie an anderen Tagen an der Trassenstütze 120 stehen, die Be-

■ Die zerstörte Stirnseite des Transrapid-Fahrzeugs.   Foto: picture-alliance/dpa/Wagner

satzung wartete auf die Anweisung des Fahrdienstleiters, um hinunter zum Betriebsgelände fahren zu können.

Während das Wartungsfahrzeug wartet, besteigen Besatzung und Fahrgäste ein Transrapid-Fahrzeug, das um 9.43 Uhr den »Bahnhof« verlässt. Vier Minuten später verlässt das Fahrzeug eine Kreuzung auf dem Weg zur Hauptstrecke. Um 9.49 Uhr wird routinemäßig die Notbremse probiert, das Transrapid-Fahrzeug ist in der Warteposition. Es fährt um 9.53 Uhr los. 58 Sekunden später stößt es bei einer Geschwindigkeit von 170 km/h mit dem Wartungsfahrzeug zusammen. »Der pfeilförmige Zug, als Leichtbau ausgelegt, bohrt sich unter den Wagen und hebelt ihn hoch. Das 60 Tonnen schwere Besenfahrzeug schiebt sich über den Transrapid, rasiert das Dach des ersten Zugwaggons ab und presst das Blech darunter zusammen. Rund 300 Meter rast das verkeilte Wrack noch weiter und kommt dann zum Stehen. Nach einem langen Zischen herrscht Stille«, beschrieb die »Welt am Sonntag« am 8. Oktober 2006 den Vorgang.

Selbstverständlich wurde nach dieser Tragödie mit den vielen Opfern viel gefragt, auch geantwortet, aber (das ist die Kehrseite der Medien-Gesellschaft) ebenso vieles vernebelt. Zum Beispiel wusste man in Bayern die Katastrophe als untypisch darzustellen, denn dort gab es den mittlerweile gescheiterten Plan, von 2011 an den Transrapid als Ersatz für den Schienenweg vom Flughafen zur Stadtmitte zu bauen. Der damalige Verkehrsminister Erwin Huber behauptete reflexartig, der Start eines Zuges sei nicht möglich, wenn sich ein anderes Fahrzeug auf der Strecke befindet. Auch vom Technischen Überwachungsverband Rheinland wurde (vor)schnell erklärt, das Modell, wie es auch im Emsland eingesetzt werde, sei stabil genug, um einen Zusammenstoß zum Beispiel mit einem Baum zu überstehen. Warum es trotzdem zu den demolierten Fahrzeugen und 23 Getöteten kam, wurde bei solchen Behauptungen nicht deutlich.

Die Deutsche Bahn brachte in einer Presseinformation ihre Bestürzung und Trauer zum Ausdruck, fügte aber hinzu: »Seit Inbetriebnahme der Versuchsanlage im Emsland wird der Betrieb von der IABG – Industrieanlagen-Betriebsgesellschaft, Ottobrunn – durchgeführt. Seit dem 1. Juli 2006 ist die IABG alleiniger Inhaber der Anlage.«

Die Deutsche Bahn, die sich sonst mit den Transrapid-Modellen gern schmückte und Betreiber-Verträge für Verbindungen Berlin – Hamburg und in München abschloss, wollte wohl damit sagen: Wir sind es nicht! Die Presseinformation verschwieg den Eigentümer der Versuchsbahn vor dem 1. Juli. Das war die hundertprozentige Tochtergesellschaft der Deutschen Bahn, die Magnetbahn GmbH. Betreiber seit 1985 jedoch die genannte IABG. Die stellte den Betriebsleiter, der für die sichere Betriebsführung verantwortlich war. Als Hartmut Mehdorn, Vorstandsvorsitzender der Deutschen Bahn, vor dem Landtagsuntersuchungsausschuss als Zeuge zum Verhältnis seines Unternehmens zur Transrapid-Versuchsstrecke aussagen sollte, blieb er sehr allgemein.

Betrieb aus dem Handgelenk

Ohnehin musste jemandem, der den Betrieb erlaubte, also in Niedersachsen der Landesbehörde für Straßenbau und Verkehr, auffallen, dass es durch den Zuspruch, den die Demonstrationsfahrten fanden, zu öffentlichem Verkehr kam. Die Anforderungen an die Sicherheit mussten deswegen höher geschraubt werden als bei einem Versuchsbetrieb unter Ausschluss von Dritten.

Mochten das Wirtschaftsministerium und die Landesbehörde Vorwürfe unzureichender Sicherheitsvorkehrungen zurückweisen, die Staatsanwaltschaft in Osnabrück sah das anders: Der Zusammenstoß war zwangsläufig, das hätten die beiden Fahrdienstleiter sehen müssen.

Trümmer unter einem Superzug, der den Verkehr revolutionieren soll.   Foto: picture-alliance/dpa/Jaspersen

Am Tag nach der Katastrophe steht das beschädigte Fahrzeug Transrapid 08 noch an der Stelle des Zusammenstoßes. Foto: picture-alliance/dpa/Jaspersen

Sie ließen den Transrapid fahren, obwohl das Wartungsfahrzeug noch auf der Strecke stand. Dass diese besetzt war, hatten sie nicht nur in einer Kladde eingetragen, das konnten sie im Leitstand auf einem Bildschirm sehen. Dorthin übertrug die Satellitenortung GPS den Standort des Wartungsfahrzeugs. Ob der Abschnitt technisch gesperrt werden musste (dabei wird der Strom abgeschaltet, sodass die Magneten für den Zug wirkungslos bleiben), in dem sich das Fahrzeug befand, konnte nicht eindeutig beantwortet werden. Die Aussagen dazu pendelten zwischen Pflicht und bloßer Empfehlung.

Im Gutachten des Eisenbahn-Bundesamtes stand dazu und zu anderen Ungereimtheiten, eine ganze Reihe von Abläufen sei nicht dokumentiert und klar geregelt worden. Auch dem Technischen Überwachungsverein, der ein- bis zweimal jährlich die Betriebshandhabung geprüft haben soll, fielen solche Ungereimtheiten nicht auf.

Das 139 Seiten umfassende Gutachten wurde als »höchstvertraulich« eingestuft, einige Landtagsabgeordneten durften es nur überfliegen, ehe es dem Präsidenten des Landtages überreicht wurde. Vermutlich zwang die politische Brisanz zu derartigen Vorsichtsmaßregeln. Zum Beispiel die Antwort auf die Frage, ob die Verantwortung des Landes damit endet, dass eine Betriebsgenehmigung erteilt wird. Nur so ist zu erklären, dass die Versuchsstrecke mehr aus dem Handgelenk betrieben wurde statt exakt nach Vorgaben und Richtlinien. Auf die Verantwortung von Politikern und Ministerialbeamten einzugehen, gehörte nicht mehr zu den Aufgaben der Staatsanwaltschaft. Anfang Januar 2008 eröffnete die 10. Große Strafkammer des Landgerichts Osnabrück das Hauptverfahren gegen die Betriebsleiter Günter S. und Jörg M. Es war vor Manuskriptschluss dieses Buches noch nicht beendet. Ein Fahrdienstleiter, Günther M., saß nicht auf der Anklagebank, er war verhandlungsunfähig.

■ Zwei Kräne bergen den Werkstattwagen. Foto: picture-alliance/dpa/Jaspersen

Die Staatsanwaltschaft wirft den Betriebsleitern vor, nicht darauf geachtet zu haben, dass bei besetztem Fahrweg die Fahrwegsperre benutzt wurde. »Trotz der Erkennbarkeit des hohen Gefährdungspotentials« hätten sie es unterlassen, »die Betriebsabläufe verbindlich so zu regeln, dass Kollisionen ausgeschlossen waren. So sei ihnen der nur unregelmäßige Einsatz der ‚Fahrwegsperre' bekannt gewesen. Gleichwohl hätten sie deren Aktivierung nicht in das betriebsinterne Regelwerk übernommen. Das sei von der Firma Siemens als Entwicklerin und dem TÜV jedoch gefordert worden«, schrieb die Anklagebehörde in die Pressemitteilung.

Anhang

Abkürzungsverzeichnis

ADN	Allgemeiner Deutscher Nachrichtendienst
AP	Associated Press
BAB	Bundesarchiv Berlin
BASF	Badische Anilin- und Sodafabrik
Betra	Bau- und Betriebsanweisung
Bf	Bahnhof
BStU	Beauftragte für die Unterlagen des Staatssicherheitsdienstes der ehemaligen DDR
BZB	Bayerische Zugspitzbahn
DB	Deutsche Bahn
De	Durchgangseilgüterzug
DFG	Dritter Fernbereich Güterverkehr
Dg	Durchgangsgüterzug
dpa	Deutsche Presse-Agentur
DS	Druckschrift
Dstp	Dienstpersonenzug
EBGO	Eisenbahnbetriebsgesellschaft Oberelbe
ETCS	European Train Control System
Fdl	Fahrdienstleiter
G-Wagen	gedeckter Wagen
GWB	Gleiswechselbetrieb
IC	Intercity
Indusi	Induktive Zugsicherung
IRA	irish republican army
KLV	Kombinierter Ladungsverkehr
Lpz	Lokomotivzug mit Gepäckwagen
Lzg	ausgenutzte Lokomotivleerfahrt
MESA/Mesa	Mobile Eisenbahn-Streckenfunkanlage
NE	Neusser Eisenbahn
O-Wagen	Offener Wagen
P	Personenzug
PKK	Partiya Varheren Kurdistan
PKP	Polskie Koleje Panstwowe = Polnische Staatsbahnen
PZB 90	Punktförmige Zugbeeinflussung des Entwicklungsjahrs 1990
Rbf	Rangierbahnhof
Ru	Zug der sowjetischen Besatzungsmacht
RVM	Reichsverkehrsministerium
SBB	Schweizerische Bundesbahnen
StA	Staatsarchiv
UdSSR	Union der Sozialistischen Sowjetrepubliken
VBÜ	Verkehrs- und Betriebsüberwachung

ZB   Zentralbild
ZStA   Zentrales Staatsarchiv
ZUB   Zugbeeinflussungsystem [in der Schweiz gültige Abkürzung]

Quellen- und Literaturverzeichnis

[1] BAB DM 1-516
[2] Verfügungen und Mitteilungen für Ministeriums für Eisenbahnwesen vom 4. März 1954 Nr. 134
[3] Lausitzer Rundschau, Cottbus, vom 28. Juni 2001
[4] »Unglück Elsterwerda wegen schlampiger Bremsprobe?« In: eisenbahn magazin, Düsseldorf, 1/1998, Seite 8
[5] Bundesarchiv R 5-15987
[6] Güterzugentgleisung in Haspelmoor. In: »Eisenbahn-Revue International«, Luzern 1/2001
[7] War Rangier-Experiment die Unglücksursache? In: Hannoversche Allgemeine Zeitung, Hannover, 26. September 2002
[8] Abschlussbericht der Arbeitsgruppe »Betriebssicherheit« der Deutschen Bahn vom 10. Oktober 2000
[9] Ritzau, Hans-Joachim: Schatten der Eisenbahngeschichte, Pürgen 1987; Fahrt frei, Berlin 1981, Nummer 21, S. 9
[10] Fiegehenn, Bernd: Sicherheitsreserven sind zu nutzen. In: Fahrt frei, Berlin 1982, Nummer 3, Seite 4
[11] Rainer Engel: Sie fahren wie die Teufel. In: PRO BAHN Zeitung, Detmold 3/1999
[12] Sparen auf Kosten der Sicherheit. In: arbeit & verkehr, Bern vom 9. November 1999
[13] Heinrich, Jürgen: In Deutschland könnte Signal kaum überfahren werden. In: Berliner Morgenpost, Berlin vom 10. Oktober 1999
[14] Voreiliger Bahnchef. In: Neue Zürcher Zeitung, Zürich vom 8. Februar 2000
[15] Eisenbahn-Bundesamt. Der Beauftragte für Unfalluntersuchung. Untersuchungsbericht Entgleisung des D 203 im Bahnhof Brühl am 06. 02. 2000. Bonn, den 20. April 2000, Seite 23 - Fußnoten wurden im Zitat weggelassen.
[16] Kühlwetter, Hans-Jürgen: Revisionsentscheidung des Bundesgerichtshofes im Wuppertaler Schwebebahnprozess. In: Eisenbahn-Revue International, Luzern 6/2002
[17] Zugsgefährdung in Fallersleben. In: Eisenbahn-Revue International, Luzern 6/2002
[18] Eisenbahn-Kurier, Freiburg 11/1997 und 4/1998
[19] Pressemitteilung der Staatsanwaltschaft bei dem Landgericht Marburg vom 27. September 2000
[20] Niemand schuld? In: Neue Zürcher Zeitung, Zürich 18. August 2003
[21] LHA Niedersachsen 1550 Acc. 156/97
[22] StA Merseburg Rep 93 E Nr. 1414
[23] Bundesarchiv R 5-6310
[24] Bundesarchiv R 5-6379
[25] Bundesarchiv R 5-6304
[26] Bundesarchiv DM-1 7788
[27] Alle Zitate BStU HA IX 378 Bd. 2
[28] StA Magdeburg Rep C 29

Register

Das Register umfasst sämtliche in den Büchern »Eisenbahnunfälle in Europa« (I), »Tragischer Irrtum« (II), und »Reise ins Verderben« (III), »Eisenbahnunfälle in Deutschland« (IV), die auch in diesem Verlag erscheinen sind, und die in diesem Buch (V) genannten Unfallorte. Bildunterschriften und Tabellen sind nicht berücksichtigt.

(Berlin) **A**lexanderplatz 1980	I/91
Altenbeken 1985	I/91, II/85
Altenburg 1982	II/166
Altranft 1995	III/21
Amstetten 1976	I/136
Andernach 1920	V/84
Annaberg-Buchholz Süd 1991	III/73
Ansbach 1987	II/30, IV/89
Ay 1988	II/78
Bad Blankenburg 1981	I/136
Bad Bramstedt 1994	III/86
Bad Frankenhausen 1948	IV/167
Bad Homburg 1994	III/10
Bad Münder 2002	IV/75, 82, V/130
Bad Oldesloe 1992	III/32
Bad Vöslau 1974	II/166
Bad Wilsnack 1945	IV/152
BASF-Bahnhof Ludwigshafen	IV/63
Bayerische Zugspitzbahn (Katzensteintunnel)	IV/116
Beddingen 1959	III/25
Belzig 1995	III/11
Berbisdorf 1984	I/41
Berlin-Grunewald 1995	III/87
Berlin-Wannsee 1993	III/97
Bern 1982	I/109
Bern-Weissenbühl 1999	IV/103
Besancon 1994	III/107
Bettmar 1993	III/32
Bienenbüttel 2001	IV/108
Bischdorf (Pr.) 1915	I/68, I/134
Bischdorf 1994	III/59
Bitterfeld 1977	II/148
Böhla 1990	II/106, II/120
Bönen 1998	IV/139
Bonn Hbf	III/88
Borgsdorf, bei 1946	IV/153
Bornitz (b Oschatz) 1956	I/151, V/102
Bregenz 1989	II/35
Breitenau 1995	III/12
Breitengüßbach 2000	IV/186
Bremen Rbf 1966	IV/83, V/137
Brestovany 1925	I/107
Briesen 1918	I/69, I/146
Briesen 1981	II/113
Brilon Wald 1995	III/12
Bruchmühlenbach 1918	I/68
Brühl 2000	IV/36, V/
Budapest Boraros tér 1978	II/134
Burg (b Magdeburg) 1946	IV/157
Burg (b Magdeburg) 1947	IV/162
Burgkemnitz 1923	I/95
Calcum 1916	I/67, I/68
Castelguelfo 1982	I/20, II/166
Cochemer Tunnel 1913	I/49
Cochemer Tunnel 1997	IV/139
Cölbe 1995	III/85
Dahlerau 1971	V/92
Dalaas 1954	I/25
Demmin 1900	II/154
Dietrichsberg 1982	I/138
Dinkelscherben 1928	I/105
Dira Dawa 1985	I/111
Dirschau 1890	II/95
Dirschau 1915	I/68
Divaca 1984	I/94
Drängetal 1994	III/75
Dresden Mitte 1946	IV/152
Dresden-Neustadt 1918	I/69, I/71
Dümpelfeld 1918	I/69, I/143
Dulliken 2003	IV/84, V/139
Düren 1917	I/67
Düren 1922	V/79

Eberswalde Hbf 1993	III/60	(Berlin) Greifswalder Straße 1970	I/91
Edle Krone 1982	II/39	Gröbers 1990	II/63
Eichgestell 1988	III/45	Großalbersdorf	III/10
Eichwalde 1995	III/13, 96	Großheringen 1935	I/96
Eilsleben 1985	I/139, II/61	Groß Königsdorf 1983	I/19
Eisenstadt 1969	I/22	Großschönau (Sachs) 1996	III/15
Elmehorn 2000	IV/186	Groß Tarup 1908	I/12
Elsterwerda 1997	IV/66, V/122	Gümligen 2003	IV/85, V/140
Emmendorf 1994	III/32		
Enzisweiler 2001	IV/104	Hämerten, bei 1998	IV/110
Erfurt-Bischleben 1981	II/118, V/116	Hailer-Meerholz 1993	III/32
Erfurt Hbf 1999	IV/111	Hanau West 1993	III/54
Eschede 1998	IV/8, V/7	Hanau 1995	III/88
Eydtkuhnen 1915	I/127	Hannover-Empelde 1985	II/27
		Hannover Flughafen 2000	IV/100
Fährbrücke 1950	V/99	Harsefeld 1995	III/79, IV/111
Fallersleben 2002	IV/109	Hartenstein 1950	V/99
Finkenrath 1917	I/68	Harzgerode 1985	I/41
Flechtingen 1992	III/14	Haspelmoor 2000	IV/79, V/133
Flughafen Berlin-Schönefeld 1986	I/107	Haynsburg 2002	IV/78, V/133
Forst Zinna 1988	II/117	Hegyeshalom 1969	I/23
Frankfurt (Main) Süd 1982	I/45	Heide (Schwerte) 1994	III/56
Frankfurt (Main) Süd 1996, 1997	IV/93	Heilbronn 1984	I/110, IV/52
Freihung 1992	III/10	Helfta 1946	IV/161
Friedrichshafen 1995	III/15	Herbertingen 1994	III/26
Fürstenwalde 1996	III/15	Herlisheim 1909	II/146
		Herne 1925	I/101, V/60
Gardelegen, bei 1947	IV/163	Herrnhut 1996	III/14
Garmisch-Partenkirchen 1995	III/88, IV/89	Hilkenborg 1913	II/154
Genthin 1939	I/55, V/63	Höbersdorf 1975	I/44
Genthin 1986	II/85	Hochspeyer 1988	III/103
Gelsenkirchen-Buir 1983	I/39	Hohenthurm 1984	I/64
Glasower Damm 1983	I/93	Holthusen 1992	III/100
Glauchau 1986	I/141, II/70	Holzdorf, bei 2003	IV/89
(Berlin) Gleisdreieck 1908	I/84	Höltinghausen 1995	III/11
Gletsch 1965	I/23	Horovice 1968	I/21
Gnadau 1994	III/36		
Göschwitz 1946	IV/167	Immenstadt 1999	IV/112
Göttkendorf 1915	I/142	Iversheim 1991	III/14
Golßen 1995	III/25		
Gösten 1918	I/69	Jarrenwisch 1992	III/16
Götz 1995	III/11	Jena 1984	I/26
Grabowen 1915	I/143	Jühnde (Tunnel) 1991	IV/107
Grabowhöfe 1982	I/111, IV/59	Jünkerath 1918	I/16, I/69
Gräfenroda 1947	IV/166	Jüterbog 1931	I/13
Gräfenthal 1946	IV/165		
Greifswald 1978	I/22		

(Mainz) **K**aiserbrücke Ost 1914	I/82
Kamenskaja 1987	II/97
Karl-Marx-Stadt-Furth 1960	II/54
Keimberg 1901	I/11
Kell 1915	I/35
Kerzendorf 1995	III/10
Kiebitz 1943	I/23
Kiel 1941	I/123
Kirn 1918	I/68
Kleinfurra 1996	III/86
Kohlfurt 1891	I/9, II/48
Köln-Ehrenfeld 1916	I/68
Köln-Ehrenfeld 1918	I/69
Köln-Mülheim 1991	III/39
Königsberg Lizentbahnhof 1913	II/89
Kolkwitz 1998	IV/186
Konitz 1915	I/68
Koristowka 1986	I/95
Korntal 1979	I/152
Kostomlat 1928	I/91
Kraftsdorf 1947	IV/167
Krefeld 1994	III/10
Kreiensen 1923	I/89, V/52
Krensitz 1984	II/114
Kretzschau 1959	I/43
Kuhblank 1994	III/15
Küppersteg 1914	I/34
Lambach 1987	II/57
Langenweddingen 1967	I/48, III/25, V/107
Langhagen 1964	I/98, V/107
Lathen 2006	V/155
Lauchhammer West 1986	II/126
Lauffen (Neckar) 1959	V/90
Lebus 1977	II/66, V/107
Lehe 1914	II/46
Lehrte 1992	III/79
Lehrte 2002	IV/100
Leipzig 1866	II/147
Leipzig Hbf 1960	I/155, III/53, V/107
Leipzig-Leutzsch 1971	I/108
Leopoldstal 1999	IV/100
Liegnitz 1904	I/26
Lietzow 1979	I/24
Lille 1993	III/109
Lohof 1918	I/69
London 1988	II/136

London-Paddington 1999	IV/105
Long-Island 1852	II/154
Lubmin 1978	I/22
Lübben 1928	I/38
Lübstorf 1948	IV/170
Ludwigshafen, BASF-Bahnhof 1994	IV/63
Lütter 1987	II/24
Magdeburg Hbf 1926	V/85
Magdeburg-Sudenburg 1994	III/10
Mainz-Kostheim 1995	III/89
Malmedy 1918	I/69
Margrabowa 1915	I/133
Marienborn, bei 1946	IV/162/
Markt Einersheim 1994	III/33
Mauer-Öhling 1976	I/136
Mende 1968	II/132, III/114
Merkers 1946	IV/149
Michendorf 1948	IV/154
Miechow 1914	I/65
Mittelgrund 1925	I/107
Mönchenstein 1891	II/161
Mücheln 1968	I/151
Müglitztal 1927	I/15
Mülheim (Rhein) 1910 bzw. Köln-Mülheim I/87, V/	
Mülheim-Epinghofen 1914	I/98
Müllheim (Baden) 1911	I/107, V/73
München Hbf 1928	I/105
Muttbach 1969	I/23
Nadakonice 1968	I/107
Namur 1889	II/154
Nannhofen 1917	I/67, I/68
Neckermarkt-Horitschon 1969	I/27
Neddemin 1945	IV/156
Nelas 1985	I/138
Nersingen 1996	III/15
Neubrandenburg 1985	II/75
Neuhof 1996	III/107
Neustadt (Aisch) 1997	IV/139
Neustadt (Kr Marburg) 1997	IV/139
Neuwied 1993	III/113
Neuwiederitzsch 1983	I/40, IV/177, V/146
Nieborow 1915	I/126
Niederwartha 1945	IV/146
Niklasdorf 1908	I/15

Nikolsdorf 1942	I/17
Northeim 1992	III/106
Norwood 1891	II/160
Oberhausen 1924	I/10
Oberschleißheim 1994	III/12
Odendorf 1992	III/10
Oebisfelde 1991	II/9
Oederan 1895	I/11
Oelingen 1918	I/68
Okrohlic 1929	II/51
Olching 1995	III/89, IV/101
Oppenweier, bei 2000	IV/138
Oschatz 1969	I/152
Oschatz 2001	IV/107
Osnabrück Rbf 2002	IV/136
Osnabrück Vorbf 2004	V/138
Ostseebad Kühlungsborn Ost 1993	III/16
Othmarsingen 1982	I/89, II/82
Paris Gare de Lyon 1988	II/102, III/117
Parndorf 1969	I/23
Pfäffikon 1982	I/38
Pilsnitz 1915	I/37
Plettenberg 1991	III/63
Plüschow 1915	I/68
Polnisch Neukirch 1917	I/68
Potsdam 1866	II/147
Potsdam Stadt 1993	III/55
Pottangow 1918	I/134
Praha 1988	II/52
Predportowaja 1988	II/87
Preetz 1994	III/98
Pressig-Rothenkirchen 1995	III/68
Püspökladany 1985	I/46
Quintinshill 1815	I/67, I/144
Radevormwald 1971	V/92
Rahndorf 1917	I/68
Raisdorf 1993	III/74, 102
Rathenow 1913	I/31
Reichenbach (Vogtl), bei 1946	IV/152
Richterswil 1992	III/62
Röhrmoos 1889	I/12
Rosengarten 1925	I/27
Rostock Hbf 1994	III/33

Rothenkirchen 1903	I/107
Rüdesheim 1983	II/72
Ruis-Bolo 1987	II/85
Russel 1875	I/21
Rüsselsheim 1990	II/15, III/73, IV/86
Saint-Michel-de Maurienne 1917	I/67
Saint-Pierre-du Vauvray 1985	I/46
Saitz 1928	II/51
Sakvice 1953	I/93
Sandförde 1965	I/91
Salina 1875	I/21
Sangus 1938	I/16
Saxon 1990	II/70
Schkeuditz 1914	I/66
Schneeberg 1926	I/9
Schneverdingen 1995	III/81
Schönebeck (Elbe) 1996	III/109, IV/132
Schönerlinde 1994	III/11
Schönhauser Damm 1914	I/68, I/80
Schrozberg, bei 2003	IV/89
Schweinsburg-Culten 1972	I/93, V/111
Schweinsburg-Culten 1972	I/9
Seehausen (Kr Wanzleben) 1947	IV/164
Senftenberg 1982	I/26
Siegelsdorf 1928	I/105
Sinzig 1992	III/15
Spremberg 1905	I/116
Steblova 1960	I/91
Stern (Buchholz) 1945	IV/169
Susz 1985	I/140
Tabor 1895	I/151
Tangerhütte 1979	II/115
Tarazona 1907	II/154
Taybrücke 1879	II/156
Teichwolframsdorf 1995	III/86
Tenga, bei 2002	IV/84
Thurow 1946	IV/158
Töppeln 1981	I/19
Tröglitz 1946	IV/151
Trebechovice 1914	I/80
Ürdingen 1918	I/69
Uhersko 1909	I/140
Ummendorf 1928	I/105
Unterhofen 1941	I/123
Uvaly 1984	II/119

Vado	I/19	Wien-Inzersdorf Ort 1993	III/23
Velpe 1913	II/139	Wiesenburg 1994	III/10
Versailles 1842	I/8	Wilmenrod 1917	I/68
Völklingen 1839	I/69	Wildpark 1916	I/68
Vranovice 1839	I/78	Wildpoldsried 1994	III/69
		Wittenberge 1912	I/100
Wabern 2000	IV/138	Wolfgang 1993	III/32
Wädenswil 1948	I/111	Wulkaprodersdorf 1969	I/22
Wählitz 2003	IV/171, V/141	Wuppertaler Schwebebahn 1999	IV/120
Wald a. A. 1971	II/101	Wutha 1980	III/54, 92, 99
Walpertshofen 1987	II/129, V/89		
Walpertskirchen 1951		**Z**antoch 1916	I/68, I/131
Wampersdorf 2002	IV/77, V/132	Zantoch 1918	I/69, I/133
Warngau 1975	I/135	Zellkirch-Brombach 1995	III/88
Wartha 1994	III/33	Zittau 1940	I/42
Weferlingen 1969	I/154	Zürich-Oerlikon 1992	IV/103
Weiskirchen 1995	III/88	Zürich-Oerlikon 2003	IV/76, V/131
Weißenburg 1917	I/128	Zürich-Wiedikon 1999	IV/142
Werdau, bei 1946	IV/152	Zwönitz 1970	I/23

So funktioniert...

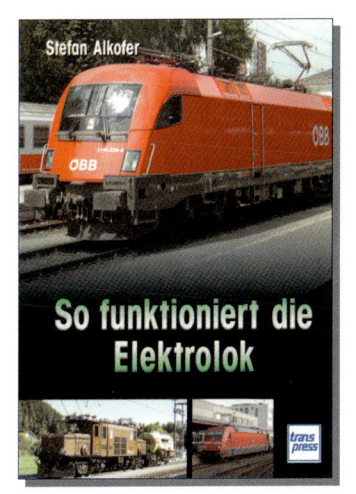

Stefan Alkofer
So funktioniert die Elektrolok
Dieses Buch will einen Überblick über die zentralen Bauteile einer Elektrolok und deren Funktion geben.
160 Seiten, 129 Bilder, davon 116 in Farbe, 27 Zeichnungen
Bestell-Nr. 71293   € 19,95

Dirk Endisch
So funktioniert die Dampflok
Sie ziehen die Aufmerksamkeit auf sich: Dampfende Lokomotiven, die aus einer anderen Zeit zu kommen scheinen. Nur wenige wissen aber, welche Technik in diesen Giganten aus Stahl steckt. Dirk Endisch erklärt auf leicht verständliche Weise und in gut lesbarer Form die Technik der Dampflok. Erfahren Sie zum Beispiel den Unterschied zwischen Lang- und Stehkessel, die Funktion des Schieberkastens oder was ein Schmelzpropfen ist und wozu er dient.
168 Seiten, 124 Bilder, davon 120 in Farbe, 20 Zeichnungen
Bestell-Nr. 71221   € 19,90

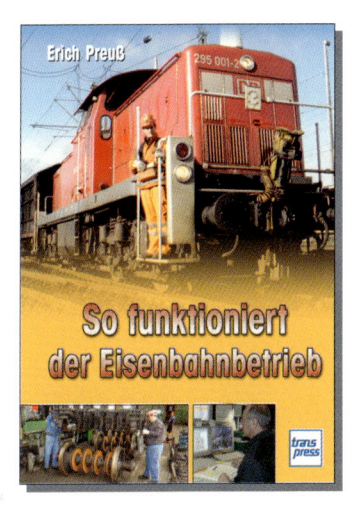

Erich Preuß
So funktioniert der Eisenbahnbetrieb
Für einen sicheren Eisenbahn-Betrieb sind mehr Dinge notwendig als Gleise, Fahrpläne oder ein vorschriftsmäßiger Rangierbetrieb. Aber wie entsteht ein Fahrplan? Woraus besteht der Fahrweg? Was ist eine Sperrfahrt? Diese und andere Fragen rund um den Betrieb der Bahn beantwortet dieses Buch.
160 Seiten, 75 Bilder, davon 48 in Farbe, 23 Zeichnungen
Bestell-Nr. 71334   € 19,95

Erich Preuß
So funktionieren Eisenbahn-Stellwerke
Nur wenige wissen, wie Stellwerke funktionieren. Kompetent und kurzweilig erklärt Erich Preuß die Technik dieser für den Eisenbahnbetrieb wichtigen Gebäude. Das Spektrum reicht von den über 100 Jahre alten mechanischen Stellwerken bis hin zu den elektronisch gesteuerten unserer Tage.
152 Seiten, 140 Bilder, davon 113 in Farbe, 26 Zeichnungen
Bestell-Nr. 71307   € 19,95

Jan Reiners
So funktioniert das Bahnbetriebswerk
Was hinter geschlossenen Toren eines Bahnbetriebswerks geschieht, übt auf Eisenbahnfreunde eine nahezu magische Anziehungskraft aus und animiert auch Modellbahner immer wieder zum Nachbau. Dieser Titel beschreibt Technik, Geschichte und Funktion des Bahnbetriebswerks.
160 Seiten, 118 Bilder, davon 63 in Farbe, 30 Zeichnungen
Bestell-Nr. 71279   € 19,95

IHR VERLAG FÜR EISENBAHN-BÜCHER   **trans press**

Postfach 10 37 43 · 70032 Stuttgart
Tel. (07 11) 21 08 0 65 · Fax (07 11) 21 08 0 70
www.paul-pietsch-verlage.de

Weiterlesen!

André Papazian
Alles über den TGV
Seit Sommer 2007 fährt der TGV der französischen Staatsbahn SNCF planmäßig nach Stuttgart. Rechtzeitig für alle TGV-Jünger erschien dieses Werk, das der Faszination Schnellbahn Rechnung trägt. Enthalten sind nicht nur technische Daten zum TGV, sondern auch die Hintergründe zum Bau der Schnellbahntrasse.
128 Seiten, 144 Bilder, davon 134 in Farbe
Bestell-Nr. 71324   € 14,95

Dieter Eikhoff
Alles über den ICE
Was immer man über den InterCity-Express wissen will, hier steht's. Der Autor beschreibt alle Details, die den deutschen Bruder von Shinkansen und TGV auszeichnen. Dabei werden auch die Schnellbahnstrecken in Deutschland und die Herausforderungen nach der Wiedervereinigung und Unfälle wie jener in Eschede nicht vergessen.
128 Seiten, 100 Bilder, davon 92 in Farbe, 7 Zeichnungen
Bestell-Nr. 71277   € 14,95

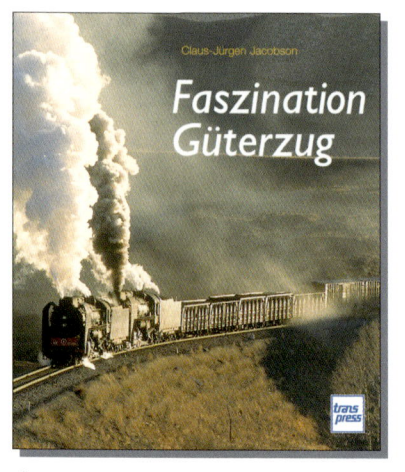

Erich Preuß
Berlin Hauptbahnhof
Das Jahrhundertprojekt Hauptbahnhof Berlin konnte 2006 vollendet werden: Aus dem ehemals beschaulichen Lehrter Stadtbahnhof wurde der zentrale Umsteigebahnhof der Hauptstadt. Dieser Titel befasst sich mit dem Fortschritt und den Rückschlägen dieses Projekts bis hin zu den Sturmschäden des Winters 2007.
176 Seiten, 174 Bilder, davon 162 in Farbe, 18 Zeichnungen
Bestell-Nr. 71318   € 29,90

Thomas Estler
Das große Loktypenbuch
Von den 20er-Jahren bis heute: Was immer der Eisenbahnliebhaber über Loks wissen will, in dieser üppig illustrierten Enzyklopädie wird er fündig.
336 Seiten, 628 Bilder, davon 304 in Farbe
Bestell-Nr. 71319   € 49,90

Claus-Jürgen Jacobson
Faszination Güterzug
Bilder von Güterzügen auf außergewöhnlichen Strecken, durch unendliche Ebenen und höchste Berge, über die sich die Schienengiganten quälen.
160 Seiten, 143 Bilder, davon 131 in Farbe
Bestell-Nr. 71320   € 29,90

IHR VERLAG FÜR EISENBAHN-BÜCHER
Postfach 10 37 43 · 70032 Stuttgart
Tel. (07 11) 21 08 0 65 · Fax (07 11) 21 08 0 70
www.paul-pietsch-verlage.de

Stand Mai 2008 – Änderungen in Preis und Lieferfähigkeit vorbehalten